作者简介

戴立黎 女，北京联合大学师范学院教授，语言文化系副主任。多年来从事大学英语教学及研究工作，历年来发表教学研究论文三十余篇，主编教材多部，主持教育部课题两项、北京市教改课题两项、校级课题和外语教学研究横向课题多项。主要研究兴趣:应用语言学，大学英语教学。

英语学习丛书

DaXue YingYu KeTang JiaoXue XinShiYe

大学英语课堂教学新视野

戴立黎　编著

中国书籍出版社
China Book Press

图书在版编目（CIP）数据

大学英语课堂教学新视野/戴立黎编著．—北京：中国书籍出版社，2013.1

ISBN 978－7－5068－3297－7

Ⅰ.①大…　Ⅱ.①戴…　Ⅲ.①英语—课堂教学—教学研究—高等学校　Ⅳ.①H319.3

中国版本图书馆CIP数据核字（2012）第291441号

责任编辑/马　林

责任印制/孙马飞　张智勇

封面设计/中联华文

出版发行/中国书籍出版社

地　　址：北京市丰台区三路居路97号（邮编：100073）

电　　话：（010）52257143（总编室）　（010）52257153（发行部）

电子邮箱：chinabp@vip.sina.com

经　　销/全国新华书店

印　　刷/北京彩虹伟业印刷有限公司

开　　本/710毫米×1000毫米　1/16

印　　张/15.5

字　　数/279千字

版　　次/2015年9月第1版第2次印刷

书　　号/ISBN 978－7－5068－3297－7

定　　价/68.00元

前 言

自二十一世纪以来，我国的大学英语教学改革工作在不断开展与深化进行，涉及到大学英语的教学理念、培养目标、教学模式、课程建设等诸多方面，是一场深层次、大范围的改革与实践。改革的主旨是努力提升在校大学生英语运用能力，转变教学观念，调整培养目标，改革教学模式，提倡新的语言教学和语言学习理念。

本书主要根据北京联合大学戴立黎教授主持和承担的教育部课题、北京市教改课题、横向课题和北京联合大学校级课题等阶段性成果论文编写而成。论述了英语教学改革、教学模式、教学方法与课程建设、英语教学调研与课程实践、英语语言技能培养研究、英语语言文学、文化教学研究与实践等五个方面的数十篇文章，浓缩了编者十多年教学和研究的成果，在实践的基础上客观地介绍和总结了从事大学英语教学改革的体验，较深入地阐述了大学英语教学的特点，探讨了现代化教学手段与课堂教学的结合，以及语言环境和语言教学的相互关系等。

该书为英语教师和英语教学研究者提供了深入浅出探讨“英语教学研究与实践”的文章，从不同的角度，深入、全面、客观地探索了在新形势下大学英语教学的客观规律及教学改革的具体实践。

全书共五章。第一章，主要介绍英语教学改革与实践研究。内容包括以社会需求为目标的现代型教学、语境化与第二语言输入、英语课堂有效教学策略、教育测量理论与题库建设、高职英语教学改革和促进学生个性化自主学习的研究。第二章，英语教学模式、教学方法与课程建设。本章选用了项目研究成果论文，包括多元化教学方法促进大学英语课堂教学，以学生为中心的有效英语教学模式，英语教学优秀教学法评述，整体化教学法在英语课堂教学中的应用，精品课程建设的探索与实践，任务型教学模式下学生自主学习能力的培养和启发式教学模式在教学中的应用。第三章，英语教学调研与课程实践。涉及学生英语学习策略研究，用人单位英语需求分析，学生英语学习内部因素调查分析及对策探究，英语学习中学生存在问题调查分析，“逆向法”英语教学改革实验，价值观教育课程实践等研究报告。第四章，英语语言技能培养研究与实践。讨论了影响语言学习的负迁移因素及其防治措施，大学英语教学中的口语教学和口语教学实践研究，阅读理解模式与阅读教学，写作能力的培养及英语教师有效课堂提问研究。第五章，英语语言文学、文化教学研究与实践。本章重点讨论大学英语课堂教学中语言与文化教学实践技巧，英语教学中的文化导入，海明威的创作主题和语言风格，英汉文学作品的明喻修辞对比分析，英语教育中的价值观培养，英美文化价值观差异。

实践的意义不只是现实的要求，探索的价值也不仅是为应对现实的困难，事业的发展更需要对经验的总结，对探索的梳理。本书编写突出了实践应用与理论研究相结合的原则，强调探索的实践过程。书中内容主要是编者在过去多年教育教学工作中的实践与探索、体会与研究。

戴立黎

于北京联合大学师范学院语言文化系

目　录
CONTENTS

第一章

英语教学改革与实践研究

第一节　以社会需求为目标的现代型教学

目前，我国高等教育仍未脱离普通高校旧有的传统教学模式。事实证明，传统型教学模式远不能满足高等教育培养目标的需求。为此，必须建立一种具有中国特色的，能够培养出高级技术复合型人才的现代教学体系。

一、“传统型教学”存在的弊端

面临信息社会与知识经济时代的到来，传统教学模式已明显地暴露出了固有的弊端。如单一的教学手段；教师一言堂、满堂灌的教学方法；教材内容的陈旧滞后，教学与科研生产相分离；教师知识结构的老化等。传统型教育模式必然要受到以下三方面的冲击与挑战。

一是缺乏竞争意识，无法抗拒市场经济的冲击。市场经济的全球化正在影响着人才的走向，而经济竞争即是对人才的竞争。

二是封闭式的教学弊病无法抗拒知识经济的挑战。现今社会已进入知识经济主导下的“学习革命”时代，学校教育与社会实践开始要为社会创造效益，且学生毕业走上就业岗位后仍需不断地学习。

三是传统型教学模式不能像现代教学方式一样，充分利用高速网络与信息传输技术、高新的教学设施、先进的教学手段和现代化的教学环境。

二、“现代型教学”模式

由“传统型教学”到“现代型教学”的转变，必须从教学观念、教学内容与方法等方面进行变革。

1. 教学观的转变

现代教学观是主张以教师为主导、以学生为主体、以就业为导向，实现培养目标和培养规格，并以现代新技术为支撑的教学观点。采用以网络技术为依托的实验手段，依靠计算机、多媒体和远程通信技术，对教学内容、教学组织形式进行彻底变革。利用网络教学、双向教学、远程教学拥有的软件资源，开发学生智力，培养自我学习与探索新知识的能力。

教学、科研和应用有机结合。以现代信息技术为依托，以科研促进教学与应用。开拓新知识，增强科研意识，提高师生的实践创新能力。

以研究带动应用。其重点与难点在于探索问题、研究解决问题与成果应用三个环节。前者必须具有应用意识，后者则必须具有相应的实践技能。而这种能力的培养需依靠“现代型教学”。

2. 现代课程观

教学内容和课程体系的改革应遵循以下基本原则：必须反映当今社会的生产力水平及科技新成果，有利于促进生产力发展；要反映人才培养目标和规格需要；要体现近代文化、科技创新；要精选教学内容，因材施教，以利于学生能力的培养与可持续发展。

课程的设置与内容的选取：以社会需求为目标，以应用能力的培养为主线，设计相应的培养方案，构建相应的课程与教学内容，基础理论课程以应用为目的，实践教学应占有较大的比例，着重培养学生的应用能力。

3. 教学方法的转变

由传统方式向互动式转变。传统教学把重点放在“什么是什么”的事实类知识的传授上，学生只能处于被动的地位，并过分依赖于教师的讲授，缺乏对知识结构的深入探讨。互动式教学是以动态问题为主，启发学生主动思考、积极参与，教师的主导作用是知识的引导与教学的组织，并将教师的主导思想，转化为学生自主的学习行动，从而获得好的教学效果。

由封闭式向开放式转变。现代型教学以现代高科技信息技术为依托，将以学校为主的传统封闭式教学转变为开放式教学，通过校园内外的网络开通多媒体教学、空中课堂、网上教学，及时获得新的知识。信息高速公路的实现必将成为最理想的开放式教学手段。

由理论教学向实践教学转变。传统教学着重于课堂教学，并强调理论的系统性和完整性。现代型教学则着重于实践课教学，使学生拥有充分的时间进行实训以掌握技术要领，尽快地提高学生的实践能力。

现代型教学的优点在于采用因材施教的分层次个性化教学手段。由于各大专院校大量扩招，导致在校学生人数多，大课教学目前还普遍存在。在此情况下，协同学习是一种很好的弥补方式，通过课堂讨论学习的方式，使学生之间学会交流、合作、竞争，以此基础上积极创新环境，发现学生个性，分层次、分阶段地实施教学，逐步完成因材施教的个别化教学。

4. 现代型教学的实践模式

在高等教育领域，国际上比较成功的现代型教学实践模式有：德国的双元制教学模式，即企业与学校合作进行职业教育的模式。受训者既是企业的学徒，又是学校的学生，一身二属，故称“双元制”。受训者接受理论课和实训课两门课，理论课与实训课学时之比为 3 比 7，理论课可在学校进行，实训课在企业进行，注重受训者的实践技能、技巧的培训。

另一种是北美较为流行的能力本位的教学模式，是将一般知识、技能、素质与具体职位相结合，以整合能力管理为理论基础，以模块为课程结构的基本特征，以“学”为中心，学习以自主学习的方式来进行。首先对原有的学习能力进行自我认可，确定能力的学习目标，继而进行自学活动，随即在现场进行尝试性能力操作。参照标准进行自我评定，达到全部目标者可获得国家承认的证书和学分。

我国习而学的教学模式。这种模式提倡的是边做边学，理论联系实际，学以致用，以达到学习水平和业务水平相互促进、共同提高的目的，培养出来的人才更能适应工作岗位的要求。

5. 更新教师知识

现代型教学比传统型教学更先进、更进步，其中包括以应用为主的多种形式。要奠定坚实的现代型教学的基础，教师知识的更新是关键。教师要树立继续学习、终身学习的思想。教师不能只满足于现有的知识水平，而应不断学习，更新知识结构，使自己处于学科的前沿。教师还必须承担一些具有创新性的研究课题。通过对课题的研究和探索，加深自己的专业知识，力争成为本学科的学术骨干。教师也应当深入生产实践，走产、学、研相结合的道路，在生产实践中获得足够的经验，力争成为“双师型”教师。

三、现代型教学的特点

现代型教学具有时代的开放性，以现代信息技术为依托，将教学、科研和应用有机结合，以教研促科研，以科研带教研和应用，与传统型教学相比具有如下特点。

1. 教学观念的创新性和前瞻性

在教学思想方面现代型教学比较注重知识的专题性、前沿性、开拓性以及对现状的把握和前瞻，以现代信息技术为依托，重点放在实践教学上，以社会需求和培养应用型人才为目标，以创新为目的。

2. 教学内容的互补性和实用性

现代型教学在高校中是将系统教学与专题研究、理论教学与实验教学、研究与应用紧密结合，教学内容的选取是以社会需求为目标、以技术应用能力的培养为主线，突出实用性，重在培养学生独立发现问题、解决问题的思维和实际操作能力。

3. 教学方法的直观性和科学性

现代型教学不仅利用传统的挂图、模型、幻灯、投影仪等教具，还充分利用现代科学技术手段，充分利用网络、多媒体，综合了计算机、图形、图像处理、电子技术、影视艺术、音乐美术、教育学、心理学、教学法等诸多学科与技术，集文字、图形、图像、声音、视频、影像、动画等各种信息于一体，使抽象、深奥的信息知识简单化、直观化，缩短了客观事物与学生之间的距离，并能充分调动视觉、听觉能力，集中学生的注意力，提高掌握知识的能力。

4. 教学模式的职业定向性

无论是德国的双元制还是我国的习而学的教学模式，或是能力本位的教学模式，现代型的教学都以社会需求为目标，以某一岗位群为目标来组织教学，培养学生的职业能力，因此，具有明确的职业定向性。

5. 教学能力的知识性

现代型教学将基础教学与应用教学、传授知识和研究新课题结合起来，并立足于学科的前沿，培养出适应时代的创新人才。

现代型教学要求教师不断更新知识，力求在教学中做到“新、博、独、深、精”，“心”，即用新观念、新思想、新方法，讲授新内容，使学生有耳目一新之感；“博”，即知识渊博，讲授内容广博，信息量大，使学生广学博收；“独”，即用独特的方法，讲授独到的见解，培养学生独立思考、独立研究的能力；“深”，即深入讲授、深入探索、深入研究，有意识地培养学生探索和研究问题的意识以及信息调研的能力；“精”，即精心准备、精心实施、精讲多练，使学生易学、易记、易用。

总之，培养新世纪的高等职业专门人才，需要有全新的思想观念，优化的课程体系和高水平的师资队伍，课堂教学要以社会需求为目标。我们每一位从事高职教育的教师，都必须以提高学生的实际应用能力为目标，认清从传统型教学向现代型教学发展的必然性，从教学观念、教学内容、教学方法、教学模式和教师知识结构等方面深入探究现代型教学及其特点。

第二节 语境化与第二语言输入

语言的输入（Input of Language）是 SLT（Second Language Teaching）/

FLT（Foreign Language Teaching）中举足轻重的方面，其重要性得到了普遍的认可。它指呈现给学习者的语言（Rod Ellis，1994）。详细地说，语言输入即呈现给学习者且能为学习者接收、注意和进行练习的语言样本，包括课堂内容和其它以文字形式或声音形式表现出来的语言样本（张文忠，1999）。克拉申的"语言输入假设"认为第二语言习得具有两种途径：一是潜意识的、直接的过程；二是有意识的、有目的的过程。克拉申认为前者是首位的，第二语言习得是通过大量的、直接的语言输入而形成的。要提高语言输入的质量和效率，使其成为"可理解输入"（Krashen，1981），必须要研究出合适的语言样本呈现方式。

线索来自 Hymes（1972）的一句话："理解语境中话语的关键不是从语言开始，而是从语境开始。"（Claire Krashen，1993）解释语言理解的关联理论就是始于语境。既然自然语言依存于语境，言语阐释离不开语境，那么语言样本的语境化本身就应该是第二语言教学中一项基本的重要的策略。从忽视语境化教学的语法——翻译法（grammar—translation approach）到目前盛行的体现出高度语境化的交际法（communicative approach），从分析性教学法（analytic approach）到经验性教学法（experiential approach），都绝非偶然。H. H. Stern（1992）提到语境化在 SLT 的应用，但并未关注起决定作用的语境的定义和特征。

本文拟从分析当前有代表性的语境观着手，对适合 SLT 的语境重新界定、分类。语境化策略从 L_2 教学的认知层面和元认知层面影响着 L_2 输入。L_2 输入的质量和效率常常取决于语境化策略是否得到恰当运用。

一、语境与语境化

1. 语境

Allright 指出："仅有可理解性输入还不足以产生外语习得，语言输入只有在语言环境中和交际机会相结合来促进输出，语言习得才能真正有效。自传统的上下文（context），到 B. Malionowski 的情景语境（context of situation），到 Halliday 的语域（register），再到 Sperber 和 Wilson（1986／1995）的关联理论中的语境假设（contextual assumption），对于语境并无范式理论。牛强、陈林华（1999）认为语境是任何一种自然语言表达方式所依赖的语言知识及蕴含的非语言知识的总和。而刘焕辉（1992）认为语境是由一系列言语表达与理解密切相关的主客观因素构成的系统。并在其以语境"相关论"、"统一论"和"过程论"的讨论中强调构成一定语境的各种主客观因素的统一不是固定不变的，而是随着言语交际活动而转移并和一定交际过程相始终的。这实际上就是强调语境本身作为一个"系统"，当然就具备系统的特征，它是动态的、整体的、有序的、内部互联的、具有目的性的。

鉴于上述观点和考虑，我们认为语境是由一系列同自然语言的言语表达与理解密切相关的主客观因素构成的开放系统。根据王希杰对语境的四种划分我们可稍作改动细分为：

语言语境	包括上下文和其他相关文本；
物理语境	包括语言交际周围的客观存在物及时间和空间的指称关系；
社会文化语境	包括社会文化因素对言语交际所规范的准则；
心理语境	包括言语交际的认知、情绪、人格等心理因素所形成的语言环境。

根据语境具有匹配、定位、定向、填补、生成、预测等的功能，表示了语言习得同语境的密切联系。他不仅反映在儿童从母亲的言传身教中习得语言，而且在 SLA（second language acquisition）中也得到体现。换言之，

L_2 输入离不开合适的语境，SLT 教师的语境创造能力或语境化能力常决定 L_2 输入的质量和效率。

2. 语境化

顾名思义，语境化就是使话语具有语境的特征。它类似于 Cummins (1983) 所谓的语境嵌入（context embeddedness）(Bachman, 1990)。语境化实为语境创造过程，我国古代许多游说家精于此道。语境化可赋予语言输入以语境活化特征（activated features of context）(Brown & Yule, 1983)。语境化程度（degree of contextualization）由语境信息（contextual information）与话语新信息（new information in discourse）决定，可表示为：

$$\text{语境化程度} = \frac{\text{语境信息}}{\text{话语新信息}} \qquad (\text{Bachman, 1990})$$

从把语境当成一个系统的角度看，部分语境化或单一语境化比起全部语境化或综合语境化的语境化程度要低。因为后者的信息承载量较大，其语境功能较强。

二、语境化与 L_2 输入

1. H. H. Stern 的观点

H. H. Stern (1992) 指出第二语言/外语课堂中的语法特征输入应注重语境化。正如在 Allen 和 Valette (1997) 所举的例子，如果教师刚开始就说“今天我们将学习动词不定式”，许多学习者就可能会丧失学习动力；然而，如果学习者在交谈并有问题问教师或同学时，他们将愿意学习所不懂的不定式用法。这说明学习者颇觉枯燥的、人为成分很大的语法应以生动、自然的文本或情景呈示。另一方面，Stern 认为为了让学习者整体掌握语法，语法特征输入应该置于整个语法环境之中。

Stern 认为，虽然教学中教师可能采用离境化方式（decontextualized way），但总的来说，功能教学法要求限定于场景中，并且要重视场景（setting）、参与者（participants）和言语活动（speech events）之间的相互作用。在二语习得期间，学习者需要的是语境化的练习。对于交际法教学，强烈的语境意识（awareness of context）尤为重要。

2. 口头的 L_2 输入同语境化

无论在书面的 L_2 输入还是口头的 L_2 输入，语境化都不同程度的影响着 SLA。以下将着重讨论口头的 L_2 输入同语境化。

口头呈现给学习者的 L_2 输入包括听力材料，教师的讲解、指示语等。因 L_2 教学的主要目标在于培养学习者的交际语言能力（communicative language ability)，所以一般听、说的投入更大。其相应的语境化方面却表现出一些问题。首先，教育者出题或选材时往往只考虑到语言本身。Krashen (1982）提出语言输入稍高于现有水平，即“i + 1”输入为最佳语言输入（Rod Ellis, 1985)。语言输入形式本身的“i+1”我们常常做得不错，而忘记对它的内容在心理语境化、社会文化语境化诸方面的适恰性进行斟酌。许多有关口头 L_2 输入在“认知难度（degree of cognitive difficulty）—— 语码难度（degree of code difficulty)”坐标中分布如图中 Q 所示：

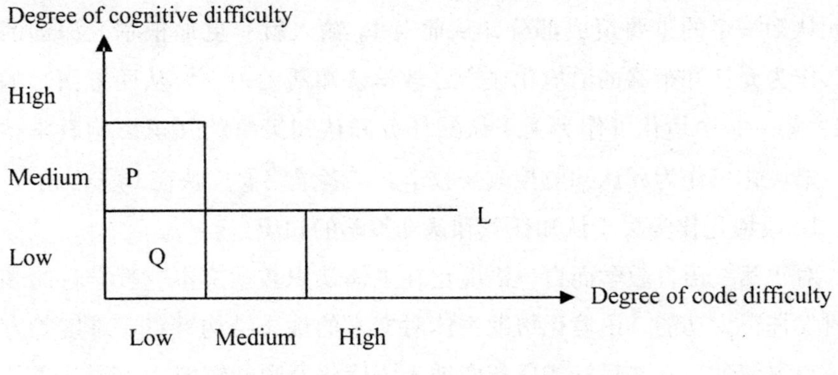

多数口头的 L_2 输入处于低认知难度、中等语码难度的 Q 集里面，少数在其左右，但均未向上高出直线 L。国内主办的成年人参加的外语听力测试，其中含有涉及数学运算，内容上千篇一律表现出低认知难度，且只有语码/语言才是难度的决定因素。一般只需小学低年级数学水平即可完成其中的运算，仅仅语码的长度和复杂性才有可能带来难度的加深。这样，L_2 输入就没有重视到语言的功能（function）和运用（use)，过分强调了形式（form）和用法（usage)。语言与思维的联系范围被大大缩小，L_2 在思维活动中的功能被限定在一个小圈子内，学习者容易感到乏味。因此，我们认为应该适当选择直线L以上特征的材料，如低语码难度、中等认知难度的P集中材料。这么做的结果，既可以提高学习者的学习兴趣和实际应用能力，又可以提高测试的效度与信度。

其次，教师是第二语言课堂的组织者、活动参与者和帮助者，这些角色对语境化能力都有一定要求。有些难以做到，如本身性格很内向，不善交际的教师往往不善于运用非语言交际（包括体态语、副语言、客体语、环境语。（毕继万，1999）。这造成 L_2 输入的物理语境太弱。此不足虽可用其他方式弥补，但是在生动性、自然性等方面要差些。另外如教师的口头禅、话轮间沉默太长也会影响到语境化质量，对 L_2 输入产生负面效应。

三、作为元认知策略的语境化与第二语言输入

前面所讨论的语境化策略是在SLT中的认知层面策略。事实上，它也是元认知策略的重要组成部分，从而对 L_2 输入就有更加根本、深远的影响。作为元认知策略的语境化在语言教学认知活动中主要从两方面影响着SLT：第一，语境化可作为关于认知任务和认知策略的知识影响教学；第二，语境化可作为元认知监控改变教学。二者最终要反映在 L_2 输入上。

1. 语境化作为关于认知任务和认知策略的知识

对于第二语言教学而言，语境化在主体认识教学文本、教学目的和要求时发挥很大功能。语境化帮助主体对文本的性质结构特点、难度等方面认识得更清晰。有些目标或任务应纳入语境化原则的辖域。一项“说”的任务，不但在准确性（accuracy）和流利性（fluency）方面有要求，同样在语境化方面也有一定要求，如副语言的运用、情感的表露等。一项“听”的任务，不但要以语篇长短、词汇的难易作为难度划分标准，而且要考虑文本的语境化。必要时可提供语境化参照文本，明确文本的语境四个层次或水平。制定测试目标时，语境化的综合能力甚至或可视为总目标之一。

作为元认知策略的语境化对第二语言教学认识策略的发展起着不可估量的作用。语言教学法日益意识到在语境中教语言的必要性。十九世纪末

的语言教学改革运动开始重视语言语境化。目前流行的交际法，把教学活动看成交际，信息是交流的中心，全面的语境化策略得到应用。这些均是语言与语境、语言与交际的关系使然。教师对不同认知方式的学生因材施教时，语境化策略具有指导性，教学时多采用情景教学法或语境化方式呈示。

2. 语境化作为元认知监控策略

L_2 输入同语境一样是动态的，L_2 输入的效果也得临场把握。主体监视、控制和调节的策略多种多样，语境化策略是重要的一种。假如第二语言教学如此进行：

T：What day is today?　　S_1：Thursday.　　T：Right.

T：What day is today?　　S_2：Thursday.　　T：Right.

经过交际性、语境化等元认知策略的评估，觉得要降低话语的可预测程度，增强主体心里参与度。于是重新计划，这样对话或许会继续为：

T：What day is tomorrow?

S_3：Friday.

T：What are you going to do?

S_3：I'm going to play the violin, you know, it's my favorite pastime.

T：Really? I like it too. I've played the violin for quite a few years. How about you? ……

监控措施提高了后一部分 L_2 输入的交际性、心理语境化程度、社会文化语境化程度，语言习得显得更自然，更有效。

总之，语境化策略的功能取决于语境系统结构是否完整，成分和子系统的特性是否同输入对象切合。教师必须思考在种种限制下进行有效的语境化输入。

本文采纳数家之言，把语境当做“开放系统”，并分为语言语境、物理语境、社会文化语境和心理语境。四者构成一个整体。在此基础上，本文讨论了语境化策略在 SLT 中的运用。如前所述，语境化策略从认知和元认知层面直接或间接的影响着 L_2 输入。因此，SLT 的语言生成，语料选择和加工都要注意适当的语境化。当然语境的性质、内部联系和语境化能力等方面还需要更深入的研究。或许语境化策略与 L_2 输入的研究可以同多媒体教学的课件开发相结合，以便更好地服务于教学。

注：本节主要根据戴立黎，论语境化与第二语言输入［J］．（《外语教学》2006年专刊）编写而成。

第三节　英语课堂有效教学策略

教学策略研究是教师对自己课堂中的教学现象进行考察和研究以改进教学质量的一种探索性活动，是指教师系统地教授学习策略，指导学生理解、掌握学习策略，帮助学生形成良好的运用学习策略进行学习的习惯，实现学生学会学习的教学活动。其有效策略有：情意启动策略，尊重差异策略，指导参与策略，强化认知策略等。

一、教学策略行动研究的意义与背景

行动研究（Action Research）是社会心理学家 Kurt Lewin 最早提出的一个社会科学术语。行动研究初期被广泛运用于研究社会问题，直到20世纪70年代，行动研究进入教育领域，成为教育研究主要方法之一。

教学策略行动研究是一种通过教学科研来实现教师自身教学实践活动的升华形式，它促进教师加强对自己的教学目标、教学过程和教学效果的关注和重视，对自己的教学实践不断提出质疑、将反思的意识和探究活动纳入教学活动过程，并创造性地解决教学活动中存在的问题，追求教学不断完善的实践过程。二十世纪八十年代以来“教学策略行动研究”作为英语课堂教学研究的方式被广大教育者所接受，这种思想主张教师对自己的教学行为系统地观察和不断的反思、发现问题、提出问题、确定和采取措施去解决问题，同时观察和分析数据，分析和评估效果，继而发现和提出新的问题。

教学策略行动研究也是语言教学研究的一种重要形式，它来源于教

学，服务于教学，是一种适合教师从事教学研究的方法。为了深化教育改革，全面推进素质教育，优化高职英语课堂教学，教师应对教学策略做认真的探索与研究。任何教师都应明确地认识到，在履行教师职责的过程中，教师都会面临着专业发展的问题，英语教师也不例外。而在诸多促进专业发展的策略中，掌握一套行动研究的科研方法将有助于教师不断对自身教学实践活动进行反思。调整教学策略，改进教学方法，提高教学质量。教师通过教学策略行动研究的具体步骤，运用认知语言学、心理学等方面的知识，在教学中不断研究分析教学结果，从而定立新的教学方案，指导教学。行动研究的理念能给教师的教学与研究带来良性的循环反思模式，从而促进教学的深入改革。近年来，第二语言学习策略研究受到普遍关注，也取得了许多研究成果，但对大学英语教学策略的研究还很不足。大学生是个很特殊的群体，他们有着不同的背景和特点，他们是如今高等教育中的重要组成部分，也是社会对人才需求必不可少的一部分。所以对这个群体进行深入研究具有重要的社会意义和现实意义。

二、课题的提出

上述理论意义对探索提高课堂教学效益的相关策略起到重要指导作用。在实践中，有利于大面积提高学生英语学业成绩，提高单位时间的学习效率，有利于促进学生自主、全面、和谐、健康发展，有利于教师角色转换、教学方式转变和专业素质发展，有利于构建焕发学生活力的有效课堂。为此，我们以在大学英语教学中开展教学策略行动课题研究，结合英语教学的规律与特点，初步构建了教学策略行动研究的英语教学策略，以期探索解决目前大学英语教学中存在的诸多问题。

实施大学英语课程教学过程中，还存在着教师在课堂教学的实效性上的差异，存在着不同学校对课堂教学评价上的差异。因此，我们按照课题计划方案逐步进行研究，以此引领和督导全校高职英语教师进行课堂教学的有效性研究工作。

三、课题研究的基本内容

此次课题研究，我们立足于行动研究上，主要研究教学的实用策略，对课堂导入策略、课堂结束策略、教师个人备课策略、教学反思策略、作业内容设计策略、学生大课间活动策略以及课堂教学评价策略等进行有效性研究。

教学策略行动研究是教师主导的课堂研究，为的是提高教师对课堂教学的理解以改进课堂实践。一般需在教师任教的课堂上进行小规模的调查研究，包括下面一系列活动：

A）选择课堂行为的某一现象作详细研究；B）选择适当的英语教学研究方法；C）收集学习策略材料并进行分析；D）制定行动计划以助改进课堂行为；E）执行计划、实施行动研究教学策略；F）观察该行动计划对课堂行为的作用；G）总结行动研究操作模式和方法。

教师在进入新课程时是否真正地转变其角色是一个非常关键的问题，使用课程行动研究来对教师的信奉理论与使用理论进行深入辨析，促使教师或相应的“学习社群”对其日常教学进行观察、记录与反省，制订相应行为策略，并通过在日常教学中不断循环实践从而真正实现其角色转换与教学行为改变，使课程的实施落在实处。

四、有效教学策略研究的实施

在进行有效教学策略研究的实施过程中，我们课题组以转变观念为重点，构建教师有效教学的理论框架，探讨、研究实施有效教学的实用策略，在此基础上查阅资料，进行课题论证，形成课题研究方案，具体分三部分：

1. 有效教学因素的全面调查、提炼与科学分析的研究

首先是对有效教学理念和研究的认识：目前，普通院校大学英语教学有一个很突出的问题：教师很辛苦，学生很痛苦，然而我们的学生却没有

得到应有的问题。这是课程改革必须面对的一个问题，而且还需要提供多种问题解决的方案，我们的教师拥有有效教学理念，有效教学关注学生的进步或发展和教学效益，关注可测性或量化，并需要教师具备一种反思的意识。调查、与科学分析影响学科教学的因素是探寻解决问题的针对性策略的必要前提。调查应是多视角、多层次的展开，并生成相应研究领域和范围的调查报告。

构建大学英语教学现状调查的分析因素框架。内容有英语教学的价值观；课程的总体目标和具体培养目标的合理性；教材文本内容体系构建的科学性、合理性。

调查大学英语教学的因素框架。一是教师学科教学专业素养的因素，包括教学设计能力，教学活动的设计与组织，教学手段的选择与整合，学生新知学习预备经验的准备；二是英语综合学习的能力；三是课堂教学实施能力：主要教学行为（生成资源的利用、课堂管理行为、练习与作业的设计能力）等；四是教学评价能力（课堂教学的动态评价、学业水平的多元评价）；五是对教师理念的提升。

学生学科学习素养的因素。分为学生的学习动机与态度，学习兴趣，学习方法，学习策略，学习习惯，学习基础等方面。

英语教学质量管理因素。指教学的要求是否明确，教学调研与分析反馈是否及时，对学生的学业评价是否能促进学生的发展，是否衡量学生学科的全面素养。

基于调查的关键因素分析具体操作预设：现状调查问卷的设计、调查、分析根据上面框架，设计不同层面的调查问卷、确定调查对象与样本的数量，采用书面调查、座谈会调查等方法，获取调查信息并进行数据归类、提炼、分析，形成调查报告。

2. 探寻改进对策的实践研究

调查的目的是为了针对性的、有效地解决问题。通过调查与分析，在实践研究中探寻有效对策并逐步生成策略体系和典型案例。研究思路为：策略假设—策略应用与反思—策略调整——策略再应用与反思—策略提炼—策略体系构建。基于关键因素分析的本校改进对策的研究有：

有效教学基础性对策探寻→发展性对策探寻（基础性对策是指面向全体学生，促进全体学生能达到英语学习的基础目标的基本对策；发展性对策是指教学以差异为资源，关注个别，实现学生差异发展的对策，如促进学困生弱势群体发展的对策，促进优等生学科特长发展的对策。）

有效教学共同性对策探寻→个性化对策探寻，共同性对策是指普遍适用的有效教学对策，如建构与课文有效对话平台的策略，建构课堂中师生互动对话平台的策略，多媒体信息技术与课程整合的对策；个性化对策是指体现教学特质的有效对策，如体现英语文化的导入，跨文化交际的运用、语言实践策略等。

3. 促进有效教学的师生个案研究

课题研究既要有课题组整体的研究，又要有研究者个体和个别化因素的个案研究才能提炼出由一般到个别、由普遍到典型的研究素材，产生出研究经验和成果。从开展研究者个体或研究项目的个案跟踪研究到开展研究过程中学生个案的跟踪研究。

五、探寻有效教学的成果评价研究

探寻和实施的相应对策是否有效和有效程度的确定必须通过对研究过程中“学科有效的教”和“学生有效的学”的成果进行调查、对比、阶段性跟踪评价才能得到确定。构建评价的因素框架，实施多角度、多层次阶段性的动态评价与学生学业水平终结性评价相结合的评价方式。在评价过程中，注重评价主体的多元化（评价方法的灵活性，口头测试、书面测试、操作、问卷评价、座谈评价、调查评价）（评价结果呈现的多样性）学生自主评价，伙伴互动评价，师生共同评价，让学生教师都成为评价的主体。

现代教学需要采用多种教学策略，能体现学法指导，启发得当，教法灵活有创意，面向全体，注重个性发展。通过教学成果评价反馈和课题的研究，促进教师专业发展的理论研究，即有效教学的理论框架研究，使教师明确什么是有效教学策略？有效教学的意义和有效教学策略的内涵。促进教师专业发展的策略研究，即建立有效教学的保障体系研究，如何实施有效教学。促进教师专业发展的实证研究，即开展有效教学实践与案例研究，探索有效教学发展策略。通过教学策略的研究，提升和固化自己的有效教学策略，形成自己的教学智慧，使教师明确自我发展的目标。由此可见，形式上是教师的学习与发展，实质落脚点是促进学生全面发展，提高教育教学质量。

教学策略行动研究也是自我反思教学模式，教学质量得以充分保证的主要手段和关键所在。它不仅能深化教师对自身教学中存在问题的理解与把握，而且能够有助于教师科研能力的快速发展。

随着英语教育者的教学决策和教学策略不断发生革命性的变化，促使我们采用行动研究法对英语教学策略进行探索。为的是寻求提高教师教学策略的方法和有效教学模式，并带出实际行动，定立新的教学方案，指导教学。行动研究的理念给教师的教学与研究带来了良性的循环反思模式，促进了教学的深入改革。研究英语教师应如何在课堂中运用教学策略，分析课堂对师生的影响，有助于促进外语师资队伍的建设和学科建设。

注：本节主要根据戴立黎主持北京市课题的阶段性成果论文，英语课堂教学策略行动研究［C］.（《高职英语教学研究与实践》现代教育出版社，2009年7月）编写而成。

第四节　教育测量理论及大学英语测试

教学测量的目标应以教学目标为依据，测量目标应与教学目标相一致，而不能偏离教学目标。教学成效是通过量化的学绩进行考察的。也就是说，教学成效是以学生的学习成绩为直接考察依据的，而学绩是以一定的数量来表示的，因此命题的合理性与评分的客观性是有效教学测量的一个重要影响因素。为了使教学目标更好地实现其指导测量和评价的功能，为了保证考试能达到既定目标及结果的稳定性，我们可以根据教育测量理论的要求来指导大学英语语言测试、命题及题库建设等工作。另一方面，从考试设计者的角度来说，明确考试所具有的作用和它们之间的共同与不同点，是我们在教学过程中正确选择教学检验手段的基础。然而，选择了符合我们目的与要求的具体考试后，并不意味着我们就能确保考试真实、有效地获取我们所需要的有关学生语言能力或具体技能的信息。考试只有在保证其质量的前提下，才能成为一种有效的测量手段。对此本文针对教育测量的基本理论，从测量理论，考试的信度和效度，如何控制试题的广度、难易度、知识容量和题型多少等来确定及格线以及建制试题库等方面阐述了在大学英语教学中依据教育测量理论指导大英等级测试命题及题库建设工作，旨在以教学目标为依据来考核教学成效从而使教学目标更好地实现其指导测量和评价的功能。

教育成效的测量与评价是教学过程中的重要环节。教育测量的目的在于考核教学成效，也就是考察教学目标的完成情况（伍新春，1998）。大学英语考试（CET）分为等级水平考试和成绩考试，大英分级测试乃至四、六级考试，其目的在于考核修完大学英语 1——4 级的学生是否达到《大学英语教学大纲》所规定的各项目标。CET 考试主要考核学生运用语言的能力，同时也考核学生对词语用法和语法结构的掌握程度。大学英语分级考试是用来测量学生的学习水平，因此，命题的质量就成了确保考试质量的中心环节。编制良好的试卷对保证考试质量具有极其重要的作用，命题的质量符合大学英语分级水平要求，考核学生水平的准确性就高。但是，在现代科学考试方面，某些教师还缺乏经验，每次命题基本上是经验性命题。如何进一步提高命题质量呢？从发展的角度看，建立科学的试题题库是控制命题质量的重要环节之一。因为经过科学规划而建成的题库，试卷信度和效度指标是较高的，并可以为每次考试提供测试水平基本一样的试卷。这就使大学英语考试达到与其他普通高校相同等级水平有了一个比较可靠的保证。

一、教育测量的基本理论

考试是教育测量的主要步骤之一。教育测量学作为一门科学，研究的是如何对学生的能力和知识水平提供客观的、准确的和稳定的度量。它是心理测量技术在教育领域中的应用，是在统计学的基础上发展起来的教育学的一个分支学科。

根据教育测量和评估理论，教育目标应包括知识范围和认知能力等方面的要求，美国心理、教育学家布鲁姆（Bloom，B. S 1956）提出了教育目标的分类系统，这是心理学家对考试科学化的重大贡献，按照布鲁姆的教育目标分类理论，学习的心理活动分为认知、精神运动和情感三个领域。属于认知领域的学习活动，可分为从低级到高级的六个层次，即：知道（对以前遇到过的信息的再认或再现）；分析（将整体分解为部分，并确定各部分的关系）；综合（将要素或部分综合为新的观念体系）；评价（形成自己的价值标准并对万物进行评价）。后来人们一般就依据布鲁姆的认知性行为坐标编拟学科试题，以测量学生的学习结果。

采用认知能力层次划分试题，便于分析和克服目前一些课程中考试的问题无意中偏重于某一能力层次的现象。在每一份试卷中所考核的认知层次从知道到评价能力，要求是逐步提高的，在决定其分量时可参照正态分布图（戴忠恒，1987），最低和最高的要求占小的两头，中间的几种能力应是测试的重点，特别是应用能力和分析能力。

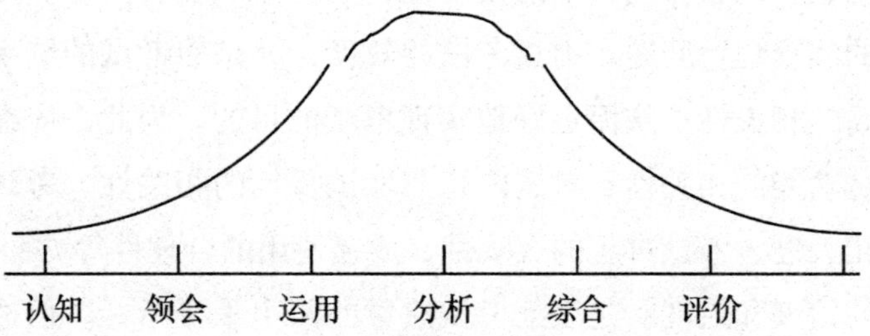

由于具体课程和教材的不同特点，教师对教育目标的分类中各种认知能力层次的表述和含义在认识上也有些差异，需要课程命题教师共同研究确定其课程所要划分的认知层次比例。认知的质量如何，可以用两个基本的指标来衡量，既考试的信度和效度。

考试的信度，是指考试结果的准确程序或可信程序。它是考试结果的可靠性指标之一。

它说明一个测量在反映受测量实际水平时的稳定性、一致性程序。任何一项有效的测量，如果在对同一对象实施多次，各次所测得的结果应该是一致的，稳定的，其一致性程序越高，稳定性越大，那么这项测量就越可信、越可靠。考试也是如此，如果考试的信度低，用其测定相同水平的一组考生，从结果看考生的水平不一样，成绩有高有低。试卷信度越低，测得结果差别越大。反之，如果信度高的试卷测定相同水平的一组考生其结果是稳定的。考生的成绩也一致。并且，如果一项考试对同一组考生实施多次，所测得的各组成绩之间的一致性很高，考生组在各次考试中的成绩排列越稳定，这项考试也就越可靠、越可信。大英分级考试是对不同组的考生进行一次性考试，所以要求每次考试所用试题的各种质量指标要等值，以此来提高考试的信度。

效度是考试达到其预期测试意图的程度（邹申，1997）。效度作为测量有效性指标说明一个测量在反映受测者实际水平的有效性程度，也就是说，测量的结果是否能正确地表明所要测量的特征。大英分级测试是一种目标参照性考试，它的效度就是指测量目标与教育目标的一致性程度。大英分级测试是一种间接测量，它必然会产生已测的内容与所要测的内容是否一致的问题，从教育测量学的角度说，也就是效度的问题。是考试对其既定目标的实现程度问题。提高考试的效度，就是使考试的结果与考试的目标有更高的相关性，从而更好地实现考试的目的。为此，应在提高考试目标与考试功能的相关性、考试内容与考试目标的相关性、考试方法与考试内容的相关性、考试过程的客观性、成绩使用的合理性等方面下工夫。

考试的信度和效度，是表征考试质量的两个重要指标。但两者并不是并列的、无关的、相互独立的。信度是考试实施过程（从命题到得分）准确性的量度，而效度则是包括考试设计、实施、测试数据使用的整个考试测量真实性的量度；信度是反映多次实施相同测验其结果的稳定性、一致性的指标，而效度则是反映考试符合目的性、考试结果实现目标程度的指标；信度是通过两个相同测验的结果的相关程度来表示的。考试实施过程客观、准确，并不能保证其设计科学、使用合理，因而不能保证考试符合目标的程度高；而考试真实地反映目标，却要求测试过程客观、准确。因此说，信度高是效度高的必要条件，但不是充分条件。一个质量高的考试应该是既可靠又可信的。

二、如何确定及格线

根据几年来命题的经验，对试题进行认知能力层次划分等级，在配卷中对各种层次的试题的比例进行较严格的控制，是控制试卷及格标准的有力措施。我们知道及格标准掌握的好坏直接影响到试题的信度，CET 考试属于尺度相关常模参照性考试（criterion - related norm - referenced test），既以教学大纲为考试依据，但同时又反映考生总体的正态分布情况。根据测量学的教育目标即教学目标所讲，应以加强基础和培养能力，掌握基本知识、基本理论，培养分析问题、解决问题能力为教育目标。简言之，传授知识、培养能力就是大英分级测试的教育目标，那么测量目标也是即考知识又考能力。因此考试的中心就是知识与能力。若将这两个方面落实在所要考核的试卷上应考虑以下几点。

a）试题的广度：考核的知识范围不能超出教育目标规定的知识范围，在尺度相关常模参照性考试中，教育目标规定的知识点就是考察点，在总体中抽取部分考察点编制测验时，抽取的样本要尽量广泛，覆盖面宽，才能有效地测量出学生完成教育目标程度。所以题库应百分之百的体现大纲中所规定的考核点。考试是一种抽样测试，因此，不可能在一份试题中包括本课程全部的内容，每份试卷不低于60%即可。

试题的覆盖更要有重点，但不能过分集中。命题设计要有重点，教育的重要内容题量或分值要大。考查学生对知识理解深度的题，难度大的题应主要设计在重点部分。但重点部分题量又不可过分集中，过分集中不能全面考查出学生真正的学习水平，大体上每份试卷中重点部分内容应占 60 –70%。

b）试题难易度：任何知识点在知识体系内部都有一个是属于预备知识还是属于相对于预备知识较深入的后继知识，其区别，一般预备知识较浅，后继知识较深，试题要有深有浅。实际上试题的深度是构成试题难度的重要方面。可以通过掌握试题难度来掌握深度。在经典的教育测量学中，试题的难度是以应试者作答情况既答对率来确定的。对于客观性试题，难易度值 $FV=\frac{R\text{（答对的人数）}}{N\text{（参试的总人数）}}\times 100\%$，对于主观性试题 $FV=\frac{\overline{X}\text{（该试题的平均得分）}}{X_{max}\text{（该试题的满分）}}\times 100\%$（邹申，杨任命，2000），由此可以看到，这个数值与应试者的状况密切关联。由于每级学生学习水平不一样，及格率不稳定，所以用考试结果计算的答对率作为试题的难度就不太合适。

根据以往经验，采用集体评估的方法来确定试题的难易度较为合适，把难易度分为几个等级，依据试题本身的特点由命题教师共同确定（例如按照答题思路是否明确、涉及基本概念的多少、认知能力的高低等）。然后对一部分试题分别进行试评。对试评的结果作统计分析，分析表明教师的评估有良好的一致性。这种方法也是使试题的难度与应试者状态无关的一种措施，具有一定的实用意义。

根据内容的特点设计试题的难易程度的比例，以划分为较易、中等难易、较难、难四个等级为宜。在一份试题中难易程度设计的比例适当是不容易的，这需要命题教师熟悉教材和本学科大纲的全部内容，全面比较，合理划分课程中的难易层次，选定题眼。这样设计命题可供不同水平的学生拿到与自己水平相应的分数。试题难易度是试题的重要参量，它对及格标准的影响是通过整个试卷的平均难度及其分布体现的。因此为了控制及格标准，在组配试卷时应对试题的难易度的平均值及其分布作明确规定。

知识容量和比例：容量指试题数量。常模参照性考试试题数量既不能太少，也不能太多。根据课程内容份量多少恰当地确定试题数量，可以有效地考查学生完成教育目标的程度。

任何学科的知识体系都分为若干部分，各部分的地位以及在测验中的比例称为知识比例。突出重点，突出主要内容是重要的知识比例问题。知识比例合理与否直接影响教育目标的实现。采用那些测试方法来测试哪些内容，首先要从总体上决定主观性试题和客观性试题所占比例，然后决定哪些内容易于用哪一类试题。

客观性试题其优点是：平分客观、阅卷方便，可以在限定的时间内增大题量，扩大考查面，适于考查学生知识的广度。缺点是考察学生知识的深度、联系实际、分析问题、解决问题的能力方面受到限制。主观试题评分难度大，阅卷不方便，但它能考查学生知识的深度和学生分析问题，解决问题的能力，能够弥补客观试题的不足，二者结合能比较全面地考查出学生的学习水平。

题型的多少，应根据实际情况，以能考察出学生真正的学习水平为准，特别应在主观试题中要选用二至三种符合课程的特点、联系实际考查学生能力的试题。题量要大，分量要适中。题量要大是指设计试题时数量要多，但是试题内容的份量要适中。题量一般以 80 - 100 题左右为宜，题量过少覆盖面就小，考察的面就窄，就难以通过一次考试测准学生真正的学习水平。但是，题量过大会导致试题分散、零碎，而失去测试的重点。

在总的题量中，各类题型的单题数要适当的搭配。一般说来，设计题量时客观性试题应占总题量的 75% 左右，主观性试题以 25% 左右为宜。各种题型都在试题中有一定题量，就可以从各个角度以不同的份量测试学生的学习水平。试题的份量要适中，是指所设计的试题，水平较高的学生在 90 分钟左右可以答完。一般中等水平的学生可在两个小时之内答完。

三、教学目标、教学内容、双向细目表在 CET 测试命题中的使用

英语教学大纲是教学计划对英语学科教学目的、任务所做规定的具体化。但是大纲对学科的教学目的、要求和教学内容的描述仍是纲要式的，粗线条的。教师在教学过程中，必然要在大纲对各阶段教学目标和内容规定的基础上，再对各单元、各课的教学目标和内容进行不同层次的分解。这就需在教学过程中使用“教学目标 / 教学内容双向细目表”，以此指导教学活动。

在教学过程中，教师要了解学生对教学内容的掌握程度，评价学生是否达到了教学目标，考试是必不可少的手段。考试和课堂教学都是教学体系中的重要环节。无论从理论上还是在实践中，对两者都不能“分而治

之”。用 Hughes（1989）的理论，理想的教考关系应是合作伙伴关系。对于卓有成效的课堂教学，考试应起到支持与后盾的作用；当教学效果不理想时，考试则可对其施以“矫正性影响”，如在考试中对教学内容加以综合、归纳和提炼。现代学业评价是以教学目标为依据，衡量学生个体的发展是否达到预定教育目标程度的过程。这种评价并非是随意的，它必须以一定的判断准则为依据。根据待考课程的教学目标三步法：

课程的一般目标 ⟹ 内容成分与行为成分 ⟹ 制作双向细目表

一般考试包括形成性考试（用于教学过程中，以获取反馈信息、及时复习巩固所学知识和能力、弥补知识缺漏、改进教学目的，如课堂单元练习或测验）和总结性考试（目的在于检查学生经过一个完整学习阶段之后是否达到了大纲所规定的目标，评价教学效果，如期中期末考试等）。然而，怎样才能保证试题对教学内容的针对性，保证试题的覆盖面呢？怎样使试题既有效度又控制其难度呢？这些都是每一个命题者必然会遇到的问题。要使命题趋向科学化，在命题过程中建议使用“目标（或称学习水平）/内容双向细目表。”

如何在教学中用好上述两个双向细目表呢？我们的具体做法

1. 根据教学目标及内容制定双向细目表。

众所周知，教学活动是一种有目的、计划的活动，制定双向细目表则是教学的一种反馈系统。大学英语教学大纲提出，大学英语教学的目的是：培养学生具有较强的阅读能力和一定的听、说、写、译能力，使他们能用英语交流信息。而能力是看不见、摸不着的，难以直接测量。因而在制定单元或单课教学目标时则要把可以体现这些目标的典型行为用文字清楚地表达出来，这是至关重要的。

根据美国教育学家 B. J. Bloom（1956）教育目标分类学理论，结合大学英语教学实际，通常可以把各个知识点分为五级水平层次，即 A. 识记（Knowledge），B. 理解（Comprehension），C. 运用（Application），D. 分析（Analysis），E. 综合（Synthesis）。根据这五级层次，将所学教学内容与相应的目标（学习水平）作纵横向的排列，即可制成一个“教学目标／教学内容双向细目表。

表一：教学目标／教学内容双向细目表

教学内容（括号中为描述动词）		教学目标				
		识记	理解	运用	分析	综合
单词和词组	按发音规则正确读出单词、句子 和课文。（读）					
	听音能正确写出单词、词组和句子。（写）					
	判断派生词、合成词等的词义和词类。（判断）					
	正确运用单词、词组口笔头造句。（造句）					
课文	流畅背诵课文段落。（ 背诵 ）					
	就课文内容作口笔头问答。（问答）					
	根据关键词和提示缩写课文及相应话题的短文。（写作）					
语法	能解释所学语句的概念及结构。（解释）					
	能根据语法规则进行句型转换和语法练习。（演练）					
翻译	完成和补全句子。（补句）					
	能正确翻译语句。（翻译）					
阅读	根据语篇分析主题和中心思想。（阅读）					
	理解语篇大意和重要信息。（阅读）					
	辨认主题展开的重要细节。（阅读）					
	区分事实和看法并进行推论。（阅读）					

表内括号中的描述动词可具体反映出每一个教学行为对应哪一个水平层次，教师对各个知识点讲授的深度可一目了然，减少了教学的随意性。

表一仅是个模式，具体制表时某些方面还必须细化。有了这个“教学目标／教学内容双向细目表”，即确定了教学内容的广度和深度，教学便

有了明确的目的，具体的要求和评价的标准。

2. 根据检查目标及试题内容制定双向细目表

测试是检查学生的学习、获取教学的反馈信息、以便及时改进教学的有效手段。测试时既要考查学生的英语基础知识，又要考查学生应用英语的能力。因此，测试内容应单项和综合相结合，测试的方法应全面。在经过一段时间的教学后，教师必须对阶段教学进行评价，以找出教与学的不足，并获取改进教学的反馈信息。考试（测验）是评价工作的重要组成部分，而制定“检查目标／试题内容双向细目表”则应是编写试题的第一步。

平时教学过程中的形成性测验和阶段结束时的总结性考试都不同于四、六级考试，题型不尽相同，标准化题目的比重也有差异。一般在表中要能反映出试题题型、题数、分数、检查目标（水平）及权重、答题时间等内容，有时还可附加各项细目。

四、编制试题库

建立试题库的目的是实施标准化考试。标准化考试最重要的一个环节是命题标准化。但是，标准化命题并非一次性命题，而是在一定约束条件下的重复多次命题，所以就得有一个能体现课程考试大纲和命题大纲的命题方案，方案是命题组配一份试卷的具体方案，是从课程所有考察内容即“总体”中抽取一个“样本”的框架结构，方案的内容既要符合课程考试大纲的要求和遵循命题大纲的原则，又要简单明了，易于实施。

虽说建设题库必不可少，可还应有命题组配试卷的具体模式和依据作为提高题库和每份试卷信度的保证。在此基础上，命题教师还应根据对本课程的教育目标和上述原则的理解、制定本课程的目标命题细目表即题库内存状况表。该表的目的是将命题任务具体化，使教师在命题过程中有章可循（邹申，1997），并根据它编制试题，组配试卷。

所谓模式和命题细目表是描述试题按科学内容和能力分布情况的一种图表。它能使课程考试大纲具体化、数量化，从中可清楚看出关于试卷和题库的考试范围、内容及要求，为命题向标准化过度创造了条件。细目表要由本学科和有经验的教师在对教材的教学大纲及考试大纲仔细分析的基础上经过集体讨论制定，以确保分类合理，比例恰当。

注：本节主要根据戴立黎，用教育测量理论指导英语测试与题库建设［J］．（《研究生英语教学与研究》人民大学出版社，2005年11月）编写而成。

第五节　高职英语教学改革

高等职业教育的目标是培养技术型和技能型的应用人才，外语课程是高职教育的重要学科之一。近年来职业教育的广泛发展已成为我国教育体系的重要组成部分。随着经济的发展和文化科学技术水平的提高，我国为适应经济发展的需要，已着重在高等教育阶段进行职业技术教育，现在全国大力发展中等教育阶段之后的高等职业教育的趋势已日益明显。而早在1985年，《中共中央关于教育体制改革的决定》就要求“积极发展高等职业教育”。国家教委于1999年6月召开了全国职教工作会议，并颁布了《职教法》，国务院在《关于深化教育改革，全面推行素质教育的决定》中指出：“高等职业教育是高等教育的重要组成部分。要大力发展高等职业教育，培养大批具有必要的理论知识和较强的实践能力、生产、建设、管理、服务第一线的专门人才。”决定提出了明确的高等教育培养目标，即培养新世纪适应我国社会主义现代化建设的具有综合能力和素质全面的技术型和技能型的应用人才。英语课程是整体教育的重要学科之一，而较高的英语水平及其应用能力是高等专业人才不可缺少的重要素质之一。因此高职英语教育就必须对英语教学进行深化改革。

一、高职英语教材要体现培养语言实际运用能力

高职英语教学（VET）需要不断改革，要向教育内容和教材的实用型过渡，教会学生使用语言这个工具。众所周知，教材是知识的载体和教学

的重要手段，在教学中占着举足轻重的地位。况且语言学习者的语言材料的输入，决定着其语言材料的输出。所以高职英语教材应体现高职的特色，突出语言材料输入适应应用能力的培养。教材编写要紧跟形势要求，体现实用和针对性，着重语言共核（即各个领域共同的语音、词汇、语法结构及以此表达的常用功能意念）的教学，重视语言在阅读、翻译、听说能力和应用文体写作能力的语言实际应用。教材的内容要不断地更新，跟上时代的步伐，使之既能促进基础教学目标的实现，同时又能适应新时期英语教学的时代社会特性要求，满足英语应用领域的新需求。此外，教材编写者应考虑到在中国大环境中英语需要范围及经过一段时间的努力 VET 可达到的目标。还应注意到在高职学生入学水平参差不齐的状况下以及 VET 尚未显示出重大改变成效的相当一段时期内，VET 的中心任务只能是加强语言基础训练以及在此基础上逐步而有效地提高语言的实际应用能力。教学以必需、够用为度，教学目的、要求、安排要做出定性定量的规定，这是高职英语教材定位的关键问题。

二、高职英语课程设置要有利于培养语言实际应用能力

高职英语教学应与目前经济和科技发展的要求相适应，必须加强英语教学课程设置及教学手段的改革。VET 课程设置目前基本上在第一学年是精读、泛读和听力，第二学年增加翻译和写作，这种课程设置可以看出是侧重学生的接受能力（receptive skills）的培养。而在主干课程——精读课上，要解决学生的词汇、语法问题，还要训练学生的口语、写作能力等，在学时少，教学内容多，教师负担重的情况下，其结果是精读不精，泛读不泛，口语，写作弃置不顾。这也是高职英语课效率不高的主要原因之一。

VET 既要加强语言共核教学，又要在培养学生实际应用语言的能力上下功夫，这也是 VET 面临的双重任务。然而，由于课时的限制，VET 不可能既要全面打基础，又要全面训练语言技能。鉴于这样的情况，为了处理好教与学、课内与课外、语言输入与产出的关系，就应在课程设置上进行

改革，即将阅读、听说、翻译、写作等课程分设几种不同课型，每门课的任务相对单一，明确。把结合本专业以英语语言知识和语言技能为手段获取和交流信息作为英语课程教学的基本目标，把语言知识传授和语言技能训练要求确定在“必需，够用”的层次上，课程设置要体现以基础为手段，以实用为主导，以应用为目的的教学。同时，采用多种形式的教学手段来优化英语教学环境，将现代电子信息技术广泛应用到教学领域中，开展多媒体教学，计算机辅助教学和内容丰富的视听教学，尽可能使学习者处于最佳的语言环境来进行英语教学。

三、高职英语教学方法要突出培养语言实际运用能力

教学过程主要是教师与学生以教材为中介的双边交流活动。因此，教师如果在教学方法上缺乏研究，必然会影响教学双边活动的效果和质量。这就需要教师在明确教什么（教学内容）的基础上，认真研究如何教（教学方法）的问题。传统英语教学往往教师是课堂教学的中心，课堂教学多采用讲解生词、课文、语法规则和句型分析然后进行课后练习等形式；学生处于被动接受知识的地位。课堂教学方法的改革应首先破除以教师为中心的单向传授知识的教学观，建立以教师为主导，学生为主体的新的教学理念，课堂教学方法的改革应由教师“讲授中心”向学生“学习中心”转化，使学生成为教学中的主体，以学生为中心安排教学活动，充分启发学生积极思维，让学生对语言进行分析、思索和归纳。教师在教学中应按照精讲多练的原则，突出授课重点，精心安排课堂的教学内容、设计课堂的组织形式，让学生在有限的时间内积极地参与教学活动，大胆地进行语言实践。

教学方法的改革要有利于加强学生自学能力，独立分析和解决问题能力的培养，有利于加强学生创造性思维的培养，有利于学生创造个性的发展。革新教学方法 VET 既要遵循语言学习的规律，又要体现高职特色，在教学过程中强调理论知识的应用和实践动手能力的培养。必须改革传统的教学方法，正确处理好知识与能力、教与学的关系，立足于高职教育的实

际来采取最有效的方法提高教学质量。

四、高职英语测试要检查学生的语言实际应用能力

测试作为教学过程的一个组成部分，在教学中占有重要的位置。教学与测试总是互相影响，互相促进。VET 各个阶段的测试应是对教学目标、要求和质量的检查评估，是对学生掌握和应用英语语言能力的检查。它可使社会、教育部门、办学单位、教师、学生和家长看到英语教学工作的成绩和不足，可获得改进教育、教学、学习的信息以及进行科学研究的资料，是推动教育、教学活动的重要手段之一。因此，测试要科学地体现出培养目标规定的必须达到的基本要求。测试既是检查学生水平的标准，也是检验教学质量的尺度，要能真正地反映出学生的能力和水平。命题应基础和应用并重，保证测试的信度和效度，采用主观和客观混合题型，形式多样，突出实用。试题设计应遵循几个原则：a）紧扣教材，适度展开；b）坚持以应用为主，够用为度，突出实际应用能力；c）加大题型的混合交叉频率，使学生尽可能多地接触新题型。高职英语考试可分为两极，一级为校级考试，这是课程考试，与学籍、毕业挂钩。校级考试应最大程度地覆盖教学内容，既要涵盖教师讲解的重点、难点，也要包括学生课内外练习的语言现象和技能，加大主观试题的比重，以此检查学生的语言运用能力。另一级为水平考试，即国家级或省市级考试。学生可自愿参加，这样也就可以把教师和学生的教学和学习真正吸引到切实提高语言基本应用上来。

改革测试方法，既要重视知识的考查，更要重视能力的考查；要根据高职英语课程的特点，采取题库、试卷库、笔试、口试、实践等灵活多样的方法。

总之，新的世纪给高职英语带来了新的契机，但也提出了更大的挑战。培养新世纪的高等职业专门人才，需要有全新的思想观念，优化的课程体系和高水平的师资队伍。全国范围的高教改革浪潮促使我们必须加快 VET 改革的步伐，只有这样，高职教育才能得到更大的发展、提高和壮

大。我们每一位从事高职英语教学的工作者，都必须认清英语教学改革的方向——以提高学生的实际应用能力为目标。为此，必须尽早认识学习实用英语的价值，尽早为祖国培养更多的实用型高等职业合格人才。

注：本节根据戴立黎论高职英语教学改革［J］．（《中国职业技术教育》2002年第15期）编写而成。

第六节　培养元认知策略，促进学生个性化自主学习

自主学习是目前教育界倡导的一种学习方式，它是基于人本主义“以学习者为中心”的学习理念。随着中国的入世和与时俱进的发展，社会对毕业生的英语综合应用能力的要求越来越高，单靠传统教学中的以教师为中心的教学模式已经不适应时代发展的要求了，越来越多从事一线英语教学的工作者已经认识到必须对学生进行元认知意识和元认知策略的培养，传授学生学习的方法，确立学生的学习主体地位，使学生成为能够自己确立学习目标、制订学习计划、监控学习过程并评价学习成果的自主学习者。

一、元认知与自主学习

1. 元认知的基本含义

元认知（meta - cognition）这一术语是美国心理学家 J. H. Flavell 于1978年首先提出的。在他的理论模式中，元认知包括元认知知识（meta - cognitive knowledge）、元认知体验（meta - cognitive experience）、元认知行动或策略（meta - cognitive action/strategies）。元认知知识是指个体对影响认知过程和认知结果的那些因素的认识；元认知体验是指任何伴随着认知活动的认知体验或情感体验；而元认知行动或策略则指认知主体对认知活动的全过程进行调节和监控的方法和技能，主要包括规划策略、自我监控策略、自我评价策略等。

由此得知元认知的实质就是对认知的认知，是人们对认知活动的自我意识和自我调节，换言之，元认知就是认知主体对自身的心理状态、能力、所要达到的目标及对自身各种认知活动的计划、监控和调节。

2. 自主学习的内涵与理论依据

Holec 是最早研究外语自主学习的学者之一，他（1981：3）认为自主学习是指学习者在学习过程中对“自主学习负责的一种能力”，他指出这种能力是“潜在的、特定环境中可以实施的能力”，是需要后天培养的能力。Boud（1988）认为自主性原则是教育实践中用来指导和培养学生独立自主与判断能力的基本原则。Little（1991）把学习者自主性界定为“一种进行客观判断性反思的能力，作出决策的能力以及采取独立行动的能力”。他还认为（1990：7）“学习者自主性主要是指学习者对于学习过程和学习内容的一种心理反应”。Dickinson（1993：330）则把自主性看作是一种对于语言学习的态度。概而言之，自主学习是学习者自愿承担自己的学习责任，能够管理自己的学习行为，根据自己的实际情况确定学习目标、制定学习计划、选择适合自己的学习策略和方法，监控学习过程和计划进展情况，自我评估学习效果和目标实现程度。

自主学习是以建构主义为理论依据的。最早提出该理论的是瑞士著名心理学家 Piaget（1984）。按照建构主义学习理论的观点，学生的知识不是通过教师讲授获得的，而是通过一定的情景（社会文化背景）借助其他人（包括教师和同学）的帮助，利用必要的学习资料，通过主动的、意义建构的方式获得的，即“情景、协作、会话、意义建构是学习环境中的四大要素”。建构主义理论的核心是：以学生为中心，强调学生对知识的主动探索、主动发现和对所学知识意义的主动建构。学生始终处于主动探索、主动思考、主动建构意义的认知主体位置。

二、元认知策略在培养自主学习中的重要性

1. 元认知策略是培养自主学习的有效途径

在语言习得中元认知策略主要包括规划策略（planning strategy）、监控

策略（monitoring strategy）、评价策略（evaluating strategy）和矫治策略（revising strategy）（转引自武和平，2002）。自主学习是语言教学和语言学习的培养目标，而语言学习是一个积极的动态过程，是学习者综合运用各种策略模式对信息积极加工，对学习过程自我监控，从而达到自然运用语言的过程（转引自王笃勤 2002）。由此得知，元认知策略是能使习得者承担自己学习责任的工具。规划、监控和评估是元认知策略的三个主要的功能，同时他们也是通向自主学习的一个桥梁。掌握了元认知策略的学生基本上就是一个学有方向并且有能力评估自己的进步、成绩和有能力确立自己未来学习的习得者。

2. 掌握元认知策略是培养习得者学习自主性的关键

在目前大学英语教学中学生多，教师少，课时有限，在这种情况下学生自主学习能力的培养显得尤为迫切。这就需要教师在授课的同时不遗余力地对学生进行元认知策略的培养，这样可培养学生的自主学习意识，以及帮助学生树立正确的语言学习观念。（一）协助学生制订学习计划。该计划可为长期计划（以学期为单位）或短期计划（以星期为单位），其中囊括学习内容和学习目的；时间的安排和选择的学习方法。（二）指导学生监控学习过程。监控就是检查任务执行的情况，时间、资源的利用是否合理、学习进展如何，并及时对自己的认知活动作出分析与评价。监控可发现问题，及时调整思路、改变学习方法和寻求解决问题的出路。（三）引导学生做自我评估。自我评估是外语习得者必须获得的学习策略，习得者的自主学习能力和自我评估能力之间有着密切的联系，因为它能促使习得者对自己的学习进步负责，还能使习得者清楚地看到他们现在的水平和他们希望达到的目标之间的差距，不断地对自己的学习效果予以反思。

三、元认知策略在培养自主学习中的必要性

1. 大学生自主学习环节的薄弱

1）学习策略的调查形式与内容

北京联合大学高职协作组于 2006 年申请并建立了北京市大学英语教学

改革立项课题《高职学生英语学习策略调查与教学对策研究》，并在联大生物化学工程学院、师范学院、管理学院、机电学院等七所院校中对 05、06 级的高职学生英语学习策略运用进行了调查。共收回有效问卷 872 份。研究采取问卷调查形式，每一个题目后附有 3 个备选答案，要求学生从中选择一项。问卷内容主要包括高职学生英语学习策略运用的调查，即从记忆策略、认知策略、调控策略、补偿策略和自律策略五方面进行问卷调查，另外也对学生个人背景信息，既毕业的中学、英语学习的年限、入学英语成绩等进行了调查。

2）研究分析与结论

问卷数据显示，高职学生能努力学习，注意提高效率，并希望英语水平能不断进步，学习方法能有所改进（如问卷第 1、14、42、50、51、55 条）。但他们对学习策略的运用均处于中、低水平，以记忆与认知学习策略使用频度最低。使用频度高的自律策略也只达到了中级水平。可见，学生的英语学习策略知识还很欠缺，运用也不够自觉，需要加强培养和训练。（见表一）：

表 1：北京联合大学高职学生群体使用英语学习策略运用情况一览表

频率 学生 均值 策略	2005 级高职生	2006 级高职生
记忆策略	2. 89	2. 99
认知策略	3. 13	3. 04
调控策略	3. 27	3. 21
补偿策略	3. 23	3. 14
自律策略	3. 32	3..20

高职学生英语各类学习策略使用频率比较

记忆　认知　调控　补偿　自律 →

低频率策略类别　高频率策略类别

从学生的问卷中可看出，他们的学习方法中有不少不符合外语学习规律之处，特别体现在过于依赖老师，以被动学习为主，表现为比较重视语言知识的获取，忽视技能培养；已听课为主要知识来源，学习离不开老师的检查与督促。

从调查表中的英语学习策略得分总体上看（见图1），补偿策略的得分最高，说明学生在英语学习过程中，运用最多的是补偿策略。而认知策略得分最低，说明学生较少运用此策略。由此可见，大部分学生在英语学习过程中缺乏一定的主动性，很少通过多种学习途径来充实自己的英语知识，但是对于自己在英语学习中遇到的问题却非常重视，能够积极地寻找解决方法，并以此来提高自己的英语成绩。

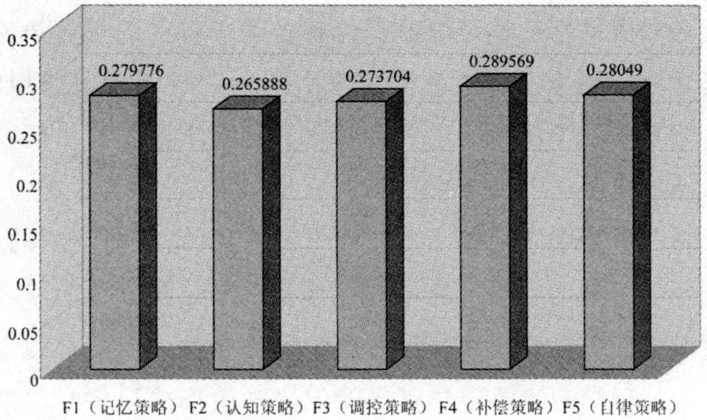

图1　学习策略得分图

由于多数学生学习策略知识贫乏、学习过程管理意识淡薄、认知方式盲目，从而导致了学习过程中计划性、监控性、评估性和方法性的缺乏，使学生很难在有限的时间内很好地掌握所学知识并提高语言的综合能力。

2. 元认知策略理论对大学英语课堂教学的启示

（1）重新定位教师的角色

教师应是需求分析者（need analysis），如今国际语言教学研究的重点已由以教师为中心转向以学生为中心。既然元认知策略理论是研究学习策略的理论，作为教师，更不用说要研究社会发展对学习者英语能力的实际要求，认真选择教学内容，然后根据实际可能的教学时数提出既有先进性又有现实性的教学目标；同时要研究学生，了解他们的起点，分析他们想学什么，个体又需求什么，做学生学习心理和学习行为整体及个体差异的需求分析者。教师只有对学生需求认识充分，分析准确，教学中才能做到精讲要点，学生才能有更多时间学习个体真正需求的知识，师生间和同学间才能彼此更大程度上互动练习，课堂教学因而也会更有效。

（2）重新赋予学生的新职能

学生可成为学习管理者（supervisor）。在以学习者为中心进行教学，逐步培养学生成为学习主体者的同时，从传统意义上讲的以传授知识为主的教师变为学生学习的直接管理者，但是在元认知策略训练成功的情况下，学生也可成为自我控制力很高的学习自主管理者。经过长期的训练后，学生就会养成良好的学习习惯，具有合适于自己的学习策略，毕业后就会有继续学习的能力，学生就会实现由被动的听课者向假想的主体者，有真正的主体者向知识学习的主导者转化，终身学习才有可能，学习型的社会因此才会形成。

随着以学习者为中心的以“学”为中心的现代教育理念的不断深入，教师应意识到学习是一项终身的任务，其范围不仅限于校园学习，而校园学习的一项重要任务是要培养习得者的学习自主性，因此在教学中教师应着意培养学生各种学习策略，特别是能促进学生形成自主学习能力的相应策略。只有有效地培养学生的自主学习能力才能有效地解决许多在常规大学英语教学模式下难以解决的问题。只有坚持学习自主性，我们才能完成终身教育的课程。

注：本节根据冯玲、戴立黎，培养元认知策略，促进学生个性化自主学习［J］（《现代教育技术》2008 年第 9 期）编写而成。

第二章

英语教学模式、教学方法与课程建设

第一节　多元化教学方法促进大学英语课堂教学

外语教学方法是在外语教学实践中，经过人们长期的反复探索，不断总结而形成的一系列行之有效的教学方法。一个良好的教学方法，可以为外语教学和研究的进一步发展打下基础。英语教学中我们采用几种有效教学方法并在英语教学中实践应用，总结出英语课堂教学实践中应根据学生实际情况采取多种教学手段传授知识，注重能力的培养，提高外语教学水平。

一、文献综述

教学方法是教师和学生为了达到教学目标，完成一定的教学任务，师生在共同活动中采用的手段。既包括教师教的方法也包括学生学的方法，两者是相辅相成的。采用教学方法的直接目的在于引起学生学习的准备，维持他们一定的兴趣和注意，以学生可接受的方式呈现教材，强化和调节学生的行为，解决学生的学习障碍。David Hunt（1971）指出：学习是学生和教育方法相结合的结果。或者更确切地说，学习是这两者交互作用的结果，可见教师运用的教学方法直接影响到教学效果。

外语教学方法是在外语教学实践中，经过人们长期反复的探索，不断总结而形成的一系列行之有效的教学方法。一个良好的教学方法，可以为外语教学和研究的进一步发展打下基础。对大多数外语学习的成功者来说，好的教学方法如同好的教师和好的教材一样，是其成功不可缺少的外部条件。

随着语言研究的发展和多种语言流派的出现，人们对外语教学规律的认识也在不断变化，因此外语教学法流派异彩纷呈，呈多元化的发展趋势。在目前盛行的语言教学法中，至少蕴含着三种不同的理论观点：一种是结构理论（Structural View），认为语言是一套结构上互相联系着的传送意义的语言要素系统，主张从语言结构入手去理解意义。这样目的语的获得主要是通过掌握语法单位和词汇来完成。听说法（Audiolingual Method）和沉默法（Silent Way）就是结构主义的体现。另一种是功能理论（Functional View），认为语言是传达信息和表达思想的工具。它看中句子的意义而不是形式。交际法（Communicative Approach）便是其典型的例子。第三种则是交互作用理论（Interactional View）认为语言是建立人与人之间关系的桥梁，是个人进行社会交往活动的手段。它注重行动、言语行为及交际角色的交换方式。反映在教学中有交互性语言教学法（Interactive Language Teaching）、语篇分析（Discourse Analysis）、第二语言习得（Second Language Acquisition）等方面的研究，这三种理论模式为语言的教学方法提供了理论上的支架。

然而，各种教学法虽各有主张、各具所长，随着教学法理论研究与实践探索的不断发展，却逐渐呈现出越来越明显的各取所长的折中化现象，这就是英语教学中的折中主义（Eclecticism）。主张在外语教学中权衡各种理论、方法、途径，吸收其优点，使之用于多样化的教学环境。

原苏联教育家巴班斯基指出："教学方法的最优化程序中一个最重要的、也是最困难的问题是合理地选择各种教学方法并使之达到这样的结合，即在该条件下，在有限的时间内获得最好的教学效果。"教学方法的选择在于如何根据教学目的、任务的要求选择最合适的方法，以求达到预期的教学效果。教学涵盖着教与学两方面的内容。学生在学习英语中要记住大量单词，短语和句型，教师也要给学生讲授许多语法知识，语言现象。

教师不停地讲，学生没完没了地记，使教学方法单一，呆板，课堂气氛沉闷。遇到问题学生不能灵活运用所学的知识正确解决问题，也不能举一反三，碰到一些意思相同的单词或短语更是手足无措，不知使用哪个正确。学生学到的知识都是孤立的点，他们不知道这些知识中的共性和它们相互区别的个性。虽然努力学习，但考试成绩不佳。我们在近几年的英语教学实践中，一点点地从传统的单一讲解教法中解脱出来，在英语课堂教学中充分使用质疑法、联想法、任务教学法、启发式教学法等多元化手段传授英语知识，收到较好的效果。

二、质疑教学法（Query Method）

美国教育学家杜威（Brown Deway 1994）认为，思维的自然规律不是形式逻辑，而是所谓“实验逻辑”的反省的思维。教学过程的因素与反省思维过程的因素是共同的。根据 SQ3R 程序学习方法，课堂基本步骤为：

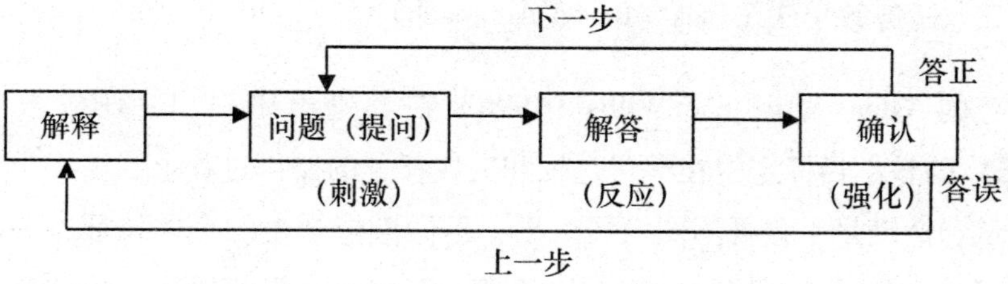

以“学生为中心”的课堂交互活动教学模式常见的为师生间的“IRF”形式，即激发（initiation）→应答（response）→反馈（feedback）。教师常以提问的形式发起交流活动，而后学生做答，教师提供反馈（包括评估、纠错和建议等），三部分依次往复，循环进行（Sinclair and Coulthard，1975）。用此方法首先教师提出问题由学生进行思维答辩，在答辩中得出正确结论。课堂教学围绕答疑解惑的过程有序进行，质疑法可针对某一语言或语法现象，在课堂教学或练习讲评时使用，也可针对文章的主题、段落的理解、作者的意图等。课堂提问是一项重要的教学手段，是课堂上师生之间交流的一种方式，更是一种艺术。利用好质疑教学法是一种有效的教学途径。而教师的质疑提问要有启发性，提问的形式要具有创造性，要有新奇感，幽默感。所提问题能激发学生思考，促进学生的思维发展，引导学生积极探索。使学生不仅说出其然，还能说出所以然来，并提出自己的见解。在提问方法上要灵活多样，经常采用的方法有：

问题促使学生思考，检查所学的知识在理解上或记忆上是否有误差。例如，为什么会出现差错？如何纠正错误等等。质疑法在教学上的使用会使学生多想、多问，最终达到对所学知识理解透彻，运用正确的目的。质疑法可以培养学生勤思考，常提问，爱动脑的良好的学习习惯。有效地改善了只会背、念、默的单一的学习方法。变被动学习为主动学习。

三、任务教学法（Task – Based Approach）

英国 Aston 大学 Jane Willis（1996）在其论著中提出：任务教学法（TBL）的教学目标定位在学习过程和完成任务的操作过程上，注重学生的思维量和活动量；重视不同发展水平，不同潜能学生的个体特征；关注学习过程上的各种学习体验。TBA 体现了以学生为中心的原则，能够激发学生的学习兴趣，其优势在于：

1. TBA 有利于提高学生的英语交际应用能力

TBA 反映出外语教学从重视语言知识向重视语言交际能力的方向转变，体现了外语教学从重视教师的作用转为重视学生的作用，从以教师为中心转为以学生为中心。以交际理论为基础的 TBL 宗旨是引导学生解决问题，在解决问题的同时习得语言和掌握运用语言的规则，它重视学生运用语言的能力，在教学过程中强调学生交际技能的掌握，如完成角色扮演，小组讨论，两人对话，分组辩论，回答提问，模拟采访，民意测验和陈述报告等交际任务，同时还要求学生模仿课文的内容与各种文体的短文，如记叙文，议论文及应用文等。根据实际情况教学中可采用交互活动的三个步骤的形式：

Pre – task stage 前任务阶段	· 教师确定并引入主题，学生加入活动； · 温习将会在任务中使用的单词、短语或句型； · 设置与主题相关的系列问题； · 教师布置任务和要求；
Task – cycle stage 任务环阶段	· 学生个人独立完成任务； · 学生独立完成后与同桌交换观点； · 组长带领分小组活动； · 教师轮流于不同小组讨论交流；
Post – task stage 后任务阶段	· 个人（以书面形式）分别呈交所完成的结果； · 小组代表陈述各组讨论结果； · 口、笔头方式向全班报告如何完成任务； · 全班师生共同讨论，得出结论。

2. TBA 有利于培养学生听、说、读、写的综合技能

现代外语教学理论主张把听、说、读写看成是一个整体，既有联系又互相作用，但不是独立的。再 TBA 教学法指导下的教学活动中，每项活动都有若干任务，这些任务包括一种或多种技能训练，只是侧重点有所不同。如以阅读为主的活动任务主要是读、写、说；而以听说为主的活动主要是听和说。因而 TBA 教学法综合训练了学生的四种技能，符合语言习得的自然规律。

因此 TBA 的主要优势在于：外语教学运用真正目的意义上的真实交际。其目标是集听说读写四项技能于一体。再 TBA 模式中，可用的任务其范围提供了一个很大的弹性空间激发学生学习活动。

四、启发式教学法（Heuristic Teaching Method）

启发式教学的关键在于“启”和“发”二字，即启迪思维，激发内因。启发式教学模式是改变以前“以教师为中心”的教学方式，给学生充分的时间和空间，建立一种能培养学生独立开展创造性语言交际环境的课堂教学形式。启发式教学，在教育目标上强调传授知识的同时重视运用能力的培养以及非智力因素的发展；在教与学的关系上，采取“以学生为中心”的原则；在教学方法上，着重于充分调动学生学习的主观能动性，培养学生英语综合应用能力。启发式教学是根据学生本来水平、兴趣等实际情况，科学而生动地阐明事理，启发、引导学生乐于学习，勇于、善于探索的教学法。

启发式教学方法所注重之点是要掌握处理经验中各项问题的方法。能给学生留下最持久印象的教师应当是能够唤起学生新的理智兴趣，把自己对知识的热情传导给学生，使学生有探究的渴望，找到自身的动力（Brown Deway 1994）。启发式教学法是教师在教学过程中依据学生获得和掌握知识和技能所需要的思维过程的客观规律，引导学生主动，积极地掌握知识的教学方法，在实际教学中，启发可采用下列多种方式：

1. 兴趣启发	以调动学生兴趣来激发学生学习；
2. 问题启发	以教师提问为特征，激发学生积极思维，产生思维互动；
3. 类比启发	以同类或相类似的事物启发学生加以类比，加深学生理解和技艺；
4. 推理启发	根据教材中富有启发性的逻辑因素借助推理的方法，由已知推向未知；
5. 提示启发	教师明确的强调问题的实质或准确显示问题的突出特征，引导学生正确思维；
6. 示范启发	以教师规范化示范来启发学生掌握某一技能，引导学生分析问题，解决问题；
7. 图示启发	以直观生动的形象用线段，图片或各种符号来勾画展现知识点；
8. 假设启发	以虚构的事例来说明某一观点是错误的，从而启发学生理解并接受正确观点；

教师在课堂中要充分考虑到学生主动发展的需要，积极采用启发式教学法，调动学生参加学习活动，设计弹性化的，有一定间域或思维度的课堂问题，教给学生分析解决问题的思路，启发学生积极思考，提高他们的思维能力。通过实践教学互动，不但完成大纲所规定的知识传授内容，而且培养学生的素质和能力。

五、联想教学法（Association Method）

外语学习离不开记忆，心理学研究表明记忆的关键在于重复，但重复时应注意方式的变化，避免在同一种情况下长期机械地重复。心理学研究还表明，在大脑之中，联成网络状的知识记得最牢固，最清楚。联想是有机重复及网络形成的最佳契合点。抓住机会及思想灵感，有目的地就相关知识展开联想，既可以做到有机重复，又可以起到触类旁通的作用，把分散知识联成网络，符合人的认知规律。

联想，就其采用的形式而言，主要有临近联想，类比联想，对照联想，因果联想等。从语言教学的角度来看，就是当某一语言材料与另一语言材料有相同或相似之处时，由一材料引起对另一材料的联想。能唤起联想的语言材料比比皆是，联想的方法也多种多样，我们在词汇和句型教学中常用的有以下几种。

1. 形似意近类比联想	2. 形似意异对照联想	3. 形异意近因果联想
Sth. is worth doing Sth. is worth to be done Sth. is worth while to do Sth. is worthy of being done	have sth. to do have sb. do sth have sth. done have sb. / sth. doing	Sb. spent（…money）on sth. Sb. paid（… money）for sth. Sb. bought sth. at the price of（… money） Sth. cost sb.（…）money to do sth.

首先，我们都知道在英语教学中，许多词组，句型和语言点形似相近，意义相同，但用法又有区别，教学中应引导学生注意词类的转换和句型的转换进行类比联想，此种联想材料俯拾即是，只要细心体察随时都会

招之即来。

运用联想教学法最重要的是教师要对大纲、教材了如指掌。大港市总体要求，需要在教学之中贯彻。要教会学生联想，教师首先应该在备课时联想，抓住灵感闪现的火花，及时从后往前，在教材之中查找可以联想在一起的内容。只有教师在自己大脑中先构建成网络，才能在教学中胸有成竹的引导学生通过重复，组成网络。如通过一个词联想起它的内容时，教师应该能够准确地说出所联想的内容在前面第几课出现过，要求学生马上重温，借助于温故而知新的方式来体现科学的学习方法。

作为外语教师，教学方法得当与否关系着学生能否学好外语。实践证明多元化教学的一个基本原则是以学生为中心，适当的教学方法，有效的教学手段，个性的学习策略是外语教学和学习成功的基础。在英语教学中，无论单一采用哪一种方法，都不会取得满意的效果。我们在不同的教学阶段、根据不同的教学对象，采用多种教学方法进行英语教学，不仅能把分散的、零星的语言材料系统化，条理化，巩固并增强记忆，完善并发展智力，而且能拓宽知识的广度，挖掘知识的深度，提高综合运用语言知识的能力，从而有效地搞好教学。

注：本节根据戴立黎，多元化教学方法促进英语课堂教学［J］．(《中国职业技术教育》2009 年第 2 期）编写而成。

第二节　以学生为中心的有效英语教学模式

目前我们正在进行一种新的英语教学模式，即从传统的以“教师为中心”转向以“学生为中心”的课堂教学模式。本文分析了传统英语教学模式的弊端，讨论了在新的英语教学模式下英语教师的作用和大学英语课堂教学的要求。

八十年代以来，语言学理论更强调语言习得是获得语言交际技能的过程 Nunan (1988)。以此理论为指导的交际教学法，在强调要创造较真实的语言交际环境的同时，也要求教学过程以学习者为中心。学习者主动参与学习过程，合理安排自己的学习，并对自己的学习负责，才能满足个人的需要、愿望和学习能力。因此，探索学生自主式学习的新模式势在必行。为了将大学英语教学（CET）适应大英大纲要求，英语教学就必须以培养学生实用的语言应用能力为目标，因此必须进行全面、深入的教学改革，建立科学、合理的教学模式，尤其要建立有利于调动学生积极性的课堂教学模式，以确保教学目标的实现。

另一方面，计算机及网络时代的到来也导致了课堂英语教学的深刻变革，以“学生为中心”的英语教学模式逐步形成。教师在课堂教学中的作用也随之改变。教师不只是单一的知识传播者，而是英语课堂教学中的组织者，学生学习英语的辅导者和合作者。

一、传统英语教学模式及其弊端

长期以来，我国英语教学传统的模式是“以教师为中心（Teacher - centeredness）”的，以教师讲授为主的灌输式教学模式。把教师认真备课、讲课内容丰富有条理作为抓教学的一个重要环节。因此教师讲解占去了课堂的主要时间，无法给学生的实践提供足够的机会，使学生成了语言知识的消极接受者。这种教学模式显然不符合语言教学规律，不利于教学质量的提高。首先，他抑制了学生学习主动性、积极性和创造性地发挥。在整个教学过程中，教师垄断了大部分发言权，而学生只有听课和记笔记的份儿，几乎没有主动参与语言实践的机会，产生不了成就感，因此也就失去了内在的学习动力。第二，它不利于学生语言表达能力的提高。Krashen（1981）研究表明，流利的语言表达能力取决于学习者的语言习得系统，而加速该系统发展的前提是学习者必须有机会接触足够的可理解性输入，并将这些输入充分吸收。Krashen（1985）还指出：外语课堂的主要作用是创造输入被吸收的环境，以促进语言习得。而以传授语言知识为主的课堂一方面很难为学生提供足够的输入，另一方面，由于它只强调语言的形式和准确性，必然会导致学习者紧张，焦虑，致使输入难以被吸收。第三，灌输式模式妨碍了教与学双方的沟通，使教师无法得到及时的反馈，做到知己知彼、有的放矢地进行教学，其结果必然事倍功半。

实际上，外语学习的首要任务是“学”而不是“教”。英语不同于其他基础学科，它是一门实践课，学生的语言技能是需要通过学生个人的实践才能培养和提高的。因此英语的教学效果应以学生的学习效果为依据，而学习效果很大程度上取决于学生的主观能动性和参与性。因此，我们认为大学英语课堂教学必须以学生为中心，但这并不意味着抹杀教师的作用，相反教师的作用更重要了。因为教师必须充分调动学生的积极性，有效的组织起以学生为中心的、生动活泼的课堂活动，及时发现他们的困难，为他们排忧解难，成为他们学习的引路人。换句话说，教师起着组织者、管理者、鼓励者、合作者和解难者的作用。

二、英语教学应向以学生为中心的教学模式转换

美国心理学家 J. S. Bruner 早在 60 年代就提出了“以学习者为中心”的理论，他认为“学习是学生积极的创造性活动。”外语学习是与学习者个人不懈努力和不断实践分不开的，而且是主要依赖于学习者的主观努力。所以在大学英语改革的实践中，以“学生为中心（Student - centeredness）”的教学模式就逐渐兴盛起来，越来越多的取代了传统的以教师为中心的教学模式。这种新的教学模式就是依据外语学习的科学性以及我国大学英语教学的实际情况而提出的。它主要是要让学生积极地接受语言知识，把读、听、说、写、译五种能力的培养贯穿到教学活动中去。

在以学生为中心的教学模式中，一节课可分为三个阶段：1）导入阶段（Introduction stage），2）实践阶段（Practice stage），3）总结阶段（Conclusion stage）。其中第一阶段以教师为主，教师将介绍本节课的任务、将要学习什么知识，做一些导入工作。而第二阶段，也是最主要的阶段，以学生为主，学生将积极、热烈而有序地开展一系列的活动，在实践中掌握本堂课的知识。最后阶段即可以以教师为主也可以以学生为主，主要是总结本堂课的学习重点，加深学生对重点的印象，巩固掌握知识要点。

由教师为中心的教学模式向以学生为中心的教学模式的转化，也符合

大学教育向素质教育的转化要求。因为学生在大量创新的语言实践过程中从各个角度、不同侧面锻炼了自己的胆识、口才等能力，整体素质得到了提高。

三、以学生为中心的教学模式下教师应扮演的角色

在以学生为中心的教学模式中，英语教师将承担什么样的角色呢？这是应研究的一个问题。Brown（1994）认为，在我们这个相互影响、内在动机充分、以学生为中心的时代，我们的语言教师却时常由于太专注于语言的传授，而忽略了引导学生去“接受”语言。随着教学改革的不断深入，传统模式下的学法和教法都受到了冲击，学习者和教师的角色也发生了深刻的变化。教师的作用不再是传统模式下的讲授语言知识或组织操练。新的英语教学模式中一节英语课上大部分时间是由学生掌握的，他们在由教师确定的主题下开展多种多样的实践活动。这就不同于传统教学模式中教师一言堂的局面。新的教学模式要求英语教师一人在不同的场合甚至在同一堂课上充当不同的角色，以保证课堂能够活跃而不乱，从而省时高效地完成教学任务。例如在一节课的开始阶段，即前面我们指出的导入阶段，教师就是一位组织者，必须将所有学生合理地安排，让他们能有效地在课堂上作各种活动和练习。此时教师还必须检查、督促学生，不时加入到他们中间，给予指导。最后一阶段小结时，教师还必须善于总结，将本课堂的重点强调出来。而在整节课的进行之中，教师还须把握好时间及课堂气氛的调控，做到既适时完成了教学任务，又能活跃课堂氛围，使学生在轻松愉快的环境中得到锻炼，掌握知识。可见，以学生为中心的教学模式并没有使英语教师的任务减轻，而是增加了其工作难度。不同角色的扮演向广大英语教师提出了挑战。

另外，英语教师还应对学生进行学习策略的指导和教育。学习策略对英语学习有很大影响。尤其在以学生为中心的教学模式中，要正确引导他们对英语学习的态度、方法和认识。

四、以学生为中心的课堂教学应培养学生综合应用语言的能力

以学生为中心的课堂教学应体现培养学生综合应用语言能力的要求。课堂教学不仅要考虑学生们将来对英语的需要，还要考虑到他们日常学习过程中的需要。课堂教学要为学生创造条件，以便他们经常有机会表现和检验自己的知识能力。这有利于学生产生内在的学习动力。课堂教学还应考虑到学生用英语交际的需求。这种交际要尽可能的接近真实情景，包括场景和内容。尤其是内容，要尽可能的体现学生的智力因素和成长需求，从而最大限度的激发学生的积极性和主动性。培养学生自我提高的能力是课堂教学一个非常重要的任务。一方面自学能使他们根据自己的特长，采取不同的策略，取长补短，使自己的语言技能和谐地发展。另一方面，自学能使他们在将来没有外语课的情况下，根据学习和工作需要继续提高。这也是大学生素质的一个重要方面。

我们可以看到以学生为中心的教学模式的特点在于，学生对所学的东西及学习方法能够及时做出反应；从学生各自的兴趣及所学到的背景知识出发能激发起他们的学习动力；学生有自主选择学习的内容及方式。由于语言能力是综合性的，是读、听、说、写、译各项技能的综合应用，因此在实际语言环境中，交际的过程也就是这些技能为达到一定目的而自然结合使用的过程，是一种动态的过程。这些技能都是相互关联的，相辅相成的。读和听作为领会式技能，是获取语言知识的渠道，是打好语言基础所不可缺少的途径，也是说和写的前提。而说和写是复用式技能，是语言知识的创造性应用，是语言知识内化和巩固的最有效途径。他们能不断促使知识从短期记忆向长期记忆转化，从而促使语言知识的不断扩大和读、听能力的不断提高。所以，领会和复用作为语言能力的两个相辅相成的方面需综合开发并在综合应用中提高。

总之，大学英语教育也必须面向未来，面向现代化，英语素质教育势在必行，作为大学英语教师，要通过学习，改变传统的教育思想，教育观念和旧的教育方式，将“教师为中心”的课堂转变为“以学生为中心”的

课堂教学。在大学外语课堂教学中，必须重视学以致用的原则，以培养学生实际应用能力为目的，提高大学外语教学质量和效率。

注：本节根据戴立黎，以学生为中心的有效英语课堂教学模式［J］.（《大学英语教学模式改革与探索》高等教育出版社，2007 年 3 月）编写而成。

第三节　英语教学优秀教学法评述

教学方法是教师和学生为了达到教学目标，完成一定的教学任务，师生在共同活动中采用的手段。既包括教师教的方法也包括学生学的方法，两者是相辅相成的。采用教学方法的直接目的在于引起学生学习的准备，维持他们一定的兴趣和注意，以学生可接受的方式呈现教材，强化和调节学生的行为，解决学生的学习障碍。David Hunt（1971）指出：学习是学生和教育方法相结合的结果。或者更确切地说，学习是这两者交互作用的结果，可见教师运用的教学方法直接影响到教学效果。

外语教学方法是在外语教学实践中，经过人们长期的反复探索，不断总结而形成的一系列行之有效的教学方法。一个良好的教学方法，可以为外语教学和研究的进一步发展打下基础。对大多数外语学习的成功者来说，好的教学方法如同好的教师和好的教材一样，是其成功不可缺少的外部条件。

一、外语教学方法的多元性

随着语言研究的发展和多种语言流派的出现，人们对外语教学规律的认识也在不断变化，因此外语教学法流派异彩纷呈，呈多元化的发展趋势。在目前盛行的语言教学法中，至少蕴含着三种不同的理论观点：一种是结构理论（Structural View），认为语言是一套结构上互相联系着的传送意义的语言要素系统，主张从语言结构入手去理解意义。这样目的语的获得主要是通过掌握语法单位和词汇来完成。听说法（Audiolingual Method）

和沉默法（Silent Way）就是结构主义的体现。另一种是功能理论（Functional View），认为语言是传达信息和表达思想的工具。它看中句子的意义而不是形式。交际法（Communicative Approach）便是其典型的例子。第三种则是交互作用理论（Interactional View）认为语言是建立人与人之间关系的桥梁，是个人进行社会交往活动的手段。它注重行动、言语行为及交际角色的交换方式。反映在教学中有交互性语言教学法（Interactive Language Teaching）、语篇分析（Discourse Analysis）、第二语言习得（Second Language Acquisition）等方面的研究，这三种理论模式为语言的教学方法提供了理论上的支架。

然而，各种教学法虽各有主张、各具所长，随着教学法理论研究与实践探索的不断发展，却逐渐呈现出越来越明显的各取所长的折衷化现象，这就是英语教学中的折中主义（Eclecticism）。主张在外语教学中权衡各种理论、方法、途径，吸收其优点，使之用于多样化的教学环境。原苏联教育家巴班斯基指出："教育方法的最优化程序中一个最重要、也是最困难的问题是合理地选择各种教学方法并使之达到这样的结合，即在该条件下，在有限的时间内获好的教学效果。"从实践上看，外语教学法的运用，不仅有如何联系实际、从现实出发的问题，而且又有一个不断调适的过程。比如，不同的培养目标、不同的教材、不同的学生起点，这些客观情况同时又决定了整个外语教学活动不可能统一使用一种或仅仅几种教学法；即使是在同一培养目标下，由于教师素质、风格的不同，学生水平参差不起，也会使同一层级的外语教学以不同方式进行。因此，在具体的外语教学活动中，往往是多种或几种教学法混合交替使用，只不过是有的采用的多一些，有的采用得少一些。由此可见，多元化的外语教学法为广大外语教师在教学实践中对各种教学法兼收并蓄、博采众长提供了基础。

二、以学生为中心的教学模式下综合教学法的应用

在长期对外语教学法进行项目研究和英语教学实践中，笔者认为采用综合的方法，也就是将传统的方法与交际法结合起来，取长补短，是最有

效的方法。在英语课堂教学活动中，下列几种教学方法的综合运用收效甚佳。

1. 启发式教学—调动学生学习英语的积极性

启发式教学的关键在于“启”和“发”二字，即启迪思维，激发内因。启发式教学模式是改变以往教师“满堂灌”的注入式教学方法，给学生充分的时间和空间，建立一种能培养学生独立开展创造性语言交际环境的课堂教学形式。启发式教学首先就是要调动学生学习英语的热情，充分调动学生学习的主观能动性，积极地进行语言交际活动。我们在进行启发式教学中采用以下几种方式：

1）兴趣启发。爱因斯坦说过“兴趣是最好的老师”。当学生对使用英语有着浓厚兴趣的时候，才会使自己投入到交际情境中，在交际情境中完成感觉思维、语法形式、言语思维等方面英语学习的一系列任务，从而提高教学效果。在具体的教学实施中，首先注意一堂课的开场白，只需几分钟就可调动学生的注意力。我们常采取问答法，教师首先提出有关本堂课内容话题的问题作为导入，然后以追踪性问题来鼓舞学生开展后续的课堂交际活动。

2）问题启发。顾名思义，问题启发就是提出问题，启发学生思维。我们是用以下两种方式进行的。一是按课文先后顺序提出有关问题，先让学生思考，然后教师在围绕这些问题以解答的方式授课，主要是自问自答，也可让学生回答。提出的问题一定要有针对性、启发性。待教师把所有的问题解答晚了，课文的主要问题也就交代清楚了。二是根据课文内容，提出两三个与课文有关的问题，引导学生边思考边回答。一个富有启发性的问题往往会引起整个课堂气氛活跃，从而起到事半功倍的效果。另外还可根据学生的程度，本着以学生为中心，重视培养学生综合运用语言技能这一宗旨，教师可从 Pre - reading 入手。根据课文涉及问题，通过学生的回答判断他们对各个段落的理解程度，从而有的放矢地进行引导和讲解。课堂活动中一旦学生回答完一个问题，教师可根据学生刚提供的信息，再追问下一个问题，当学生用英语回答问题时，他们就摆脱了沉默不语的被动局面。

3）类比启发。类比启发就是在讲解课文过程中，遇到同类或相似类的事物，随时启发学生加以类比，以加深学生的理解和记忆。特别是在讲授语法知识和词汇的时候，可以经常使用类比启发，比如“定语从句”和“同位语从句”，“限制性定语从句”和“非限制性定语从句”等。在讲解事物的共性时突出事物的个性特征，以类比和对比的方法讲授，效果会更好。在讲解词汇时，可加以类比的内容就更多了，如同根词、同义词、反以词等。启发学生自己给出例子，举一反三，下次再遇到类似情况时，再进行反复类比。这样做，他们的记忆就会深刻得多，同时对培养学生创造性思维能力也有积极的意义。

4）联想启发。联想就其采用的形式而言，主要有临近联想，对照联想，类比联想，因果联想等。从语言教学的角度来看，就是当某一语言材料与另一语言材料有相同或相似之处时，由一材料引起对另一材料的联想。能唤起联想的语言材料比比皆是，联想的方法也多种多样，我们在教学中常用的有：a）形似意近类比联想，b）形似意异对照联想，c）形异意近因果联想等。

5）推理启发。推理启发即根据教材中富有启发性的逻辑因素（如某些词语、字里行间的含义等）借助推理的方法，由已知推向未知，（如设问作者写这篇文章的目的、语调、段落大意以及中心思想等问题）。推理启发式思维过程中的两个环节（分析与综合、抽象与概括）和思维形式中的两种方式（形式概念并用来判断与推理）的集中反映。因此，在讲授课文时，要启发学生从思维过程中的两个环节入手，并学会使用思维形式中的两种方式，在形成概念的基础上再进行判断与推理。这样做，就会不断提高学生的阅读理解能力。

当然，教师作为课堂活动的组织者和主要信息来源，需经常与学生形成双向或单项的语言交际。在加强学生之间以及师生之间互动的教学模式方面，H. G. Widdowson（1996）就指出，“Teaching is a kind of shared work between students and teachers.” 从某种程度上说，师生之间的语言交流能否促进语言习得往往取决于教师的提问策略。教师课堂提问的目的不仅在于寻求一个合理的答案，更应让学生在回答问题的过程中与教师或其他参与者之间保持一种互动的交际状态，通过交互修正和意义共同促进语言习得。

由此可见，启发式教学，在教育目标上强调传授知识的同时重视运用能力的培养和非智力因素的发展；在教与学的关系上，采取“以学生为中心”的原则；在教学方法上，着重于充分调动学生学习的主观能动性，培养学生英语综合应用的能力。

2. 内容教学法——实现互动模式的手段

内容教学法也是语言教学中的有效方法。社会语言学家 Halliday（1983）认为，影响语言使用的有三大因素：话语范围（Field of Discourse）、话语方式（Mode of Discourse）和话语意旨（Tenor of Discourse）。这三大因素分别于语言的三种功能相对应。话语范围限制语篇的意义功能，话语方式决定语篇的结构功能，话语意志决定语篇的人际功能。G. Leech（1983）认为，语篇的意义功能与语法相联系，结构功能和人际功能与语用相联系。

（内容教学法示意图）

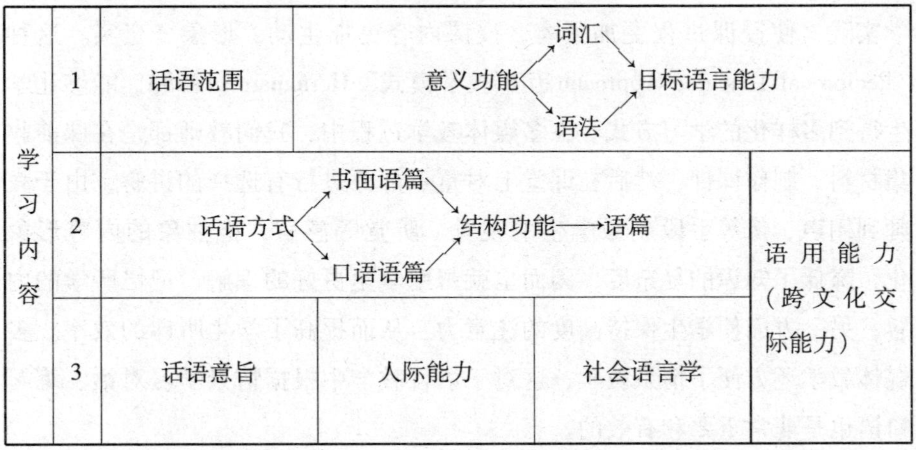

在实施内容教学法中，教学组织通过涉及所学单元内容来实现。一个单元涉及目标语言的一个话题。教学内容选取的是目标单元话题，学习教材按话语范围、话语方式和话语意旨三大变量选取。在一个单元内，同样的目标内容可安排一篇或几篇书面语篇作为阅读材料，若干篇口语语篇做听力材料和视听材料。在视、听、读教学之后，可就所听所读的话题内容展开口语教学（如小组讨论、问答、角色扮演等）和写作教学（如作文或视听内容书面描写等）。内容教学法特点如下：

实现教学目标与目标文化教学的有机结合；

内容教学法更接近于学生通过语言媒介获取知识的自然过程；

内容教学法针对性强，学习目标明确，能满足学生未来的职业需要；

教学一目标文化为导向，使目标教学更具系统性和全面性；

学生能在一个具体的语境（单元内容）框架内同时练听、说、读、写四大技能；

教学互动模式通过内容教学法把语言教学与目标文化教学有机结合起来。

3. 利用多媒体教学的交互式教学方法

我们采用多媒体教学的交互式教学方法，将提前编排好的授课内容在课堂上动态的调用，充分利用上课时间演示、讲解所授内容。这样一来，不但条理清楚，而且扩大了授课的信息量，同时还压缩了课时，缩短了教学实践，使授课过程更加紧凑，授课内容更加生动、形象、充实。这种"Peciprocal Teaching Approach 互惠教学模式" Hermman（1988），能够让学生得到多样化的学习方式。在多媒体教学过程中，我们教师都是在课前收集材料、制作课件，然后在课堂上对重点部分进行有选择的讲解，由于教师利用声、像等手段刺激学生的视觉、听觉等感官，把抽象的内容形象化，降低了知识的复杂度，因而也就帮助学生更好的理解、记忆所学的内容；另一方面使学生保持高度的注意力，从而提高了学生听课的效率。多媒体教学还方便了情景教学，这对于语言教学中根据情景学习对话、练习口语也是非常重要和有效的。

学生学习语言的目的就是为了交际即实际应用，但我们目前的外语教学效果却不能尽人意，学生的语言准确和流利程度都亟待提高。尽管学生背诵过对话、课文，但一旦置身于一个外语情境中获面对面与人交谈时，学生就会感到无话可说，或者只会说几句书上背来的简单句子，无法进行真正的交流。而多媒体辅助教学则可以使学生有机会接触到说话人的背景条件，适用情景以及副语言现象，比如手势、表情和符号等，使学生学到地将不仅是书本上的英语，而是能用于交际和工作的英语，这种教学方式摆脱了时间与空间的局限性，便于深层次学习。学生可以根据各自的实际情况，进行听、说、读、写的语言实践，并马上得到反馈信息，这同样可以极大地提高学生的主观能动性和学习兴趣。

总之，多媒体教学为教师和学生及学生和学生之间提供了一个交流和写作的平台。教师可以上课时为学生答疑解惑，也可以在课后利用网上讨论或电子邮件继续交流，还可以通过网络批改作业。而学生之间同样可以用这两种方式进行关于学习的交流和讨论。他们可以把自己的问题发布在网上，他们的同学可以为他们提供解决的办法，同时可以检查自己的思路、了解自己对知识掌握的程度。利用多媒体教学帮助我们把教学重点从教授只是转移到教学生如何学习，同时挖掘学生的学习动机、培养学生的学习兴趣和学习信心。可以说多媒体教学所具备的特点和有时也确实丰富了我们语言教学的模式、方法和手段，在最大程度优化教学资源使用的同时，提高了语言学习成功的可能性。

上述笔者仅对教学中的几种教学方法进行了简要介绍，至于每堂课选择和采用哪些教学方法，一般是根据教学的目的和任务决定的，同时也要考虑课程的性质和具体教材的特点，学生的特点和学校的环境、设备条件等。集中教学方法合理地、恰当地结合使用，则更有利于取得良好的教学效果。可见世上不存在解决所有问题的理论，也不存在完美无缺的教学法。我们的做法应是使各种理论相互融合，各种教学方法相互渗透，做到你中有我，我中有你，取长补短，互相支持。大力提倡创新型教学论，在统一大纲的指导下，针对不同的教学对象，针对不同的教材，设计出合理有效的课堂教学模式。

注：本节根据戴立黎主持教育部子课题成果论文，高职英语教学优秀教学法评述［J］．（《教育与职业》2004 年第 5 期）编写而成。

第四节 整体化教学法在英语课堂教学中的应用

大学英语课堂教学中，如何实施整体化教学这一方法值得探究，在实际英语课堂教学中，应注重贯彻整体教学法中的导读、阅读、叙述和讲评四个主要环节，通过课堂实践使英语课堂教学整体化是区别于传统外语教学法的一条行之有效的途径。

格式塔心理学者认为："学习应该培养创造性思维，为了达到这一目标，我们要把学习情景作为一个整体呈现给学生，使学生对课文内容形成一个整体概念，而这种整体概念不是通过对个别语句的分析和分段教学能获得的，而是取决于整体的知觉。"在外语教学中往往是听中有写，写中有读，读中有思，说中有用。所谓整体教学，就是每堂课都要着眼于培养学生听、说、读、写、译的能力，促进五者之间的"血液流通"，锤炼学生的思维，发展学生的智力。

真正的课堂应该是积极思维的王国，整体教学的目的是探究思维过程的训练。要科学地运用外语课堂整体教学的原则，必须抓好以下四个环节：导读、阅读、叙述和评论。

一、导读

美国 Jerry G. Gbhard 说："导读好比那种介绍背景、人物故事情节以至高潮的电影预告节目，能使学生对阅读的内容有个预先的了解，从而提高理解能力。"英语教学中必须注意它的文学性。在导读中对课文的文学作品的作者、背景及人物传记等应该用英语向学生作个概括的介绍，就拿大学英语第二册第三和第五单元为例，课文是分别讲述美国总统托马斯·杰弗逊和伟大科学家爱因斯坦的。第三册第六单元的"A DAY'S WAIT"的作者是海明威。教师要不失时机地介绍他们的生平和所选课文的背景知识，这样做，既扩充了学生的知识，又为学生提供了听的有益材料。在这基础上让学生听录音，以激发学生的阅读欲望，提高他们的能力。知识是能力的基础：一个人的知识越丰富，那么他的思维就越活跃，创造能力就越强，阅读能力也会得到相应的提高。

二、阅读

乌申斯基说："不是教，而是帮助学。"就是说教师的责任在于组织学生的认识活动，提高学生的自学能力。我们在教学中不仅要给学生以面包，更要给学生以猎枪。对于语言来说，形为意先，意为形用。我们在教每篇课文时都应该经历一个先泛后精的过程，制定 Reading Purpose，利用一课时让学生通读全文，指导他们哪些要略读，怎样猜测词义，怎样找出主题句、过渡句等等。迅速正确地理解段落是培养学生阅读能力的进一步要求，在教学中引导学生用英语找出段落大意，这是培养学生分析和概括能力的有效途径。

在整体教学实践中我们采用了四步教学方法：即指导好课前课文预习；反复阅读整篇课文，逐步加深理解课文的内容；学习课文的语言结构；运用课文的语言结构。这四个步骤是一个整体，相辅相成，抓住整体求侧面。实施步骤如下：

1. 指导好课前课文预习

实施整体教学，首先是要指导好学生的课前预习。因为只有当学生熟悉了课文，教师才能顺利进行教学。为防止学生预习的盲目性、放任性，教师可给他们一些预习题，以备课堂上检查：

1）阅读课文，找出并设法弄懂你认为比较重要和难懂的词句以及惯用法等。

2）给课文分段，并说出各段大意。

3）试着回答课后第一问答练习题。

通过预习，学生就不再处于被动状态。这样不仅使学生在上课时能心中有数，而且有利于充分发挥学生的主观能动性，培养他们分析问题、解决问题及自学的能力。

2. 反复阅读整篇课文，逐步加深理解课文的内容

引入新课时，首先可打乱课文自然段落的顺序，运用提要帮助学生抓住整体课文的内容。例如，在阅读课文前书面提出一些问题，让学生带着问题去阅读；把整篇课文内容分为若干部分，引导学生用简单的语言概括每部分的主要意思。

每堂教学虽牵涉整篇课文，但理解只侧重一个局部，通常在课内给学生一定时间借助课文提要阅读全篇课文。有时先叫学生阅读课文再给予帮助，拟出课文提要，然后围绕课文提要，分层次检查学生的理解。检查的方法和步骤如下：

1）略读

可以正误判断和选择答案为练习。检查略读理解，主要看学生对课文内容有关的人物、时间、地点、事情发生前后次序等的暂时记忆，结合旧词学习新词。

2）精读

第二次阅读整篇课文，围绕课文回答：Wh - questions（即 who, where, when, what, why）这类问题一般均可以从课文中直接找到答案。这类问题较多，只能扣住主要内容进行提问，而且可以引导学生互相问答，增加学生实践的机会，提高学习效果。

3. 学习课文语言结构

语言结构包括词、词组、习语、句型和语法。课文整体教学同样应该重视语言结构。在语言结构中应该重视以下三点：

1）语言结构的引入、理解、学习、运用，尽可能紧密结合课文由易而难，通过各种训练，几次或多次实践。

2）超越界限通过实践介绍一词多性，如：在教 amusement 的名词形式时，可将动词、分词等形式一起介绍，这种方法对提高阅读能力有作用，因为学生见到一词多性很快就能领悟它的意义。

3）通过语言材料的归纳，分清同义词间的细致区别等。词的意义寓于语言的应用，单词是文章的细胞，词组是文章的精华。然而，只有通过"运用"，学生的思维才能畅通，他们的作文能力才能提高。

4. 运用课文的语言结构

课文整体教学给学生的听、说、读、写提供了广阔的天地。运用语言的深化表现在理解的基础上，做复述课文，改写课文（部分或全篇），改写或完成句子，给予动词填空，英汉互译，完型检测等各种练习，这既是运用语言深化的需要，又紧密结合了考试的题型。

三、叙述

爱因斯坦说："一个人的智力发展和他形成概念的方法很大程度上取决于语言。"因为语言是思想直接进行现实思维的结果，要在思维过程中获得，在运用语言的过程中学生的思维才能得到激励，语言能力才能得到发展。那么怎样培养学生的叙述能力呢？

1. 模仿叙述

任何创造均始于模仿，模仿叙述是创造叙述的准备。通过叙述有助于学生理解课文、丰富词汇和提高口头表达能力。

采用的方法有：

1）摘要叙述。启发学生寻找课文中的主题句、关键词，抓住材料的主要内容编写读书提纲。

2）详细叙述。变动课文顺序，添加适当词汇，模仿课文作详细叙述，在此基础上对课文作理解性背诵。

3）简略叙述。控制叙述节数，浓缩课文内容，限制所学词汇，对课文作概括性叙述。

2. 创造叙述

创造叙述是叙述的高级阶段。引导学生在叙述中联想，在叙述中创造，启发学生突出作品的关键，发展故事情节。采用的方法如下：

<table>
<tr><td rowspan="6">叙述方法</td><td>拟人化法</td></tr>
<tr><td>改换体裁法</td></tr>
<tr><td>分配角色法</td></tr>
<tr><td>变换人称法</td></tr>
<tr><td>综合法</td></tr>
<tr><td>评述法</td></tr>
</table>

四、讲评

著名教育家霍姆林斯基认为，手是思维的镜子，是智慧的创造者。英语学习是实践—认识—再实践的过程。所以我们说，课外作业布置和批改是教学中的一个重要环节。在批改和讲评学生的过程中，必须遵循教师的主导作用和学生的积极性想结合的原则。

美国心理学家布鲁纳告诉我们："发现法就是学习法，就是说不仅要教会寻求事物，而且要动脑筋寻求获得知识的方法。"我们在作业的过程中启发学生发现问题，提出问题，鼓励他们开动脑筋，自己解决问题。教师抓住提示、疏导、设疑、释疑这四个环节，发动学生自己改错，自获结论，从而逐步减少教师对学生学习的控制。

对于学生的作业全由教师收来"精批细改"并无多大益处，而是应该采取师生结合批改的方法。我们可采取学生自改、学生互改、教师评改、共同讨论这四个步骤，从而对错误进行分析，经过错误识别、错误释义和错误解释三个过程，创造活跃的智力背景，开阔学生的思路，巩固所学知识。

教师在批改作业中应该养成这样一个习惯：罗列学生的错误，归纳错误类型。然后展示给学生，引导学生自己纠错。归纳起来有：

1. 选择改错。给学生一组似是而非的答案，让学生加以辨析，而后选择正确答案。

2. 综合改错。罗列学生知识上的错误，而后边评述边做小系统的概括和复习。

3. 比较改错。列举几个正确答案，启发学生找出更为合理、更为科学的答案。

改错法是贯彻发现法的一个很好的途径。学生在改错中比较，在比较中鉴别，在鉴别中掌握知识。发现问题是解决问题的前奏。教师在评述作业中让学生自悟，促进知识的内化，这就是教师的主导作用。

导读、阅读、叙述和讲评是贯彻整体教学法的四个重要环节。把课文作为一个整体来教，这是符合学校情况的教学方式，我们通过符合学情的教学方式进行系统的控制，可以取得最优的教学活动效率。

注：本节根据戴立黎，探究整体化教学法及其在英语课堂教学中的应用 [C].（《研究生英语教学研究》2002 年）编写而成。

第五节　精品课程建设的探索与实践

精品课程建设是教育部“教学质量与教学改革工程”的重要组成部分，它是涉及教师、学生、教材、教学内容、教学方法与手段、教育思想和教学管理制度等的一项系统工程。本文论述了精品课程建设计划、教师队伍建设、教学内容和课程体系建设、教学方法和手段的改革、编写精品教材等方面所开展的全方位建设的过程、内容和结果。

教育部关于启动高等学校教学质量与教学改革工程精品课程建设工作的通知中谈到：精品课程是以培养满足国家发展需要的高素质人才为目标，全面提升高等教育质量，提高高等学校国际竞争力，系统整合各类教学改革成果，加强科研与教学紧密结合，建设一流教师队伍、一流教学内容、一流教学方法、一流教材、一流教学管理等特点的示范性课程（教高 [2003] 1 号）。精品课程建设是解决如何为学生提供更好的教学方法和内容，使更多的学生享受优质教育。

精品课程建设包括六个方面内容：一是教学队伍建设，要逐步形成一支以主讲教授负责的、结构合理、人员稳定、教学水平高、教学效果好的教师梯队。二是教学内容建设，教学内容要具有先进性、科学性，要及时反映本学科领域的最新科技成果。三是要使用先进的教学方法和手段，相关的教学大纲、教案、习题、实验指导、参考文献目录等要上网并免费开放，实现优质教学资源共享。四是教材建设。五是实验建设。要大力改革实验教学的形式和内容，鼓励开设综合性、创新性实验和研究型课程。六是机制建设。要有相应的激励和评价机制，鼓励教授承担精品课程建设，要有新的用人机制保证精品课程建设等。

精品课程建设是国家“十五”高等学校教学质量与教学改革工程的重要组成部分，也是我校课程建设与教学改革实施的工作重点，我们课题组积极响应并申请了高职英语精品课程建设项目，认真学习已确立的国家和北京市级精品课程建设的成功经验，以教育部、北京市和学校精品课程评价标准为依据，从制订课程建设计划、教师队伍建设、教学内容和课程体系改革、先进的教学方法和手段、教材建设、有效的激励与评价机制等方面开展了全方位的高职英语课程建设。

一、制定高职英语精品课程建设计划

高等职业教育的目标是培养技术性和技能型的应用人才，外语课程是高职教育的重要学科之一。《英语课程教学基本要求》指出，打好语言基础是英语教学的重要目标，但要遵循“实用为主，够用为度”的原则。高职英语精品课程建设是根据高职教育的培养目标以及高职英语教学的目的，培养学生掌握必需的、实用的英语语言知识与语言技能，具有阅读和翻译与本专业有关的英文资料的初步能力，并为进一步提高英语的应用能力打下一定的基础。高职英语教学内容要以应用为目的，以必须够用为度，英语教学的过程中要突出语言的实际应用，加强语言技能培养。

为了贯彻落实《基本要求》，实现高职高专教育目标，提高学生英语应用能力，并响应教育部“高等学校教学质量和教学改革工程”，我们成立了高职英语精品课改革课题组，开始对课程进行了一系列的改革。此项精品课程建设不仅对课程进行了改革和调整，而且使教师队伍、教学管理、教学理念、教学内容等各个方面得到了建设。

图 1：精品课程建设计划方案

建设内容	● 高职英语课程教学教师队伍的建设； ● 高职英语教学内容体系的改革； ● 高职英语课程教学实施（包括语音实验设施）的建设； ● 高职英语课程教学方法、手段的研究与装备； ● 课程教学的组织管理，即教学大纲、教学进度计划及实施表等教学文件的制定； ● 讲课、答疑、辅导、实践、课程设计等教学环节的组织实施等。
建设目标	● 编写适应本院学生水平的高职英语课程特色的课程说明及教学大纲； ● 参加编写国家教委获奖的优秀高职统编教材； ● 课程组全体成员均具有完整的电子教案、多媒体教学光盘和练习素材； ● 建立分级试题库，形成一套完整科学的考核手段； ● 建立现代化的多媒体教学及语音电化教学实验设施； ● 开发和完善网络教学资源，开展网络辅助教学活动。
实施方案	● 从教学内容、教学条件、教学方法和手段等方面找出本课程存在的差距； ● 从事高职英语教学研究，从理论、实践、组织管理、教学方法与手段等各个方面摸索出一套适合于高职英语教学的模式； ● 定期组织课程组教师对在建设中的英语课程进行评估； ● 通过课程建设加强教学管理，实现英语教学管理制度化； ● 组织集体备课，观摩教学，制作出多媒体教案及精品课课件。

课程组本着基础课原则，在课程建设中注重英语基础理论、基本知识与基本技能的学习与训练，为学生今后掌握专业知识、学习科学技术、发展他们有关的能力打下宽厚的英语基础。努力把高职英语基础课程建设成为独具特色的精品课。

二、英语精品课程教师队伍建设

教师是教学改革的保证。首先根据精品课程建设的内容要求，我们组建了一支结构合理，整体素质较高的高职英语精品课程梯队。课程组具有高级职的教师占梯队教师总比例的22%，讲师比例为67%，助教占11%。中青年教师为梯队的主要力量。

课程主要负责人与主讲教师是具有丰富教学经验的高级职称教师，并亲自主持，设计和指导实践教学；同时以担任高职课程教师为项目组成员，形成了一支职称、学历、年龄结构合理、人员稳定、教学水平高、教学效果好的教学梯队，梯队中硕士以上学历教师占60%。外语教师的综合素质是外语教学活动的一个重要的决定性因素，我们课程组教师首先转变观念，认清形势，即外语教学应转变到以应用为目的，以学生为中心。在课程建设中，从大纲及教材的编写、电子教案的制作、多媒体课件的开发与应用，试题库的建设到课程的改革都十分注意调动教师的积极性使他们参与到以上各项研究和改革中。其次，从能力目标和知识结构来考虑，课程建设有意识、有目的、有方案、有步骤地根据教师各自特长选出项目负责人逐项进行课题建设。

教师是实施课程建设的主体，是推行课程改革的关键，精品课程建设需要新型的教师。在学习和建设精品课程的过程中，教师队伍的整体素质有了很大提高，教育教学能力和综合素质也得到了普遍提高。

三、教学内容和课程体系建设

英语教学的整个过程，主要是围绕课程教学而开展的。应是实现培养目标的基本途径。高职英语课程设置和一系列教学环节是组成教学计划的主体。为了达到高职英语课程教学基本要求，首先定位高职英语精品课在人才培养过程中的地位和作用。

高职英语精品课定位为公共基础课，应该是方向准确，基础扎实，难度适中，课内外互动，实用性强，内容精炼。我们认识到建设高职英语精品课程是体现我校高职英语教育特色和一流教学水平的示范课程，其课程内涵为：

1）精品课程建设体现出现代教育思想，符合科学性、先进性、创新性、系统性、实用型和教育教学的普遍规律；

2）理论教学体现以应用为目的，以“必需、够用”为度；实践教学内容与英语教学相配套，形成完整体系，重视培养学生的实践能力和创新能力；

3）理论教学和实践教学大纲系统完整，充分体现了教学改革和教学研究的成果，指导思想把握准确；

上述课程定位符合高等教育培养人才的任务之一“传授知识与发展能力相结合”的特点（潘懋元，1998）。经过努力，课程建设已见如下成效。

● 教学条件上，我们已具有符合高职教育要求的系列高职英语教材、完善的体现高职英语教学特色的大纲、课程简介、教辅材料以及实训条件等；

● 教学方法上，不断改进并处理好以充分调动学生积极性和参与性为目的的传统教学手段和现代教育技术协调应用的关系；恰当地处理了传授知识和培养能力的关系，注重培养学生的应用能力；

● 教学效果上，我们在考核方式上做到有所创新和突破，考核方式、方法尽量做到科学、灵活、多样；考核的重点，除了“三基”内容外更注重考核分析问题、解决问题的能力，以此来真实反映高职学生应用能力的培养水平。

● 定期组织课程组教师对在建设中的高职英语课程进行观摩教学，不断总结经验，改进教学方法，并就课程建设开展的工作和采取的措施积累评估经验；

● 教学管理的制度化，通过课程建设加强管理，建立起一套完整的教学管理体系，任课教师每人有一套科学的教学计划、实施表、教学小结及平时成绩管理等文件夹，使高职英语教学工作走上科学管理轨道，实现了高职英语教学管理的制度化；

● 进行课题项目分工，课题组成员分担不同的研究工作，组织集体备课、观摩教学、制作出了每学期使用的标准化电子教案及精品课教学演示课件；

● 建起了一套较完整的科学考核和评估的，能与国家高职高专英语应用能力测试相衔接的高职英语分级测试试题库，统一了教学目标及测试标准；

● 为开展新型计算机多媒体辅助教学的课程模式，学院从硬件设备上建立起一个供学生自主学习、人机互动的多媒体教学实验中心，为实施现代化教学奠定了基础。

四、教学方法和手段的改革

教育部高教司发布的《大学英语课程教学要求》中明确指出：高等教育应充分利用多媒体和网络技术，采用新的教学模式改进原来的以教师讲授为主的单一课堂教学模式。新的教学模式应以现代信息技术，特别是网络技术为支撑，使英语教学不受时间和地点的限制，朝着个性化学习、自主式学习方向发展。

采用以网络技术为依托的自主实践手段，依靠计算机，多媒体和远程通信技术，对教学内容、教学组织形式进行彻底变革。利用网络教学，开发学生智力，培养自我学习与探索新知识的能力。多媒体“CAI ”计算及辅助教学创造出以学定教，学生主动参与、自主协作，探索创新的新型学习模式、教学材料，知识信息、问题的启示，使学生成为学习主人，以达到学生接受的信息量增大，改善学习效果 。

我们清楚地认识到高职英语精品课程建设也要引入多媒体和网络技术来改进目前高职英语教学以讲授为主的教学模式。我们首先提高认识、更新观念，组织课题组教师学习现代教育思想和现代教育观念，强调重视学生应用和创新能力的培养，我们不仅在搞好课堂教学的同时，开发和研制CAI 多媒体软件技术，制作教学演示光盘，将精品课程的教学大纲、课程简介、授课教案、作业习题、参考资料、课程学习挂在校园网络学堂上，以此来做好辅助教学。

网络教学在教育理念和教学模式方面对教师提出较高要求，我们提出教师不仅具有丰富的专业学科知识、教学经验和掌握现代教育理论，还必须具备：

1）能运用计算机系统运行软件能获取、开发和显示数据，并发布成果；

2）能用相关工具提升自身的专业水平和工作效率，应用信息技术进行交流、合作、研究和解决 问题；

3）做到能应用计算机和相关技术支持自己相应英语学科教学。

目前在网络教学资源建设方面我们还处在萌芽状态，现有的适用于网络教学的课件还远不够，特别是自主学习型课件还有待开发，在今后项目研究中完成。

五、高职英语精品教材建设

在教学过程中，教材是联系教师和学生的中介。教材与教育思想、教学原则、教学方法、学习理论和实践有着直接的关系，是各种教学理论、方法和手段的综合体现（陈素花，2003）。我们使用的是上海外语教育出版社出版的“十五”国家级规划教材新世纪高职高专英语系列教材，课程组负责人等三位教师参加了该系列教材的编写。该套教材着重培养学生综合运用能力和高职英语实用能力，遵循英语教学基本规律，吸收国内外先进教学理念，充分体现高职高专特色，在力求提高学生英语素质、突出实际交际能力、强化听、说、读、写综合技能的同时还兼顾了《英语应用能力考试》所需要的应对技巧。在编写教材中本着以学生为本、师生互动、自主学习的指导思想，将教材建设成一体化设计、多媒体有机结合的立体化教材。

六、课程建设教学科研成果

课题组对高职英语教学的发展，课程教学模式，教材的建设，教学方法的改进和科学的测试评估进行了细致的研讨，分别进行了教材的编写，集体备课制作电子教案和多媒体课件，互相观摩教学，大胆改革和尝试新的教学方法，撰写教研论文，从事题库建设等工作，并取得了以下成果：1）项目组成员共发表教研论文十余篇，把对高职精品课程研究推到了较高的学术水准。2）建成了高职英语课程分级测试题库，将每一学期不同的测试水平和题型分类系统的进行了分布，设置了有词汇、语法、阅读、完型、简答、写作、翻译等多项题型，完善了教考分离，系统检测工作。3）由项目负责人带领完成了教育部三项子课题的研究，其中一项获教育部颁发的研究成果三等奖。4）借助现代化教学手段改革传统的教学模式，利用课堂多媒体教学变革传统教学方式为以学生为中心的师生互动双向教学活动，举行观摩教学和优质课评选活动，促进精品教师队伍的建立。

随着网络技术的发展和应用的流行，在网络上已经建立了许多风格不同的教学系统，这些系统和平台极大地推进教学方法、教学资源、教学管理等的改革和发展。利用网络教学互动平台可以实现精品课程建设目标的开放、共享和提高。

注：本节根据戴立黎，高职英语精品课程建设综述［J］．（《兰州大学学报专辑》2007年）编写而成。

第六节　任务型教学模式下学生自主学习能力的培养

本节通过叙述任务型教学模式的涵义、特点、主要内容和设计任务的原则，分析了在任务型教学模式下对高职学生自主学习能力培养的可实施性和必要性。从而强调英语的学习过程是终身的、自主的习得过程；是引导学习者主动学习、积极实践、提高自身实际运用语言能力的过程。最终能达到培养具有创新精神与实践能力的高素质技能人才的教学目的。

一、引言

20世纪60年代在发展终身学习能力与培养独立思考的学习者的争论中自主学习的概念产生了。自主学习是目前教育界倡导的一种学习方式，它是基于人本主义的“以学习者为中心”的学习理念。英语学习是对英语知识的建构的过程，建构主义认为学生是认知的主体，是教学的中心，是知识意义的主动构建者（黎加厚2002：3－10）。

高职英语教学的实施首先要考虑到学生的学习现状。近几年的扩招使生源质量得不到保证，学生的英语水平参差不齐，多数学生英语基础薄弱，学习动力和信心不足，部分学生甚至要放弃英语学习。而教师出于应试的需要采用传统的教学模式，片面强调学生的阅读和翻译能力，忽视了英语教学应是立体式教学即对学生的听说能力的培养和训练。从而学生在英语教学中完全处于被动状态，学习的积极性得不到提高同时也不利于养成良好的学习习惯。

建构主义倡导“以学生为中心，在教学过程中由教师起到组织者、指导者、帮助者和促进者的作用，既强调学习者的认知主体作用，又不忽视教师的指导作用”（何克抗1997：74－81）。教师应根据《关于高职高专教育英语课程教学基本要求》中对高职英语教学目标、教学内容及教学要求等做出的明确规定，即高职英语教学应以培养学生实际运用语言的能力为目标，突出教学内容的实用性和针对性选择相应的教学模式，提高英语教学的总体质量。

二、任务型教学模式的涵义及特点

1. 任务型教学模式的涵义

任务型教学（Task－Based Learning）是当前交际法发展而来的。它是20世纪80年代外语教学研究者经过大量研究和实践提出的一个具有重要影响的语言教学模式，该模式是20年来交际教学思想的一种发展形态，它把语言运用的基本理念转化为具有实践意义的课堂教学方式。学生在教师的指导下，通过感知、体验、实践、参与和合作等方式实现任务的目标，感受成功。该模式提倡“意义至上，使用至上”的教学原则，是一种以人为本，以应用为动力、目标和核心的教学途径，要求学习者通过完成任务，用目标语进行有目的的交际活动。

任务型教学模式中的“任务”可分为两类，一类是“教学任务”即学生在课堂上的学习活动；另一类是“真实任务”即在日常生活中从事的各种各样的事情。"任务"中的问题不是语言问题但需要用语言来解决，学习者使用语言并不是为语言本身而是利用语言的'潜势'达到独立的交际目的。

2. 任务型教学模式的特点

D. Nunan , J. Yalden, P. Shelkan（1999, 2000, 2001）认为任务型教学模式是交际法的一种新的形态，是交际法的发展，而不是交际法的替代物；任务型教学强调教学过程，力图让学生通过完成真实生活任务而参与学习过程，从而让学生形成运用英语的能力；任务型教学虽然强调学生运用英语进行交际的能力，但从更广泛的层面强调培养学生综合运用能力；任务型教学强调以真实生活任务为教学中心活动，修正了以功能为基础的教学的活动中存在的真实性不足的问题；任务型教学要求教学活动要有利于学习者学习语言知识、发展语言技能，从而提高实际语言运用能力。

三、任务教学模式的可实施性

1. 教学内容的设定

在英语教学中首先要设定任务的目标，即通过让学习者完成某一项任务而希望达到的目标。它可以是培养学习者说英语的自信心，解决某项交际问题，也可以是训练某一写作技巧等。其次输入材料必须具有真实性，应以现实生活中的真实交际为目标使学习者在一种自然、真实或模拟真实的情景中体会语言，从而学习语言而不是局限于教材。再者要根据教学材料设计相应的多种的教学活动。任务的设计要由简到繁，由易到难，前后相连层层深入。形式是由初级到高级任务，再由高级任务涵盖初级任务的循环，并由数个微任务构成一串"任务链"，使教学呈阶梯式层层推进。

同时它可根据不同层次学习者的英语水平创造出不同的任务活动，在充分体现以学生为主体的教学理念的前提下，让学生通过与学习伙伴合作、协商去完成任务。整个的学习过程充满了反思、顿悟和自省的活动型的学习方式，从而可最大限度地调动学习者学习的积极性和主动性，提高他们发现问题和解决问题的能力，发展他们的认知策略，培养他们与人共处的合作精神和参与意识，并在完成任务中体验成功的喜悦，获得成就感，实现自我的价值。

2. 任务设计的原则

首先任务的设定要具有真实性和功能性。在任务设定中所使用的教学输入材料应来源于真实的生活。但“真实”是一个相对的概念，它可以是来源于出现在课堂教学的教材，但同时教师要创造出一个新的语言环境，并根据在该任务中所学到的知识点提出一个需要解决的（交际）问题，选择真实性事件或情景作为驱动学生学习的动力性任务，它可使学生在完成任务过程中运用刚学过的语言知识解决某一情境下的交际问题，也可使学生运用已有的语言知识、策略及技能来探索运用英语的规律。学习者在学习英语的过程中普遍存在着语言脱离语境，脱离功能的现象，即学习者可能掌握了语言不同的拼写形式和相应的含义，但不能以适当的形式得体地表达意义和功能。而任务设计的原则是在真实性原则的基础上将语言形式和功能的关系明确化，让学习者在任务履行中充分感受语言形式和功能的关系，以及语言与语境的关系，从而增强了学习者对语言得体性的理解。

任务的设定要具有连贯性。Nunan 曾提出过“任务依属原则”（task dependency principle），即课堂上的任务应呈现“任务链”或“任务系列”的形式，每一任务都以前面的任务为基础或出发点，后面的任务依属于前面的任务，换言之，一堂课的若干任务或一个任务的若干子任务应是相互关联，具有统一的教学目的或目标指向，同时在内容上相互衔接。因此这样的任务系列就构成一列教学阶梯，使学习者能一步一步达到预期的教学目的。

教学任务的设定要具有实用性、可操作性和趣味性。《高职高专教育英语课程教学基本要求》强调指出：“英语课程不仅应打好语言基础，更要注重培养实际使用语言的能力，特别是使用英语处理日常和涉外业务活动的能力。”因此在任务设计中要避免为任务而设计任务，任务设计者要根据学习者的专业特点和他们将来就业方向的特点来设计教学任务，并尽可能为学习者的个体活动创造条件，利用有限的时间和空间最大限度地为他们提供互动和交流的机会，从而达到预期的教学目的。在高职英语教学中普遍存在着教学任务多但课堂时间少的现象，因此在任务设计中要尽量避免环节过多、程序过于复杂的课堂任务，必要时可为学习者提供任务履行或操作的模式。任务型教学法的优点之一就是通过有趣的课堂交际活动有效地激发学习者的学习动机，使他们主动参与学习。因此要尽量避免机械的、反复重复的任务类型，取而代之的是形式多样化的、趣味性的课堂教学任务。

四、任务教学模式实施的必要性

学习的自主性是相对于依赖性而言的，它注重的是学习者的自导学习。就我国高职高专学生学习英语而言，自主性表现为学生为语言学习的一种高质量的投入，同时也是指对学习目标应有的意识，对做决定过程的参与以及对学习中应有责任的臆断。作为指导者的教师应尽可能地为学习者创造展示和发展自主学习能力的空间，充分发展他们的综合语言运用能力。

1. 任务学习的主要特征

语言学习是一个积极的认知发展过程，学习者应是语言和思维的积极探索者。Fisher（1990）认为，注重以孩子解决问题为核心的活动，能够使他们积极参与并探索语言的意义和答案。以任务为中心的教学思想将学习过程看做是“从做中学”的过程，即学习者语言系统的发展和形成主要是通过实际参与而获得的。任务学习活动的特点具有交际性，真实性，多样性，层次性和挑战性。而任务型教学模式可更好地为学习者设计任务学习活动。

2. 高职学生英语的学习现状

由于近年来高考制度的改革，本科院校不断扩招，高职院校生源质量有所下降，学生英语水平参差不齐。在课堂教学中传统的“以教师为中心”的教学原则影响下形成的“教师讲，学生听，教师写，学生抄，学生背”的教学模式，长期以来一直在教学中广泛应用，但是，这种传统的且单一的教学方法虽然能发挥教师的主导作用但忽视了学生积极性的调动，使学生处于被动的地位，从而压抑了学生学习主动性、创造性的发展，不利于培养学生对所学知识能力的提高。

在2007年5月我院建立了一个全国化工高等教育科学研究“十一五”规划项目，项目的名称是建立活动型、实效型的高职课堂教学模式。在前期工作中我们对联合大学化学工程学院和师范学院两所院校的2007届的高职学生进行了学习策略的调查，发放的调查问卷共250份，收回的有效问卷238份。所涉及的专业有文秘、会计、计算机、医药和视觉传达艺术共五个专业。在调查中我们发现，如图所示，学生的自主学习能力较差，但内心又有要自主学习的愿望。在元认知各项的平均值是从1.5-2，这说明学生基本上是接近“有时使用”元认知策略的，他们在学习中还是较有意识地培养自主学习的能力。

学习策略调查表

	策略	1=不使用	2=有时使用	3=经常使用	平均值
元认知策略	在学新单词前作好预习工作	39.1%	46.6%	14.3%	1.752
	主动定期检查个人学习情况	44.5%	47.5%	8%	1.635
	根据自我检查做出评估弥补不足	42%	49%	9%	1.67
	有意识地记单词	20.6%	56.7%	22.7%	2.021
	凭借自己的毅力	33.6%	50.4%	16%	1.824
	与同学合作	56.7%	34.5%	8.8%	1.521
	请教老师	39.9	51.7%	8.4%	1.685
	根据学习目标制定相应的计划	43.3	44.5%	12.2%	1.689

3. 任务型教学模式为高职学生提供课堂自主学习的氛围。

英国语言学家Jane Willis在其专著《A Framework for Task - based Learning》中提到任务型教学分三个阶段，即前任务阶段（pre - task）、任务环阶段（task - cycle）和语言点阶段（language focus）。在前任务阶段中

身为组织者的教师应向学生介绍任务，帮助学生理解任务的指令，克服一些在完成任务过程中可能遇到的困难；该阶段也可视为教学的计划过程，它既是教师制定教学目标，输入与任务相关信息的过程也是学生明确学习目的，理解输入信息并预测任务中的困难和任务结果的过程。同时也是学生与教师互动的过程，即学生可通过多种手段向教师反馈信息，教师可根据反馈的情况对学生进行引导和帮助，并适时地控制任务难度，保证任务结果的有效性。

第二个过程是任务环阶段，是具体任务执行的过程，学习者积极参与认知并在完成任务中探索、归纳、发现和运用规则，在用目的语同他人协商解决问题中感化语言、内化语言的过程。元认知策略中的自我监控在此环节中可起到至关重要的作用，它可对任务目的、语言功能与语言形式和任务实施时间进行监控，这同时也是学生自主学习的主要体现。

语言点阶段是学习者进一步分析、归纳、总结所完成的任务，形成正确的概念，进行有提升的语言运用操练。在此阶段中自我评估可为任务实施与中介语发展的外在的或内隐的因素提供更全面更深刻的理解。正如 B. Kumaravadivelu（2006）所说的“学习者的自我评估对于学习者的学习、教师的教学具有很大的潜在的价值。对于学习者来说，自我评估为其提供了一个感知和陈述学习过程中大脑思维活动的机会，例如在交际任务中，如何寻求语言功能与形式平衡的思维过程。同时也给予了他们监控其中介语发展与进步的机会；对于教师来说，他们可以从学习者的自我评估中意识到任务的复杂性，学习者有价值的反馈还可为任务的有效程度提供说明依据。”

任务型教学模式给英语课堂带来了活力，从认知心理学角度来解释任务型课堂教学就是英语学习和习得的过程。它一方面是学生通过完成任务不断地将所学知识内化的过程，另一方面是学生在完成任务过程中不断地将所学过的知识表现出来的外显过程。英语任务型教学模式强调了学生语言能力的培养，注重发展学生的学习能力，促进了学生创新能力和实践能力的提高，充分体现了以教师为主导、以学生为主体的素质教育的理念，激发了学生的发散性思维。让学生创造性地使用语言，任务型教学在高职英语课堂教学中越来越显示出其优越性。

注：本节是根据冯玲、戴立黎承担的全国化工高等教育科学研究“十一五”规划项目《建立活动型、实效型的高职课堂教学模式》项目编号035的研究成果论文编写而成。

第七节　启发式教学模式在教学中的应用

中共中央国务院，《关于深化教育改革全面推进素质教育的决定》指出：“积极实行启发式和讨论式教学，激发学生独立思考和创新意识，切实提高教学质量，要让学生感受、理解知识产生和发展的过程，培养学生的科学精神和创新思维习惯。”启发式教学模式是对传统的注入式教学模式在目标、内容、形式及手段上的根本否定和变革，但它并非是一种机械式的课堂教学模式，而是一种基本的教学思维模式。谈话法、讨论法、图示法、愉快教学法、情境教学法等各种具体的教学方法的有机融合，将使这种教学模式更加充实和丰满。整个教学活动呈现出以学生的主体活动为主线，以教师主导为辅线的动态构成。

在课堂教学中要有效地运用好启发式教学，还必须明确“启发式教学不是某一个具体的教学方法，而是运用任何一种教学方法的指导思想。”它不仅是运用于课堂教学法，而且是贯穿于整个教学过程和教育过程的具有广泛意义的指导思想。所以，它不仅适用于课堂教学，而且也适用于课外辅导、课外作业的指导以及对学生的考试和测验的指导。实际上，在教学中启发式方法是多种多样的，如讲授启发、问答启发、演示启发、练习启发、实验启发、讨论启发、情景启发、比喻启发、对比启发、学导启发、探究启发、教学媒体启发等等。“教学有法、教无定法、教有多法、贵在得法”。只有根据课程教学实际情况优化组合运用启发式教学法，才能取得理想的教学效果，从而促进“知识与技能、过程与方法、情感态度与价值观”三维整合教学目标的实现。

二、启发式教学方法

启发式教学的关键在于“启”和“发”二字，即启迪思维，激发内因。启发式教学模式是改变以前“以教师为中心”的教学方式，给学生充分的时间和空间，建立一种能培养学生独立开展创造性语言交际环境的课堂教学形式。启发式教学，在教育目标上强调传授知识的同时重视运用能力的培养以及非智力因素的发展；在教与学的关系上，采取“以学生为中心”的原则；在教学方法上，着重于充分调动学生学习的主观能动性，培养学生英语综合应用能力。启发式教学是根据学生本来水平、兴趣等实际情况，科学而生动地阐明事理，启发、引导学生乐于学习，勇于、善于探索的教学法。

启发式教学方法所注重之点是要掌握处理经验中各项问题的方法。能给学生留下最持久印象的教师应当是能够唤起学生新的理智兴趣，把自己对知识的热情传导给学生，使学生有探究的渴望，找到自身的动力（Brown Deway，1994）。启发式教学法是教师在教学过程中依据学生获得和掌握知识和技能所需要的思维过程的客观规律，引导学生主动，积极地掌握知识的教学方法，在实际教学中，启发可采用下列多种方式：

1. 兴趣启发	以调动学生兴趣来激发学生学习；
2. 问题启发	以教师提问为特征，激发学生积极思维，产生思维互动；
3. 类比启发	以同类或相类似的事物启发学生加以类比，加深学生理解和技艺；
4. 推理启发	根据教材中富有启发性的逻辑因素借助推理的方法，由已知推向未知；
5. 提示启发	教师明确的强调问题的实质或准确显示问题的突出特征，引导学生正确思维；
6. 示范启发	以教师规范化示范来启发学生掌握某一技能，引导学生分析问题，解决问题；
7. 图示启发	以直观生动的形象用线段，图片或各种符号来勾画展现知识点；
8. 假设启发	以虚构的事例来说明某一观点是错误的，从而启发学生理解并接受正确观点；

教师在课堂中要充分考虑到学生主动发展的需要，积极采用启发式教学法，调动学生参加学习活动，设计弹性化的，有一定间域或思维度的课堂问题，教给学生分析解决问题的思路，启发学生积极思考，提高他们的思维能力。通过实践教学互动，不但完成大纲所规定的知识传授内容，而且培养学生的素质和能力。

三、启发式教学策略

改革教学中的师生积极互动是启发式教学的本质体现和基本要求，充分反映了教师主导作用与学生主体作用相结合的教学客观规律。教师在课堂“师生积极互动”中运用好启发式教学的主要策略如下：

第一、激发学生学习的主动积极性，使学生爱学。这是学生学习的内在动力，包括学习动机和学习兴趣。首先，教师要激发学生学习兴趣和求知欲，培养学生热爱学习和热爱科学的情感态度。同时，要引导学生为了“学会做人、学会生存、学会创造”而努力学习的正确价值观，并逐步树立为了社会主义祖国现代化建设和中华民族伟大复兴而发奋学习的高尚动机和远大志向，进而增强学生学习的自主性、主动性和积极性，让学生体验到“要我学”改变为“我要学”的积极主动学习态度。

第二，引导学生积极思考和独立思考，使学生学会学习。这是启发式教学的核心。教师要根据新课程教材特点和学生实际（接受启发的基础），就教学的重点、难点和关键，善于设疑创设问题情境，提出富有启发性的问题，并正确引导学生主动地提出问题，主动地思考问题，主动去发现和探索问题，培养学生掌握和运用知识去分析解决问题的态度和能力。

教师在使学生获得基础知识与基本技能即“双基”的教学过程中，要耐心诱导学生，学会独立思考；教学要有重点，问题不能多，不能蜻蜓点水，否则“启而不发”；启发学生理解知识，并理解学习过程，掌握获取知识的方法，促进学生“学会学习”；启发引导学生，不仅要积极动脑，而且要勤于动手，正如陶行知所说的“人生两个宝，双手与大脑”，要做到“手脑联盟”，发展学生的思维能力和实践能力，从中让学生学会思维和学会实践。学生在以学生为中心的课堂教学情境下，教师正确倡导和引导学生发现学习，包括探究性学习、创新性学习等，尤其要培养学生学习的创新欲望、创新思维和创新行为，使学生逐步学会创新。同时，结合学科实际在“双基”教学中要循循善诱地培养学生各方面的素质和基本道德情感，引导学生逐步树立正确的人生观和世界观。更要关注学生的个体差异，因材施教地运用启发式教学。只有这样，才能大面积地提高教育质量和培养出创新人才，使每个学生都能得到充分的发展。

第三，发扬教学民主，使学生愿学。它包括建立民主、平等、良好的师生关系和生生关系，创造“以学生为本”的和谐教学氛围，鼓励学生发表不同见解，允许学生在遵守课堂规则的前提下敢于向教师提出质疑、探究等。这里有必要解说的是，在课程改革教学中倡导建立“民主平等”的师生关系，是我国传统的“尊师爱生”这一师生关系的升华，并不等于否定了教师的主导作用。同时，更应该看到师生关系状况与运用启发式教学的好与否有着密切的关系。

四、在课堂教学中运用启发式教学

达维多夫说：“要解决现代学校教育的根本任务，归根结底要通过教学目标、教学内容和教学方式的设计而改变思维类型。”显然，在教学模式改革这个整体行为中，教学目标的定位和设计是基础，教学内容的处理和设计是核心，教学结构的过程和方法的选用和设计是手段。启发式教学模式应该是以素质教育目标为基础，推导出相应的教学内容设计和教学结构、过程、方法设定的有机整体。

这一阶段，从教育教学目标上，否定了以传授知识为目标的注入式教学，变教师讲授知识为学生探求知识，把教学的基点定位在发展思维和培养能力方面。从教学内容上讲，教师创设的情境和显现的内容，必须和教学的重点内容相关联，但最好不要是结论性的答案，而是在基本结论的一定范围内，留有余地，以便充分发展学生探索问题的能力。从教学结构上讲，这一阶段以学生观察、联想活动为主，教师通过媒体显示或实物显现，激发学生学习的兴奋点。

1. 精讲点拨——科学性。通过启发式教学模式的第一阶段，学生基本上都能进入有意义学习的心理过程，但千万不要认为直接讲授知识的时机已经成熟，否则，将截断学生的思维和能力发展过程。教师应当承接第一阶段给学生呈现的与教学重点相关联的内容，通过精要、生动的讲解，由此及彼，由表及里，引导学生逐步接近知识结构。对于知识的讲授，无须讲求立论、讲解、分析、小结的完美程序。要知道这种完美的程序，只对教师“完成任务”的自我感觉有用，甚至是一种变相的对学生不负责任。教师必须把主要的精力放在捕捉学生学习的障碍和思维的灵感方面，并及时开导启发。激发学生学习动机，让学生沿着思维的阶梯，在教师有效的引导下，自觉地发现、掌握知识，从而调动他们潜在的勇气、胆识，培养他们的能力。在教学结构上，该阶段表现为通过教师的非定性讲述，勾勒出知识结构的模糊概况。学生在形式上是被动的，但在思维活动中，仍然居于有意义的主动地位。在这一教学阶段，教师通过讲解，勾勒出知识结构的轮廓，教师处于主导角色的位置。教师若要成为“主导”，重点应放在如何启发学生的“学”上。那么，教师必须转变备课只熟悉教参和教材，上课“照本宣科”的轻备课，重授课的教学思路，确立重备课，活课堂的教学思路。教学大纲和教材所规定的教学内容，仅仅为教师提供了教学的基本线索，教师在备课过程中，不仅要熟悉教学内容，而且要着重掌握教学大纲所规定的学生的认知和能力培养目标。围绕这一目标，广泛搜集现实的材料，设定使用的媒体和教学方法，并使之与教学内容有机结合。扎实、科学、全面的备课，将会使课堂教学厚积薄发，游刃有余。从这个意义上看，教师备课的工作量要远远超过上课的工作量。

2. 巧设疑问——思维性。古希腊教育家亚里士多德讲过一段名言：“思维自惊奇和疑问开始”。日本的课堂提问研究者把提问分为两大类。一类是“徒劳的提问”；另一类是“重要的提问”，而区别两者的重要标志，就是看提问是否有效地发展学生的思维能力。设疑应由浅入深，由具体到抽象，先感知后概括，亦即从实验事实入手，去归纳概括某种结论或道理，以实现学生由“学会”到“会学”的转变。

“问题”是开启思维和发展思维的源泉，一个问题的答案不是唯一的，而是开放式的已成为日本教育家集中研究的问题，他们认为这是未来不断开发新技术人才必须具备的思维模式。启发式教学模式以发展学生的能力，提高学生的素质为目的，传授知识仅仅是实现这一目标的一个过程。引导学生观察、发现、分析、解决问题是课堂教学的轴心，在教学结构上，师生之间、学生之间形成一种合作关系，既可以是师生之间的个别或群体讨论与对话，又可以表现为学生之间的个别或群体讨论与对话。这一过程是启发式教学模式的灵魂，教师要尽可能地有意制造认知过程中的障碍，如提供正反两方面的立论，故意误导等，从而使学生在迂回曲折、历经坎坷的多向思维之后，获取知识。在教学技巧上，教师要尊重持不同观点或者是错误观点的学生，要保护好学生的积极性。

3. 小结精简——逻辑性。在经过前几个阶段的教学过程之后，教师要抓住学生急于鉴别自己探索结果的心理，回到主导地位中去，剖析错漏，归纳、推导出正确的结论，具体、准确、系统地讲述知识内涵和构成。化学课的小结，也是启发式教学模式的一个重要环节。这一过程带有总结的性质，与传统教学总结不同的是，教师不是对自己的分段讲述进行自我总结，而是在学生自我发展的基础上，通过疏理学生认识结果，推导出结论。是学生由形象思维能力向抽象思维能力的迈进。由于学生思维主动性的贯穿和渗透，其教学结构表现为教师的主导作用和学生的能动作用实现了有机的统一。

作为外语教师，教学方法得当与否关系着学生能否学好外语。实践证明启发式教学的一个基本原则是以学生为中心，适当的教学方法，有效的教学手段，个性的学习策略是外语教学和学习成功的基础。在英语教学中，无论单一采用哪一种方法，都不会取得满意的效果。我们在不同的教学阶段、根据不同的教学对象，采用多种教学方法进行英语教学，不仅能把分散的、零星的语言材料系统化，条理化，巩固并增强记忆，完善并发展智力，而且能拓宽知识的广度，挖掘知识的深度，提高综合运用语言知识的能力，从而有效地搞好教学。

注：本节根据戴立黎，启发式教学模式在大学英语课堂教学中的应用［J］.（《中国成人教育》2009 年第 22 期）改写而成。

第三章

英语教学调查与课程实践

第一节　学生英语学习策略研究

学习策略对高职高专学生公共英语的有效学习起着至关重要的作用。本研究以 872 名高职学生为对象，对公共英语学习策略的使用进行了调查研究。相关分析和研究结果则表明，学生在学习策略使用上存在不同差异。旨在了解学生运用学习策略的情况和存在的问题，从而建议在公共英语教学模式中将策略训练作为培养学生自主学习能力的重要途径，通过提高学生综合素质促进英语综合应用能力的发展。

一、引言

学习策略对有效地学习英语起着关键性作用。对学习策略的研究涉及到可能影响学习者学习英语的各个方面。简单来说，学习策略就是学生用来促进自己学习的方法和技巧。Oxford（1990：8）认为学习策略使学习者从事一些特定的活动，目的是为了使学习更加容易、更加快捷、更加有乐趣、更加自主、更加能适应新的情况。Cohen（1998：68）认为“语言学习策略使学习者有意识的想法和行为，他们有着明确的目标，就是要提高他们对目标语言的理解和认识能力”。第二语言学习者的策略包括第二语言学习策略和第二语言运用策略，两者都是第二语言学习者为提高自己学习或运用第二语言而有意识采取的行为或步骤。近年来，第二语言学习策略研究受到普遍关注，因为对学习者策略的研究不但可以充实应用语言学理论，对实际的外语教学和学习者学习过程起到启发和指导作用，而且对研究学生学习语言以及其他知识时的认知方法具有积极的意义。学习策略是影响英语学习成效的一个重要因素，是指学生在学习过程中采用的总的对策、措施和方法，即为达到学习目的的学习思维活动的程序。因此，对于第二语言学习者来说学习策略是十分重要的，因为他们对发展交际能力具有特殊的意义。

近年来，高职高专教育飞速发展，高职高专公共英语的教学也得到人们的普遍关注。随着大众化教育的来临，如何保证高职高专英语教学效果，提高学生英语应用能力成为人们关注的热点。我们从高职学生英语学习的动机、态度、能力和方法等四个方面的内部学习因素进行了调查，提出了一些相应对策。通过对制约高职高专学生英语学习策略因素的研究，针对学生个体差异进行指导，帮助学生学会使用更有效的策略，提高教学质量、学习效率及应用能力。

二、研究设计

好的学习策略是学习成功的关键，有效的学习策略有利于学生减少学习的盲目性、提高学习效率，还有利于学生提高学习的自主性，为日后的终身学习创造条件。本研究以英语学习策略理论为基点，以语言学习、外语教学和心理学理论为依据，研究英语学习的规律，结合高职高专公共英语教学的特点和高职学生的特征，探讨如何制定有效的高职英语学习策略和教学对策，以帮助高职学生提高学习效果。

本研究采用问卷调查的方法，对问卷调查获得的数据进行统计分析。参加调查的高职生来自北京联合大学七个学院近二十个专业的 872 名高职学生。学生问卷共分两部分：一是个人信息，包括性别、年级、高考英语成绩、文理类别、单招或统招生等；二是学习策略量表，（依据……学习策略理论）包括记忆策略、认知策略、调控策略、补偿策略和自律策略。

问卷采用克莱特量表方式，每个小题设计了 3 个备选题项，从“不用”（A）、“偶尔用”（B）过渡到“经常用”（C），要求学生选择与自己实际学习情况相符或相近的选项。

三、调查结果

本次高职学生英语学习策略运用情况调查共收回北京联合大学学生有效问卷 872 份，其中：特教学院 41 份、广告学院 84 份、管理学院 118 份、生化学院 125 份、师范学院 303 份、机电学院 117 份、自动化学院 84 份。统计结果如表 1。

表 1 北京联合大学高职学生英语学习策略运用情况调查问卷统计结果

策略名称	策略序号	学习策略内容	选择的人数			
			不用此策略（A）	偶尔用此策略（B）	经常用此策略（C）	合计
记忆策略	1	用重复多遍的方法来记忆单词	107	340	425	872
	2	通过读单词表，一个一个地记忆单词	158	373	341	872
	3	学习中善于记要点	150	401	321	872
	4	通常借助联想学习和记忆词语	286	392	194	872
	5	把新单词用到句子或段落中记忆	302	395	175	872
	6	注意思考新旧知识之间的联系	292	411	169	872
	7	用单词卡片记单词和短语	522	260	90	872
	8	经常复习英语课上老师所讲的内容	227	534	111	872
	9	通过封面、广告、电视、路标等画面和场景进行联想记忆	269	400	203	872
	10	利用英语构词法记忆单词	272	438	162	872
	11	课外有规律地反复温习已学内容	259	502	111	872
	12	背诵喜欢的英文句子或篇章	359	388	125	872

续表

策略名称	策略序号	学习策略内容	选择的人数			
			不用此策略(A)	偶尔用此策略(B)	经常用此策略(C)	合计
认知策略	13	总是根据需要进行预习	227	444	201	872
	14	反复拼写或读新单词	175	406	291	872
	15	经常主动大声朗读课文	373	372	127	872
	16	听英语广播或各种英文磁带	299	437	136	872
	17	对所学内容主动复习，并加以整理和归纳	250	506	116	872
	18	学习中善于积极思考	216	480	176	872
	19	必要时借助汉语知识理解英语	169	401	302	872
	20	主动用英语和别人交谈	418	356	98	872
	21	常看英文电视节目或英文版电影	202	454	216	872
	22	常读英语故事及其它英语课外读物	288	475	109	872
	23	借助联想把相关知识联系起来	249	470	153	872
	24	阅读文章时，先略读一遍，然后再仔细读	192	403	277	872
	25	学习中寻找母语与英语意义相近的词	343	375	154	872
	26	阅读课文时，设法弄懂课文里的每一语言点	269	468	135	872
	27	为帮助理解课文，我把课文翻译成中文	203	368	301	872
	28	当听英语材料时，我争取听懂每一句话的意思	175	464	233	872
	29	当我不懂句子的意思时，就分析句子的语法结构	379	380	113	872
	30	我喜欢通过计算机学习英语	375	333	164	872

续表

策略名称	策略序号	学习策略内容	选择的人数			
			不用此策略（A）	偶尔用此策略（B）	经常用此策略（C）	合计
调控策略	31	我有明确的学习目标	187	465	220	872
	32	经常制定英语学习计划，安排好自己的学习日程	333	427	112	872
	33	尽量通过多种渠道学习英语	230	448	194	872
	34	常与同学讨论英语学习中的问题和困难	351	424	97	872
	35	尽管怕犯错误，仍会鼓励自己大胆说英语	278	430	164	872
	36	积极探索适合自己的英语学习方法	200	455	217	872
	37	感到疲劳或沮丧时，有自我放松的办法	146	390	336	872
	38	常与老师和同学交流学习英语的感想和体会	408	385	79	872
	39	常写英文学习札记	505	279	88	872
	40	逐步树立学习英语的信心	198	495	179	872
	41	了解自己的个性特点，发挥自己的个性优势学习英语	226	435	211	872
	42	根据学习任务的特点，选择不同的学习方式	180	443	249	872
	43	对改进自己的英语学习有明确的要求	224	481	167	872
补偿策略	44	遇到问题在课堂上问老师	254	467	151	872
	45	如果课上没有机会问问题，课后问老师	302	395	175	872
	46	遇到不认识的单词或词组时，尽量猜测词义	166	443	263	872
	47	在用英文交流时，如有些词语想不起来，用手势表示	321	351	200	872
	48	在用英文交谈时，边听边推测对方下文会说什么	300	391	181	872
	49	使用英语时能意识到错误，并适当纠正	222	475	175	872
	50	如果想不起来某个单词，就用意义相近的词语代替	109	415	348	872
	51	注意使用英语时所犯的错误，并借此改进提高	193	465	214	872
	52	评价自己的学习方法，找出存在的问题和解决方法	231	496	145	872

续表

策略名称	策略序号	学习策略内容	选择的人数			
			不用此策略(A)	偶尔用此策略(B)	经常用此策略(C)	合计
自律策略	53	即使对讲课的内容不感兴趣，也会听讲	203	421	248	872
	54	课后及时复习所学内容	224	521	127	872
	55	记下老师课堂所讲内容，以便掌握更多英语表达方式	179	454	239	872
	56	有经常性固定的复习安排	307	436	129	872
	57	在课堂上，即使对答案没有把握，也会主动回答问题	347	381	144	872
	58	老师布置得笔头作业不管是否要求，都按时完成	147	406	319	872
	59	即使老师不做检查，也按要求完成口语练习	300	444	128	872
	60	除了完成作业，在课后用多种方式练习英语	302	439	131	872
	61	尝试老师教的新的学习方法，并且判断是否适合自己	246	460	166	872
	62	尽量学习英语国家的文化，注意中英习俗和文化差异	262	400	210	872

四、英语学习策略的评价分析

学生英语学习策略的评价是衡量学生英语学习水平及其学习方法的一个关键性指标。但是，何种英语学习策略在学生学习过程中占有主导地位是很难量化的，评价标准是模糊的，所以很难明确地判断出 5 种学习策略在学生英语学习过程中的主次地位。尽管如此，要解决如何评价学生学习策略这一问题，也不是没有可能。其实，在深入分析构成各策略的主要因素（策略内容）后，采用先定性后定量的二次量化（其中权重系数的确定起着关键的作用）方法进行模糊评价，就可以取得很好的结果。

1. 评价方法与步骤

1）重新整理回收的调查统计表。为了使各策略之间具有相对可比性，需要把统计出的绝对数转换为相对数。例如，由表1可知有340人偶尔用重复多遍的方法来记忆单词，这里需要用另一种形式表述，即38.99%（340/872 = 0.3899）的人偶尔用重复多遍的方法来记忆单词。经过整理，可以得到用相对数形式表示的统计结果，用矩阵U表示。

2）设定权重系数。由于构成各学习策略的主要因素在该策略中的地位不同，因此需要对每一主要因素设定一个权重系数，以表示该因素的重要程度。设定权重系数的原则是根据客观情况以及实际经验，每个权重系数应该大于0，并且系数之和应为1。定义权重系数向量为E。

3）计算评价向量（D）。此处评价向量定义为构成每个策略的各个策略内容在学生学习过程中运用程度上的汇总得分，即不用此策略（A）的得分，偶尔用此策略（B）的得分以及经常用此策略（C）的得分。由定义可知，D = EU。

4）设定评价常数（P）。对学习策略内容的运用程度按三个级别分别赋值，此处分别设定不用此策略（A）为10%、偶尔用此策略（B）为20%、经常用此策略（C）为70%。表示如果学生在70%的情况（或概率）下，采用此策略内容，即可以认为该生学习英语采用的是该学习策略。因此，此处评价常数P =（10% 20% 70%）。

5）评价结果的计算及比较。根据上述计算的评价向量以及设定的评价常数，即可计算出关于学生英语学习策略评价问题的模糊评价结果（PD/），通过对结果的检验比较，就可以看出学生对何种策略比较青睐，而对哪些策略则不够重视。

2. 实证分析

1）构造权重系数及整理调查表。根据客观情况及实际经验，对每一策略内容设定权重系数，并对调查数据作相对化处理，得到如表2的统计表。

表2　统计表

策略名称	相关策略序号	权重系数	不用此策略（A）	偶尔用此策略（B）	经常用此策略（C）	合计	策略名称	相关策略序号	权重系数	不用此策略（A）	偶尔用此策略（B）	经常用此策略（C）	合计
记忆策略	1	4%	12.27%	38.99%	48.74%	100.00%	调控策略	32	4%	38.19%	48.97%	12.84%	100.00%
	2	4%	18.12%	42.77%	39.11%	100.00%		33	12%	26.38%	51.37%	22.25%	100.00%
	3	12%	17.20%	45.99%	36.81%	100.00%		34	8%	40.25%	48.63%	11.12%	100.00%
	4	8%	32.80%	44.95%	22.25%	100.00%		35	12%	31.88%	49.31%	18.81%	100.00%
	5	8%	34.63%	45.30%	20.07%	100.00%		36	8%	22.94%	52.18%	24.88%	100.00%
	6	12%	33.49%	47.13%	19.38%	100.00%		37	4%	16.74%	44.73%	38.53%	100.00%
	7	4%	59.86%	29.82%	10.32%	100.00%		38	8%	46.79%	44.15%	9.06%	100.00%
	8	8%	26.03%	61.24%	12.73%	100.00%		39	4%	57.91%	32.00%	10.09%	100.00%
	9	12%	30.85%	45.87%	23.28%	100.00%		40	4%	22.71%	56.76%	20.53%	100.00%
	10	8%	31.19%	50.23%	18.58%	100.00%		41	12%	25.91%	49.89%	24.20%	100.00%
	11	8%	29.70%	57.57%	12.73%	100.00%		42	12%	20.64%	50.80%	28.56%	100.00%
	12	12%	41.17%	44.50%	14.33%	100.00%		43	8%	25.69%	55.16%	19.15%	100.00%
认知策略	13	8%	26.03%	50.92%	23.05%	100.00%	补偿策略	44	10%	29.13%	53.55%	17.32%	100.00%
	14	3%	20.07%	46.56%	33.37%	100.00%		45	10%	34.63%	45.30%	20.07%	100.00%
	15	5%	42.78%	42.66%	14.56%	100.00%		46	10%	19.04%	50.80%	30.16%	100.00%
	16	8%	34.29%	50.11%	15.60%	100.00%		47	5%	36.81%	40.25%	22.94%	100.00%
	17	8%	28.67%	58.03%	13.30%	100.00%		48	15%	34.40%	44.84%	20.76%	100.00%
	18	8%	24.77%	55.05%	20.18%	100.00%		49	10%	25.46%	54.47%	20.07%	100.00%
	19	3%	19.38%	45.99%	34.63%	100.00%		50	10%	12.50%	47.59%	39.91%	100.00%
	20	8%	47.94%	40.82%	11.24%	100.00%		51	15%	22.13%	53.33%	24.54%	100.00%
	21	8%	23.17%	52.06%	24.77%	100.00%		52	15%	26.49%	56.88%	16.63%	100.00%
	22	8%	33.03%	54.47%	12.50%	100.00%	自律策略	53	10%	23.28%	48.28%	28.44%	100.00%
	23	8%	28.55%	53.90%	17.55%	100.00%		54	10%	25.69%	59.75%	14.56%	100.00%
	24	5%	22.02%	46.21%	31.77%	100.00%		55	10%	20.53%	52.06%	27.41%	100.00%
	25	3%	39.34%	43.00%	17.66%	100.00%		56	5%	35.21%	50.00%	14.79%	100.00%
	26	3%	30.85%	53.67%	15.48%	100.00%		57	5%	39.79%	43.69%	16.52%	100.00%
	27	3%	23.28%	42.20%	34.52%	100.00%		58	10%	16.86%	46.56%	36.58%	100.00%
	28	5%	20.07%	53.21%	26.72%	100.00%		59	10%	34.40%	50.92%	14.68%	100.00%
	29	5%	43.46%	43.58%	12.96%	100.00%		60	10%	34.63%	50.35%	15.02%	100.00%
	30	8%	43.00%	38.19%	18.81%	100.00%		61	15%	28.21%	52.75%	19.04%	100.00%
	31	4%	21.44%	53.33%	25.23%	100.00%		62	15%	30.05%	45.87%	24.08%	100.00%

由于此处有5个学习策略需要比较，所以我们需要构造5个权重系数向量和矩阵U，分别用 E_1、E_2、E_3、E_4、E_5 和 U_1、U_2、U_3、U_4、U_5 来表示。由表2可知：

$E_1 =$（4% 4% 12% 8% 8% 12% 4% 8% 12% 8% 8% 12%）

……

$E_5 =$（10% 10% 10% 5% 5% 10% 10% 10% 15% 15%）

$$U_1 = \begin{pmatrix} 12.27\% & 38.99\% & 48.74\% \\ 18.12\% & 42.77\% & 39.11\% \\ 17.20\% & 45.99\% & 36.81\% \\ 32.80\% & 44.95\% & 22.25\% \\ 34.63\% & 45.30\% & 20.07\% \\ 33.49\% & 47.13\% & 19.38\% \\ 59.86\% & 29.82\% & 10.32\% \\ 26.03\% & 61.24\% & 12.73\% \\ 30.85\% & 45.87\% & 23.28\% \\ 31.19\% & 50.23\% & 18.58\% \\ 29.70\% & 57.57\% & 12.73 \\ 41.17\% & 44.50\% & 14.33\% \end{pmatrix} \cdots\cdots$$

$$U_5 = \begin{pmatrix} 23.28\% & 48.28\% & 28.44\% \\ 25.69\% & 59.75\% & 14.56\% \\ 20.53\% & 52.06\% & 27.41\% \\ 35.21\% & 50.00\% & 14.79\% \\ 39.79\% & 43.69\% & 16.52\% \\ 16.86\% & 46.56\% & 36.58\% \\ 34.40\% & 50.92\% & 14.68\% \\ 34.63\% & 50.35\% & 15.02\% \\ 28.21\% & 52.75\% & 19.04\% \\ 30.05\% & 45.87\% & 24.08\% \end{pmatrix}$$

2）计算评价向量

每一策略内容，被调查者都有三个选择，即不用此策略，偶尔用此策略和经常用此策略。对于每个选择的得分用评价向量 D 表示，D = EU。所以，对应每种策略则有：$D_1 = E_1U_1$、$D_2 = E_2U_2$、$D_3 = E_3U_3$、$D_4 = E_4U_4$、$D_5 = E_5U_5$。

通过计算可知：

D_1 = （0.306835　0.472246　0.220919）

D_2 = （0.314476　0.490847　0.194673）

D_3 = （0.297104　0.496059　0.206831）

D_4 = （0.263706　0.50441　0.231881）

D_5 = （0.280272　0.5027　0.217033）

3）计算评价结果

通过上述设定的评价常数以及通过计算所得的评价向量，即可求得每一策略的综合得分，此处以 F 表示，F = PD ／，D ／表示 D 的转置。5 种策略的得分分别以 F_1、F_2、F_3、F_4 以及 F_5 来表示。根据公式可得：

F_1 =（10%　20%　70%）*（0.306835　0.472246　0.220919）／ =0.279776

F_2 =（10%　20%　70%）*（0.314476　0.490847　0.194673）／ =0.265888

F_3 =（10%　20%　70%）*（0.297104　0.496059　0.206831）／ =0.273704

F_4 =（10%　20%　70%）*（0.263706　0.50441　0.231881）／ =0.289569

F_5 =（10%　20%　70%）*（0.280272　0.5027　0.217033）／ =0.28049

通过计算，可知 F4〉F_5〉F_1〉F_3〉F_2。

由上述分析可知，补偿策略的得分最高，说明学生在英语学习过程中，运用的最多的是补偿策略。而认知策略得分最低，说明学生较少运用此策略。由此可见，大部分学生在英语学习过程中缺乏一定的主动性，很少通过多种学习途径来充实自己的英语知识，但是对于自己在英语学习中遇到的问题却非常重视，能够积极地寻找解决方法，并以此来提高自己的英语成绩。

此外，从总体得分情况看，各策略并无显著差异（见图 1）。得分最高的补偿策略仅比得分最低的认知策略高 0.023681，差异率不到 9%（0.023681/0.265888），说明学生在运用这 5 种学习策略时并无明显的偏向，更多的是这5种策略的混合运用。

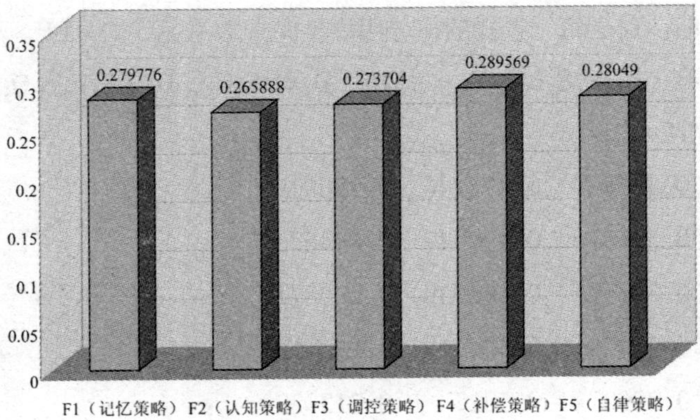

图1　学习策略得分图

五、英语学习策略的单项评价分析

英语学习策略的单项评价分析是对每一种学习策略中所包含的主要因素（策略内容）的优先顺序的计算分析。通过计算，可以看出学生对该策略中的策略内容的偏好，在此基础上，教师可以有针对性地改进学生的学习方法，进一步提高英语学习的效率。

1. 评价方法与步骤

1）整理回收的调查统计表。按上述步骤1，整理出用相对数形式表示的系数矩阵U，5种学习策略的系数矩阵分别用U_1、U_2、U_3、U_4、U_5表示，内容与前一致。

2）设定评价常数（P）。评价常数的设定与上述步骤4一致，即P =（10%　20%　70%）。

3）计算评价结果并进行比较。为了便于比较各主要因素的优先顺序，需要计算主要因素的得分，用向量G表示，G = UP ／。因此，$G_1 = U_1P$ ／、$G_2 = U_2P$ ／、$G_3 = U_3P$ ／、$G_4 = U_4P$ ／、$G_5 = U_5P$ ／。

2. 实证分析

由于在前面已经求得系数矩阵U并已设定好评价常数，因此可以直接计算主要因素得分。

$$
G_1 = \begin{pmatrix} 12.27\% & 38.99\% & 48.74\% \\ 18.12\% & 42.77\% & 39.11\% \\ 17.20\% & 45.99\% & 36.81\% \\ 32.80\% & 44.95\% & 22.25\% \\ 34.63\% & 45.30\% & 20.07\% \\ 33.49\% & 47.13\% & 19.38\% \\ 59.86\% & 29.82\% & 10.32\% \\ 26.03\% & 61.24\% & 12.73\% \\ 30.85\% & 45.87\% & 23.28\% \\ 31.19\% & 50.23\% & 18.58\% \\ 29.70\% & 57.57\% & 12.73 \\ 41.17\% & 44.50\% & 14.33\% \end{pmatrix} * \begin{pmatrix} 10\% \\ 20\% \\ 70\% \end{pmatrix} = \begin{pmatrix} 0.431422018 \\ 0.37743 \\ 0.366857798 \\ 0.278440367 \\ 0.265711009 \\ 0.263417431 \\ 0.191743119 \\ 0.237614679 \\ 0.285550459 \\ 0.261697248 \\ 0.233944954 \\ 0.230504587 \end{pmatrix} \cdots\cdots
$$

计算结果整理见表3。

表3 因素得分表

策略名称	相关策略序号	因素得分	排名	策略名称	相关策略序号	因素得分	排名
记忆策略	1	0.431422	1	调控策略	32	0.226032	10
	2	0.37743	2		33	0.284854	6
	3	0.366858	3		34	0.215377	11
	4	0.27844	5		35	0.262156	9
	5	0.265711	6		36	0.301456	4
	6	0.263417	7		37	0.375925	1
	7	0.191743	12		38	0.198509	12
	8	0.237615	9		39	0.192546	13
	9	0.28555	4		40	0.279923	7
	10	0.261697	8		41	0.295071	5
	11	0.233945	10		42	0.322133	2
	12	0.230505	11		43	0.270069	8

续表

策略名称	相关策略序号	因素得分	排名	策略名称	相关策略序号	因素得分	排名
认知策略	13	0. 28922	7	补偿策略	44	0. 257446	8
	14	0. 346789	3		45	0. 265711	7
	15	0. 230046	15		46	0. 331766	2
	16	0. 243693	13		47	0. 277867	4
	17	0. 237844	14		48	0. 269381	6
	18	0. 276147	8		49	0. 274885	5
	19	0. 353784	1		50	0. 387041	1
	20	0. 208256	18		51	0. 300573	3
	21	0. 300688	6		52	0. 256651	9
	22	0. 229472	16	自律策略	53	0. 318922	2
	23	0. 259198	9		54	0. 247133	6
	24	0. 336828	4		55	0. 316514	3
	25	0. 248969	11		56	0. 238761	10
	26	0. 24656	12		57	0. 242814	7
	27	0. 349312	2		58	0. 366055	1
	28	0. 313532	5		59	0. 238991	9
	29	0. 22133	17		60	0. 240491	8
	30	0. 251032	10		61	0. 266972	5
	31	0. 304702	3		62	0. 290367	4

分析数据显示，高职学生能努力学习，注意提高效率，并希望英语水平能不断进步，学习方法能有所改进（如问卷第 1、14、42、50、51、55 条等）。但他们对学习策略的运用均处于中、低水平，以记忆与认知学习策略使用频度最低。使用频度高的自律策略也只达到了中级水平。可见，学生的英语学习策略知识还很欠缺，运用也不够自觉，需要加强培养和训练。

六、结语

提倡素质教育包括培养学习者自主学习的能力。学习策略的培养与这种能力的关系最直接。英语是学出来的，而不是教出来的。使用有效的学习策略不仅能够提高学习者的英语学习效率和学习质量，而且可以减轻学习者的学习负担。很难说清楚究竟哪种认知风格或什么样的个性能促进学习者的学习进程，但是如果教师能够加强学习策略方面的研究，并根据学生的学习策略来调整自己的教学策略，并指导学生高效地完成英语学习任务，那么教师无疑就是学生学习的推动者和促进者。不是每个学生都具备成功英语学习者的特征，但是教师有责任把他们变成更加成功的学习者，教师要充分认识到有效的学习策略其实是学生们在一生的学习中都需要的东西。总之，通过课题研究使教师能充分了解和重视高职学生的学习策略，针对特点在英语实际教学中确定和采用行之有效的教学策略，以至达到提高学生的学习自主性，进而帮助学生在其他科目的学习中能够主动运用学习策略提高自身水平。

注：本节主要根据杨亚军、戴立黎，高职高专学生英语学习策略研究［J］.（《中国职业技术教育》2008 年第 5 期）编写而成。

第二节　用人单位英语需求分析

本文借鉴市场研究的方法，收集、分析用人单位对本科毕业生的英语需求数据，按总体情况、用人单位性质、行业类型、职位、学科专业以及“听说读写译”具体能力等六个方面的英语需求分析进行了详细研究。需求分析的研究结果可以反映当前我国用人单位英语需求的实际情况，并可预测今后几年我国用人单位英语需求的趋势，既反映了大学英语教育的实际，又了解了用人单位的需求实际，并有针对性地对大学英语教学以及考试评估体系提出了合理化建议。

一、研究背景

社会生活的信息化和经济的全球化，使英语的重要性日益突出。英语作为最重要的信息载体之一，已成为人类生活各个领域中使用最广泛的语言。我国“十一五”发展规划明确提出要坚持对外开放的基本国策，就是要在更大范围、更广领域、更高层次上参与国际经济技术合作和竞争，这预示着国际交流将会日益增多，社会对英语人才的需求和人们提高英语水平的愿望也将急剧增加。

由此可见，社会对外语能力的需要已呈多元化、专业化趋势，企业要求大学毕业生新上岗就能立即承担起与自己专业相关的专业英语工作，能够不用翻译人员直接进行国际交流。也就是说，一般的外语语言技能，或单纯地听、说、读、写的能力已难以适应市场的需要。（蔡基刚，2004，14）我国自改革开放以来，英语学习受到普遍重视，大学、中学和小学都逐步开设了英语课，甚至幼儿园学英语也被大家广为接受。正因为社会需求强烈，各式各样涉及英语的教学方法和培训内容应运而生，各种层次的英语认证考试纷纷登场。但就在英语学习如火如荼的时候，出现了一些“奇怪现象”。最近，媒体纷纷报道：“高考英语试卷居然难住了老外；从小在美国生活的中国儿童，回国读书唯独英语考不及格；持有英语六级证书的大学毕业生，却不能胜任基本的翻译工作”（吕诺，2005）。“作为一项水平测试的大学英语四、六级考试，却与大学生毕业证书挂钩（唐勇林，2005），成了学生必须跳过的‘龙门’……”。这不禁让学习英语的人们产生了质疑，学习英语到底是为了什么？为了应付入学考试？获取招聘、晋升的必要证书？一种考完了就忘的哑巴无用语言？还有，是不是研究中国古代文学的，尽管你一辈子不用外语，也必须过英语六级？问题的出现或多或少都涉及现存的教学方式，教育体制和教育制度，出现这些疑问让我们这些英语教学工作者感到有些无所适从，但我们却可以从社会需求的角度来探究这些问题的解决思路。

为了适应“十一五”我国高等教育的发展形势，深化教学改革，提高教学质量，满足新时期国家和社会对人才培养的需要，有必要进行用人单位英语需求的分析。通过了解用人单位对应届大学毕业生英语能力的具体要求，研究英语需求的变化趋势，可以为下一步大学英语的教学改革提供建设性的意见。

二、研究方法

通过社会调查这种方式，了解用人单位对应聘大学毕业生的具体要求，分析研究用人单位对英语的需求信息。

调查对象：社会各类用人单位，包括：国有企事业、三资企业（中外合作企业、中外合资企业、外商独资企业）和民营企业（有限责任公司、责任有限公司、独资企业、合伙企业等）。

调查内容：了解用人单位招聘非英语专业本科应届毕业生时在英语方面的具体要求，如：对证书等级的要求、有关“听说读写译”具体能力掌握程度的要求等。

数据来源：互联网人才交流网站资料搜集、应届毕业生招聘大会走访调查以及对用人单位的电话调查。

调查时间：2005 年 9 月到 2006 年 6 月

抽样方式：设定 10 类行业，采用随机抽样方式在每个行业中随机抽取 30 个样本。

行业分类依据：根据北京人才交流市场以及互联网相关网站归纳的行业分类信息，同时参考国家统计局制定的《国民经济行业分类》（GB/T 4754－2002）中的行业分类标准，调查确定的行业分类如下所示：

行业分类表

编号	行业归类	行业名称举例
1	IT	科学研究、技术服务、信息传输、计算机服务和软件业
2	批零	批发和零售业
3	餐旅	旅游、酒店和餐饮业

续表

编号	行业归类	行业名称举例
4	医卫	医疗、卫生业
5	房建	建筑、房地产业
6	制采	制造、采掘业
7	金融	金融、租赁和商务服务业
8	文教	文化、教育、体育和娱乐业
9	物流	交通运输、仓储和邮政业
10	公服	居民服务和公共设施管理业

职位分类依据：由于企业所设的招聘岗位千差万别，为了研究的需要，参考当代人力资源管理有关职位的归类方法，本次研究把所有用人单位职位归为管理类、营销类、专业类、行政辅助类、技术类和生产类共六大类职位。

有关招聘职位的归类，举例如下表所示：

职位分类表

编号	职位归类	招聘职位名称举例
1	管理类	经理、主管
2	营销类	销售代表、产品经理
3	专业类	策划师、统计分析员
4	行政辅助类	市场 & 行政助理
5	技术类	软、硬件工程师
6	生产类	装配工程师

专业分类依据：参考《中华人民共和国国家标准学科分类与代码表（GB/T13745 -92）》以及一些大型人才市场对应聘单位学科专业的分类，共分了 17 类，如下表所示：

专业分类表

编号	专业分类	具体专业名称
1	经济类专业	国际经济与贸易专业、财政学专业、国民经济管理专业、金融学专业、经济学
2	法律类专业	法学专业
3	文学及新闻类专业	中国语言文学、汉语言文学专业、对外汉语专业、编辑出版学、新闻学专业、广告学专业、广播电视新闻专业
4	艺术类专业	美术学专业、绘画专业、动画专业、艺术设计专业、影视戏剧表演专业、舞蹈学、广播电视编导专业
5	物理与技术类专业	应用物理学专业、微电子学专业、核工程与核技术专业、物理学专业
6	数学类专业	应用数学
7	化学类专业	化学专业、应用化学专业
8	生命科学类专业	生物学、生物科学专业、生物技术专业、生态学专业、园林专业
9	电子信息类专业	电子信息工程专业、光信息科学与技术专业、电子科学与技术、电子科学与技术专业、信息安全专业
10	计算机专业	计算机科学与技术专业、网络工程、软件设计
11	机械与工程类专业	测控技术与仪器专业、工业设计专业、机械设计制造及其自动化、材料成型及控制工程专业
12	电气信息类专业	电气工程及其自动化专业、通信工程专业、自动化专业、医学信息工程、电气信息类
13	建筑与环境类专业	建筑学专业、城市规划专业、景观建筑设计、土木工程专业、给水排水工程专业、工程力学专业、环境科学专业、环境工程专业
14	水利水电工程类专业	水利水电工程专业、水文与水资源工程专业、热能与动力工程专业、农业水利工程专业
15	轻纺与食品类专业	服装设计与工程专业、纺织工程专业、轻化工程专业、食品科学与工程专业、轻工生物技术
16	医学类专业	临床医学、口腔医学、公共卫生、药学
17	管理类专业	行政管理、工商管理

选取有效样本总量：300 个

样本总体特征描述

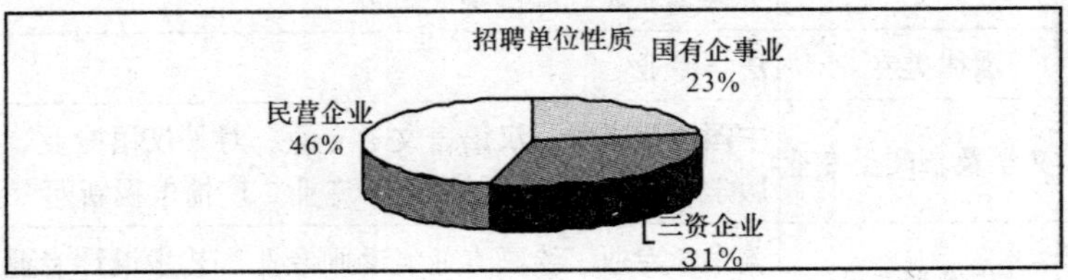

用人单位性质分布图

按行业和用人单位性质分类的样本特征

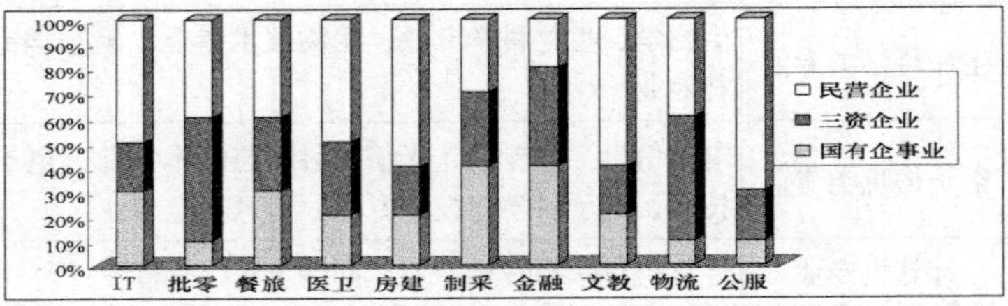

按行业分类的用人单位性质分布图

按职位分类的样本特征

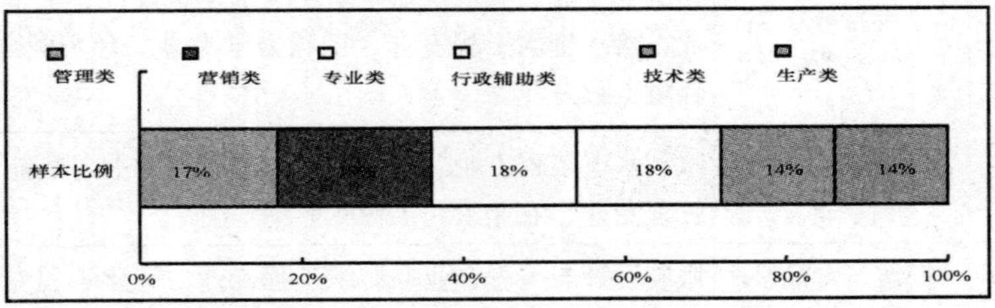

用人单位的职位分类图

按专业分类的样本特征

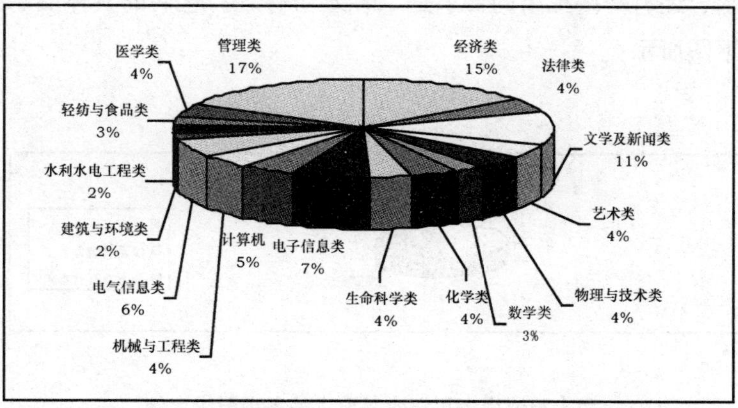

专业类型分布图

三、数据分析及主要结论

(1) 总体情况分析：

用人单位对应聘者（大学应届本科毕业生，下同）的英语水平（英语证书等级或“听说读写译”方面的能力，下同）提出要求的比例如下图所示：

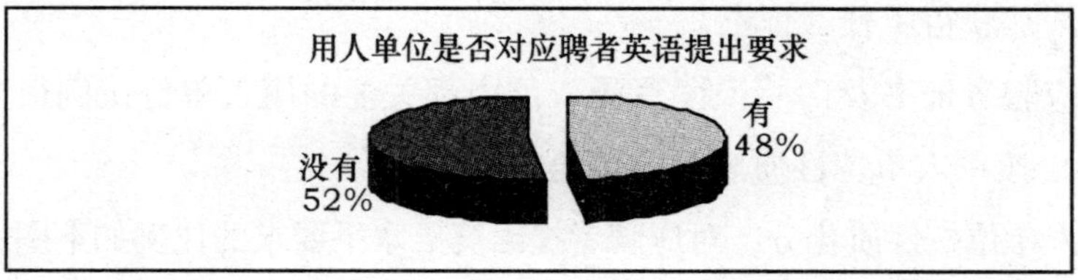

对应聘者的英语水平提出要求的用人单位比例

对应聘者英语水平提出要求的用人单位占到48%。

对应聘者的英语水平提出要求的用人单位中，在它们的招聘公告或首次面试中，有些会要求应聘者必须提供公共英语四级或六级的证书，有些虽然不要求提供证书但在“听说读写译”方面对应聘者的英语能力提出了具体要求，还有一些提出的要求是二者兼而有之。它们的具体要求按比例分布如下图所示：

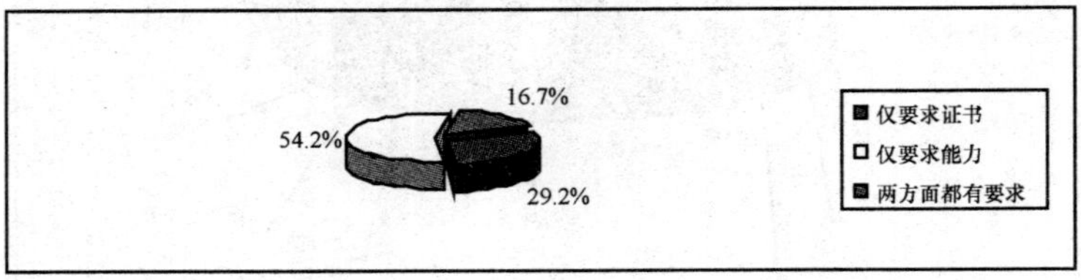

用人单位提出英语水平要求的各项要求比例

对应聘者提出英语水平要求的用人单位中，仅要求应聘者提供相应等级证书的占29.2%，仅要求应聘者具备“听说读写译”相应英语能力的可占54.2%，对应聘者所获英语证书和“听说读写译”英语能力都提出明确要求的仅占16.7%。

分析小结：

用人单位招聘应届大学毕业生，有大约一半的用人单位对应聘者的英语水平提出了要求。

提出英语水平要求的用人单位更加关心应聘者的“听说读写译”能力，而不是获得了什么证书。

对应聘者证书及“听说读写译”能力都关注的用人单位比例很少。

（2）按用人单位性质划分的英语需求

用人单位按性质化分，对应聘者提出英语水平要求的比例如下图所示：

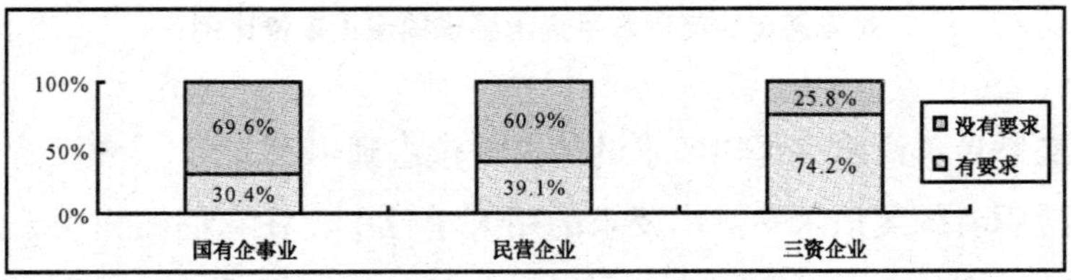

各类性质用人单位提出英语水平要求的比例

三资企业对应聘者英语水平提出要求的比例达到74.2%，大大领先于国有企事业的30.4%和民营企业的39.1%。

对应聘者提出英语水平要求的用人单位，它们考察的内容也有所不同，见下图：

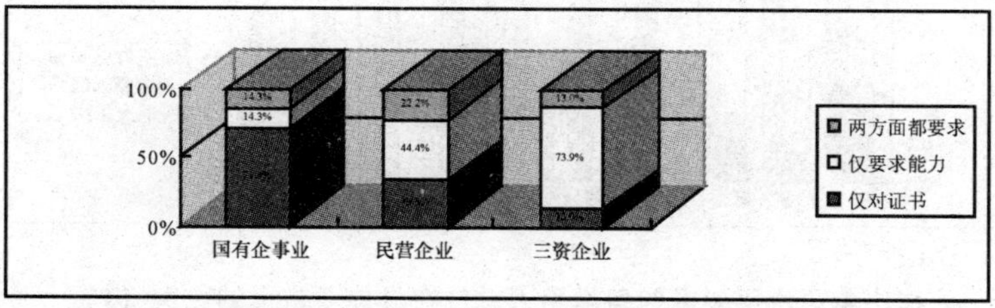

提出英语水平要求的各类用人单位在具体要求上的比例

在考察应聘者英语水平能力的国有企事业中，对证书的考察达到85.8%，其中，仅看证书的占到71.4%，而单看能力的不到15%。三资企业正好与之相反，对能力的要求达到了86.9%，其中，仅要求能力的占到73.9%，而仅看证书的只有13%。

数据分析结论：

对应聘者提出了英语水平要求的用人单位中，三资企业的数量最多，民营企业次之，国有企事业最少。

从考察的内容看，国有企事业更关注应聘者是否获得了相应的英语等级证书，而三资企业和民营企业更关注应聘者在听说读写译方面的实际操作能力。

(3) 按行业类型划分的英语需求

用人单位按行业划分，提出英语水平要求的用人单位在所归属行业中所占的比例，如图所示：

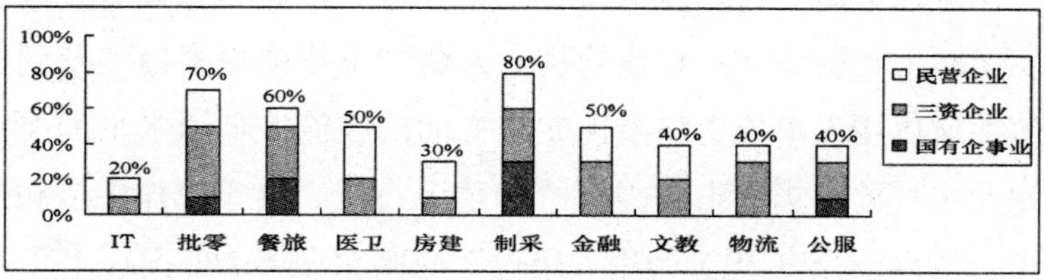

各类行业提出英语水平要求的用人单位比例

在“制采”、“批零”、“医卫”和“餐旅”这四个行业中，对应聘者英语水平提出要求的数量用人单位都在50%以上，而在“IT”和“房建”两个行业中，提出英语水平要求的用人单位都不到30%。

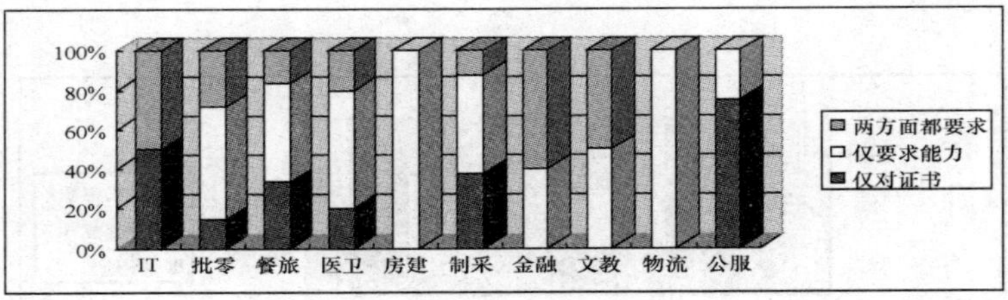

提出英语水平要求的各类用人单位在具体要求上的比例（1）

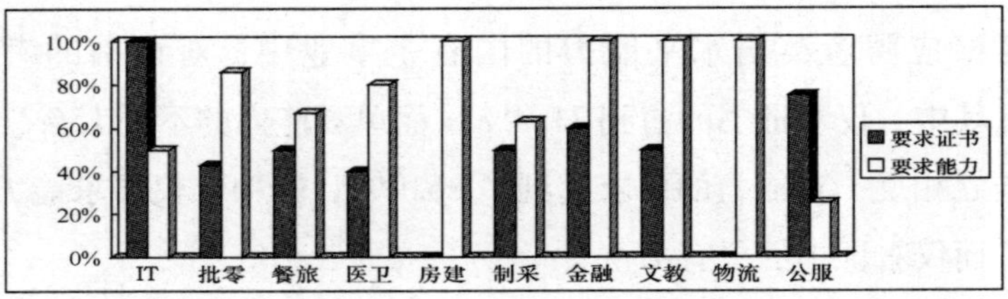

提出英语水平要求的各类用人单位在具体要求上的比例（2）

数据分析结论：

在那些对应聘者的英语水平提出较多要求的行业中，如：“批零”、“餐旅”“医卫”以及“金融”等服务行业，由于这些行业中的用人单位需要经常与顾客面对面交流，所以，对英语提要求的企业数量就较多，而“制采”行业之所以比例最高，是受我国近年来出口导向型经济增长模式的影响，业内用人单位普遍要求应聘者具备一定的英语水平。

在那些对应聘者英语水平提出较少要求的用人单位中，IT行业以只有20%的比例排在最后一名，但这并不意味着这一行业不重视对应聘者英语的考察，实际上，由于这一行业的从业人员在工作中更多地涉及到英语的阅读理解，所以用人单位更加重视专业方面的技能，英语水平的要求被包含于对专业水平的要求之中了。而“房建”行业，由于工作中接触英语的机会较少，所以，只有30%的用人单位对应聘者在英语方面提出要求。

按行业分类，那些对应聘者的英语水平提出了要求的用人单位，它们关注的重点也存在明显差别。其中“公服”和“IT”两个行业更看中应聘者是否获得了相应的证书。而“房建”、“金融”、“文教”和“物流”四个行业更看中应聘者在“听说读写译”方面的实际能力。看重证书还是看重能力似乎与抽样样本中组成行业的用人单位样本有关，数据分析显示，三资企业与民营企业比例高的行业要求英语能力的比例就更高一些。

(4) 按职位划分的英语需求

按招聘职位划分，各类职位对应聘者英语水平提出要求的比例如下图所示：

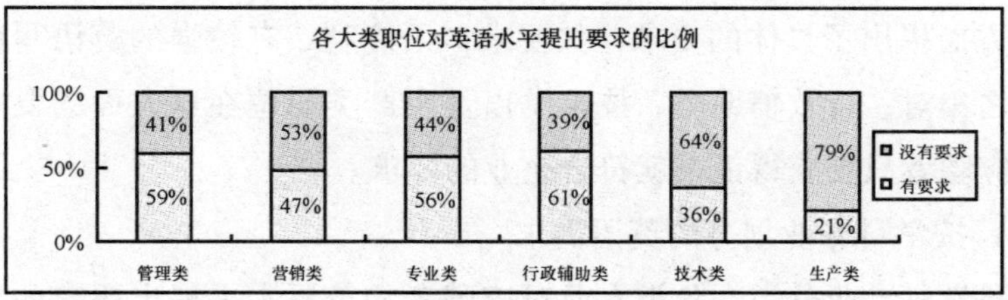

各类职位对英语水平提出要求的比例

有61%的行政辅助类职位和59%的管理类职位对应聘者的英语水平提出了要求，排在前两位。与此同时，只有36%的技术类职位以及21%的生产类职位对应聘者的英语水平提出了类似的要求。

在对英语水平提出要求的职位中，各职位考查的重点也有所不同，见下图：

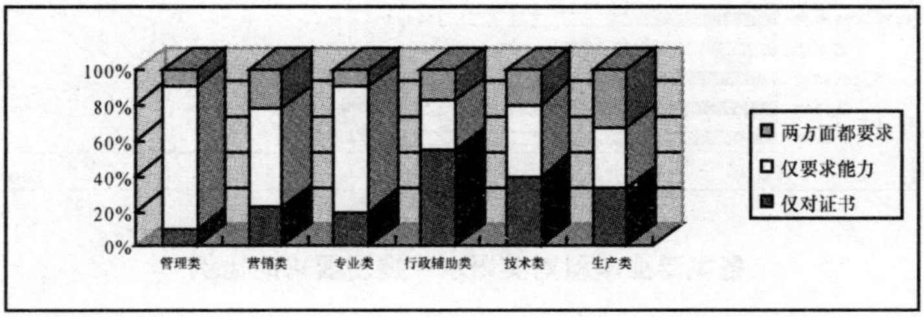

提出英语水平要求的各类职位在具体要求上的比例

在英语水平考察的侧重点方面，有超过75%以上的管理类、营销类以及专业类职位对应聘者的“英语能力”提出了要求，而有60%以上的行政辅助类、技术类以及生产类职位对应聘者的“证书”提出了要求。

数据分析结论：

行政辅助类、管理类以及专业类职位比其它类职位对应聘者的英语水平提出了更多的要求，相对而言，技术类和生产类职位对应聘者的要求就较少，这与相关职位在实际工作中的英语使用频度直接相关。

在英语水平考察的侧重点方面，由于管理类以及专业类职位日常使用英语的机会较多，招聘企业更看中求职者的实际英语能力，并在“听说读写译”方面提出了具体的要求，如要求口语流利、有较强的英语写作能力等。与之相对，行政辅助类、技术类以及生产类职位在这方面的要求就比较低，应聘者只要获得证书就符合企业的要求。

（5）按学科专业划分的英语需求

按照学科专业分类，各类专业对应聘者的英语水平提出要求的比例如下图所示：

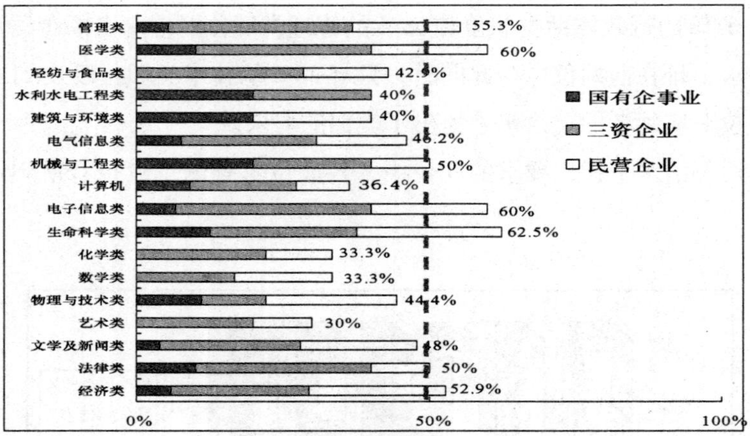

各类专业学科对英语水平提出要求的比例

各学科专业对应聘者英语水平提出要求的比例基本都在50%左右，其中：管理类、医学类、生命科学类和电子信息类专业的比例略高，超过55%。

数据分析结论:

按学科专业划分，各学科专业对英语方面的要求并没有显著的差异。

分析那些对英语提出要求的学科专业，对应的用人单位以三资企业和民营企业居多。

对英语水平的要求更侧重在“专业英语”方面。

(6) 按“听说读写译”具体能力划分的英语需求

那些对应聘者英语能力提出具体要求的用人单位，它们在“听说读写译”方面的关注分布如下图所示:

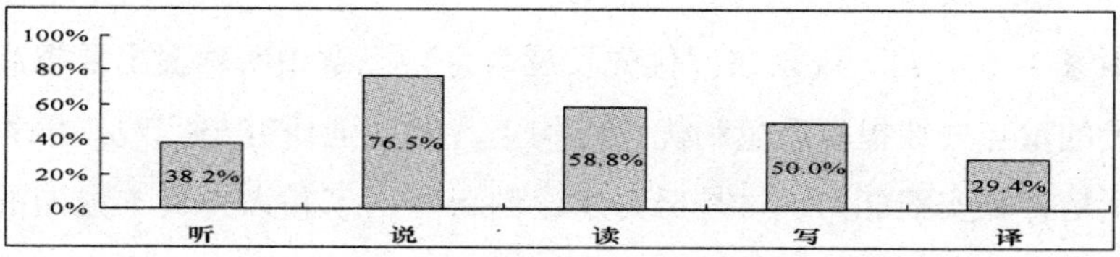

对“听说读写译”五项能力提出要求的比例

在各项具体要求中，对“说”的要求达到76.5%，排在首位，其次是“读”和“写”，实际上，对“说”的能力要求，暗含了对“听”的能力要求，应该对这两方面的能力统一起来考虑。其次是，pa 的应水平“听说读写译”英语能力的在职者所获证书情况,

分析结论汇总:

对英语水平提出要求的用人单位占到几乎一半，这意味着英语能力将由一种只有少数人掌握的技能变成一种普遍的技能，成为工作中的基本沟通工具。

在英语能力成为基本沟通工具的时候，用人单位将更重视应聘者的专业素质，相对英语能力的要求会逐步淡化。

人才市场，不认证书而重能力的用人单位居多，目前招聘单位对已持有四、六级英语证书的毕业生通过增加口语面试环节的方法，考察应聘者的英语实际应用能力的做法已经非常普遍。

相对国有企事业和民营企业，三资企业对应届大学毕业生的英语水平提出了更高的要求，而且更加注重应聘者的实际英语能力。

行政辅助类、管理类以及专业类职位比技术类和生产类职位对应聘者的英语水平提出了更多的要求。

各学科专业间对英语方面的要求并没有显著的差异，主要由应聘职位的要求以及用人单位的性质决定。

对求职者英语能力提出具体要求的用人单位，在“听说读写译”五个基本面上最看中求职者“说”和“听”的能力。

四、对大学英语教学改革的启示

国家“十一五”规划在“优先发展教育”一章中明确提出要把高等教育发展的重点放在提高质量和优化结构上，要加强研究与实践，培养学生的创新精神和实践能力，这是努力建设创新型国家和人力资本强国的必由之路。

大学英语教学是高等教育的一个有机组成部分，大学英语课程是大学生一门必修的基础课程。在大学英语教学改革上应该勇于创新，紧密围绕国家需要和社会需求深入开展教学方法、教学模式、管理体制和评估体系的探索和改革，不断提高大学英语教学水平，培养学生的英语综合应用能力。

结合这次的需求调查分析结论，提出以下大学英语教学改革的建议：

参考《大学英语课程教学要求》中所设的三个层次要求，鼓励学生根据自己的学习情况，毕业后的求职意愿，选择自己的学习目标，采取针对性的教学，为他们今后的职业道路打下坚实的基础。

打破传统上以教师为中心的教学方法，利用新技术、新方法培养学生独立思考和实际的操作能力。即改革现在由老师讲、学生听的传统教学模式为积极的双向互动式教学模式，如综合探索和运用多媒体教学、网络教学、模拟社会实践教学等多种教学方式。

在大学英语教学内容上除了采用通用英语教学外，有选择地增加“专业英语”的内容，使学生在本专业的信息搜集能力得到提高，增强学生在职场以及工作后的专业竞争力。

改革大学英语四、六级考试评估系统，从原来的以评价语法、阅读、理解为主转变到以评价学生的听说能力及英语综合应用能力上来；为了确保与招聘企业的需求保持一致，打破原来的“听、说、读、写、译”综合考评的办法，建立分散考评的体系，充分体现学生的英语特长，重塑社会企业对“证书”的信心。

注：本文根据戴立黎主持的高等教育出版社课题资助项目《用人单位英语需求分析》（项目批准号：A20051150）的成果论文，戴立黎、曾玲琴，用人单位英语需求分析［J］．（《美中英语教学》，2007 年 5 期）编写而成。

第三节　学生英语学习内部因素调查分析及对策探究

影响学生英语学习绩效存在着多种因素，教师只有了解和掌握学习者影响学习效果的因素才能有的放矢地搞好教学。本文对北京联合大学高职学生在英语学习中的学习动机、学习态度、学习能力和学习方法等四项内部学习因素进行了调查，分析调查结果及其生成的原因，并提出了一些相应的教学策略。

一、引言

现代教育研究证明，影响学习效果的因素是多重的。学习者因素（Learner factors），如学习方式、学习目的、学习态度、学习动机、智商、性格等等都在不同程度地影响着教与学的效果（Krashen1982；Larsen－Freeman and Long 2000）。然而，影响外语习得的因素可以分为内部因素和外部因素。内部因素指学习者的个人因素，包括年龄、性格、学习能力、学习动机、学习态度、学习方法等等。外部因素指社会环境和教育环境，包括外语教学方针、政策、教学大纲设计、教材、教学模式等等。内部因素和外部因素相互作用，共同决定外语习得的质量。而在内部因素中，学习动机、学习态度、学习能力和学习方法对外语学习起着举足轻重的作用。本文通过对北京联合大学高职学生英语学习的四项内部因素进行了调查，找出并分析高职学生英语学习中的动力与障碍，从而提供教学参考意见，达到提高高职英语教学质量的目的。

二、调查对象及问卷结果

虽然影响英语学习的因素很多，但是此次调查首要目的是为了了解高职学生学习英语的内部因素，课题研究组成员采用问卷笔答形式对北京联合大学师范学院、生物化学工程学院、信息学院、管理学院、自动化学院、广告学院、特殊教育学院等04级、05级21个专业约700名高职学生进行了调查。教师组织学生无记名填写问卷调查表。

问卷调查表包含19个问题，内容涉及英语学习动机、学习态度、学习能力和学习方法四大项，全部为选择题。要求学生根据题目中叙述的内容与自己情况相符合的程度，按A、B、C、D四组选项加以选定，以每项选定人数的百分比计分。

表1　高职学生英语学习内部因素调查表

	Questionnaires	A	B	C	D
1 学习动机	1）你认为学好英语的目的是	出国留学	找好工作	很感兴趣	通过考试
	2）你认为学好英语的关键因素是	语言环境	教学条件	个人努力	学习动机
	3）你认为学习英语对将来的工作	影响很大	影响不大	有些帮助	不会有用
	4）你每天学习英语的时间为	半个小时	1个小时	1个半小时	2小时以上
2 学习态度	1）你在教师课堂教学活动中	积极参与	主动提问	被动回答	独立思考
	2）英语课堂上你经常是	认真听讲	只听重点	心不在焉	做好笔记
	3）课堂上遇到不理解的问题你会	记下课后思考	请教老师	当堂提问	搁置不理
	4）你对老师布置的课下作业	认真完成	部分完成	互相抄袭	不做作业
	5）你对作业或试卷中出现的错误	弄明白后改错	只弄明白	听老师分析	不予理睬

续表

3 学习能力	1）上大学后你的英语学习	进步很大	进步较大	稍有进步	没有进步
	2）英语考试你认为最难的题是	词汇和语法	阅读理解	听力与填空	汉英互译
	3）英语老师的教学对你的学习	作用很大	作用较大	有些作用	没有作用
	4）你希望提高哪方面的英语能力	综合技能	听说能力	读写能力	应考能力
	5）你每学期的英语学习过程中	有学习计划	自定目标	听老师安排	没有计划
4 学习方法	1）你认为英语学习方法和技巧	非常重要	比较重要	不太重要	不重要
	2）你认为英语学习的好方法是	经常说英语	默写单词	掌握语法	每天阅读
	3）你认为英语学习最有效的方法是	背诵课文	复习笔记	大量练习	认真听讲
	4）你认为取得好的学习效果应该是	定期复习	课前预习	认真记笔记	做模拟题
	5）你课余时间辅助英语学习最喜欢	听英语歌曲	阅读原著	看原版电影	看英文节目

共发放调查问卷710份，回收709份（由于考虑特教学院学生身体的差异，有83份问卷不在本次统计中），统计有效问卷626份，对已知数据进行回归分析得出

表2　高职学生英语学习内部因素调查统计结果表

A	B	C	D	
1	41 % （256.66人）	26 % （162.76人）	22% （137.72人）	11% （68.86人）
2	28.84 % （181人）	26.24% （164人）	28.08 % （176人）	16.84% （105人）
3	22.14% （138.6人）	26.56% （166.27人）	31.4 % （196.56人）	19.9% （124.57人）
4	44.8 % （280.45人）	17.94 % （112.3人）	23.5% （147.11人）	13.76% （86.14人）

由上表可知：四大因素对结果的影响程度依次为学习方法、学习动机、学习能力、学习态度。

依据问卷统计结果得知，影响我校高职学生学习英语的四项内部因素

程度高低依次为学习方法：A 项为 44.8 %，B 项为 17.94%，C 项为 23.5%，D 项为 13.76%；最后是学习态度，A 项为 28.84%，B 项为 26.24%，C 项为 28.08 %，D 项为 16.84%。学习方法和学习动机两项指标列前，表明大多数学生有适合于自己的良好的学习方法和明确的学习目的。

三、学习动机和学习态度的结果与分析

随着外语教学研究中心由语言知识转向语言学习者，对学生个体差异的研究成为焦点之一。而学习动机是在语言学习各个个体因素中最具能动性的因素之一。“如果说学习的目的是学习要获得的结果，动机则是达到目的的动因。学习动机是直接推动学生进行学习的一种内部动力。”（朱纯，2000）匈牙利心理学家多雷指出，在某种程度上，动机因素预示着二语习得中的各个因素（Z. Dornyei，1994）。学习动机和学习态度是决定学生取得成功的主要因素。学习动机包括学习目的、学习努力程度及达到学习目的的愿望。在调查中，我们发现有 46% 的学生认为学好英语的关键因素是语言环境。约 4% 和 26% 的学生每天学习英语的时间分别为两小时和一小时，而 58% 的学生每天需用半小时学习英语。这个数据表明联合大学的高职学生在短时间内（约一节课）具有比较强烈的英语学习愿望，也有努力的行动。这些学生为什么在短时间内有这么强烈的愿望呢？而较长的时间（约 2 小时）的自我掌控能力就比较弱呢？这都与他们的学习动机有很大的联系。

从各项调查数据来看，有 60% 的学生为了将来工作而学英语。他们把自己的英语水平与将来的工作相联系。这也许是迫于社会环境压力，为了毕业后谋得一份好工作或希望能胜任工作。由此可见，相当一部分学生学习外语是为了通过某种考试，为了取得某种证书，是作为任务来完成。然而，一旦目的达到，任务完成了，学习的积极性就大减甚至消失。这种学习动机是消极的，被动的，不能持久的，因此这种动机也是不可取的。

四、学习方法与学习能力的结果与分析

了解高职学生的英语学习方法和学习能力对英语教学具有实际意义。通过调查发现，我校高职学生在英语学习能力和学习方法上存在以下问题（下列有关数据请参看附件一）。

1）没有学习计划。在调查的学生中有相当一部分学生（49.3%）承认没有自定目标和学习计划，不能够自主学习，更多的情况（有36%的学生）是依赖老师，听从老师的安排和计划，而不能够在课余时间自觉安排好自主学习内容。

2）不注意课前预习。调查结果表明学生很少（只占总数的18.9%）对将要学习的课文进行预习。教师在平时的授课中发现相当一部分学生课本上无任何标记，练习大部分是空白，只等着教师来讲解答案。

3）学习系统性差。有约18.9%的学生能做到课前预习，这说明大部分的学生不善于抓好预习、复习、总结这些学习环节，总是感觉到所学的英语知识在头脑里显得很凌乱，不系统，以至于到用时找不到合适的词法和句法知识。

4）不愿阅读或背诵。调查发现有约11.8%的学生有阅读原著的爱好，而漠视教材中好的英语文章，很少朗读课文和课下阅读，这也是造成不少高职学生口、笔头表达能力差、写作时汉式英语泛滥的重要原因之一。

心理语言学表明，影响外语学习的能力既有一般学习能力，也有特殊学习能力。本次调查涉及的是高职学生的一般学习能力。从调查结果来看，我校高职学生英语学习能力中比较理想的是希望提高某方面英语能力，其A、B两项分别为34%和32%。这可能与他们的学习动机有关，因此具有较强烈的学习动机的学生一般能专心听讲、积极思考。

五、教学对策探究

我校高职学生英语学习四项内部因素中的学习动机指标较好，这是一

个有力的情感因素。但是，也应该注意到，很多高职学生把英语学习同短期成功相联系，其学习动机在很大程度上是外部因素在起作用，属于外在动机（extrinsic motivation）。这样的学生有时虽然具有学习热情，但往往是权宜之计。他们的学习动机不会长久存在，并将会影响到学习态度，因为学习态度受学习动机的支配。至于学生的学习方法与学习能力，根据调查结果，虽然多数学生使用的英语学习方法比较得当，但学习能力不强，这除了要从英语教学方法改革这个根本性问题上解决外，学生的学习策略和科学的学习法等语言习得的因素也值得我们深入探讨。

1. 高职教学应启发有利于英语学习的动机

学生对于外语学习重要性的看法应该比较一致，但动机却会有所不同。学习的动机和态度是学习成功的主要原因之一（Gardner，1979）。积极的动机会使学生对英语产生浓厚的兴趣，使其更加努力地朝其目标奋斗。这种动机通常是内在的（intrinsic motivation），学习者对英语语言国家的文化感兴趣，希望在工作和生活中运用这种语言，或者希望到某个国家去学习、工作和生活，这样的学生会对学习英语持肯定态度，会主动地在英语学习上花较多的时间和精力，自然会获得良好的学习效果。

因此，教师需要有目的地启发学生学习英语的动机，以端正他们的学习态度。教师可针对北京的现实生活以及各行各业的特点和对英语的要求，对不同专业的学生进行引导，使他们从内心深处产生强烈的学习英语的愿望，从而主动的学习。

语言学习总是涉及积极的和消极的情感因素，教师应因势利导，想办法变消极为积极，变惰性为主动性，充分调动学生的学习热情。如果说动机是学生内在的、自发的因素，而兴趣则主要依靠有目的地培养。有很多学生非常渴望能学好英语，但枯燥的学习过程却在逐渐消磨他们的热情，这时教师采取各种手段来培养他们对英语学习的兴趣尤为重要。

1）选择合适的学习内容

所谓“合适”，即根据不同学生的水平，因材施教。词汇、语法应难易适中，思想性要符合学习者的理解水平。过难的内容会让学生失去信心和兴趣。

2）创造有利的语言环境与文化氛围

学生的二语习得与儿童时期的母语习得一样，语言环境能促进学习效果，与异域文化的接触更能刺激学生对英语的兴趣。

3）运用视听及多媒体教学手段

视听和多媒体教学使学生学习更形象化，更能吸引学生的注意力，英语学习的自主性就会增强。

4）适当的表扬和鼓励

学好英语需要花费大量的精力和时间，如果学生认为这些付出与自己取得的进步相比是值得的，就会愿意继续学习下去，如果长时间看不到明显的效果，就可能产生心理失衡，因而失去兴趣，失去动力。因此，即使是学习不好的学生，也要适时地加以肯定，让他知道自己还取得了一定的进步，鼓励他继续学习。

2. 教学方法和教学模式应注重学生语言实际运用能力的培养

教学过程主要是教师与学生以教材为中介的双边交流活动。因此，教师如果在教学方法上缺乏研究，必然会影响教学双边活动的效果和质量。这就需要教师在明确教什么（教学内容）的基础上，认真研究如何教（教学方法）的问题。传统英语教学往往教师是课堂教学的中心，课堂教学多采用讲解生词、课文、语法规则和句型分析然后进行课后练习等形式；学生处于被动接受知识的地位。课堂教学方法的改革应首先破除以教师为中心的单向传授知识的教学观，建立以教师为主导，以学生为主体的新的教学理念，课堂教学方法的改革应由教师“讲授中心”向学生“学习中心”转化，使学生成为教学中的主体，以学生为中心安排教学活动，充分启发学生积极思维，让学生对语言进行分析、思索和归纳。教师在教学中应按照精讲多练的原则，突出授课重点，精心安排课堂的教学内容、设计课堂的组织形式，让学生在有限的时间内积极地参与教学活动，大胆地进行语言实践。

笔者认为：VET（高职英语教学）既要加强语言共核教学，又要在培养学生实际应用语言的能力上下功夫，这也是 VET 面临的双重任务。然而，由于课时的限制，VET 不可能既要全面打基础，又要全面训练语言技能。鉴于这样的情况，为了处理好教与学、课内与课外、语言输入与输出的关系，就应在课程设置上进行改革，即将阅读、听说、翻译、写作等课程分设几种不同课型，每门课的任务相对单一、明确。把结合本专业以英语语言知识和语言技能为手段获取和交流信息作为英语课程教学的基本目标，把语言知识传授和语言技能训练要求确定在“必需，够用”的层次上，课程设置要体现以基础为手段，以实用为主导，以应用为目的的教学。同时，采用多种形式的教学手段来优化英语教学环境，将现代电子信息技术广泛应用到教学领域中，开展多媒体教学，计算机辅助教学和内容丰富的视听教学，尽可能使学习者处于最佳的语言环境来进行英语教学。

教学方法的改革要有利于加强学生自学能力，独立分析和解决问题能力的培养，有利于加强学生创造性思维的培养，有利于学生创造个性的发展。革新教学方法 VET 既要遵循语言学习的规律，又要体现高职特色，在教学过程中强调理论知识的应用和实践动手能力的培养。必须改革传统的教学方法，正确处理好知识与能力、教与学的关系，立足于高职教育的实际来采取最有效的方法提高教学质量。

总之，新的世纪给高职英语带来了新的契机，但也提出了更大的挑战。培养新世纪的高等职业专门人才，需要有全新的思想观念，优化的课程体系和高水平的师资队伍。全国范围的高教改革浪潮促使我们必须加快 VET 改革的步伐，只有这样，高职教育才能得到更大的发展、提高和壮大。从事高职英语教学的每一位教育工作者，都必须认清英语教学改革的方向——以提高学生的实际应用能力为目标。为此，必须尽早认识学习实用英语的价值，尽早为祖国培养更多的实用型高等职业合格人才。

此项研究为后续研究奠定了基础，后续研究可以采用定性分析方法，进一步调查高职学生英语学习策略，然后采取必要的教学措施进一步提高我校高职学生的英语学习能力。

高职学生英语学习内部因素调查表结果统计

	Questionnaires	A / 人数		B / 人数		C / 人数		D / 人数	
学习动机	1. 你学好英语的目的是	出国留学	66/11%	找好工作	374/60%	很感兴趣	46/7%	通过考试	140/22%
	2. 学好英语的关键因素是	语言环境	286/46%	教学条件	59/9%	个人努力	205/33%	学习动机	76/12%
	3. 学习英语对将来的工作	影响很大	304/48.6%	影响不大	60/9.6%	有些帮助	231/36.9%	不会有用	31/4.95%
	4. 每天学习英语的时间为	半个小时	361/58%	1个小时	163 26%	1个半小时	75/12%	2小时以上	27/4%
学习态度	1. 你在课堂教学活动中	积极参与	128/20%	主动提问	56/9%	被动回答	298/48%	独立思考	144/23%
	2. 英语课堂上你经常是	认真听讲	189/30.2%	只听重点	189/30.2%	心不在焉	109/17.4%	做好笔记	139/22.2%
	3. 课上遇到不会问题你会	记下课后思考	221/35%	请教老师	173/28%	当堂提问	83/13%	搁置不理	149/24
	4. 你对老师布置的课下作业	认真完成	224/36%	部分完成	290/46%	互相抄袭	86/14%	不做作业	26/4%
	5. 你对作业或试卷中的错误	弄明白后改错	143/23%	只弄明白	111/18%	听老师分析	302/48%	不予理睬	70/11%
学习能力	1. 上大学后你的英语学习	进步很大	33/5%	进步较大	99/16%	稍有进步	280/45%	没有进步	214/34%
	2. 英语考试你认为最难的是	词汇和语法	261/42%	阅读理解	153/24%	听力与填空	125/20%	汉英互译	87/14%
	3. 老师的教学对你的学习	作用很大	95/15%	作用较大	212/34%	有些作用	255/41%	没有作用	64/10%
	4. 希望提高哪方面英语能力	综合技能	211/34%	听说能力	202/32%	读写能力	95/15%	应考能力	118/19%
	5. 你每学期英语学习过程中	有学习计划	92/14.7%	自定目标	168/26.8%	听老师安排	225/36%	没有计划	141/22.5%

续表

学习方法	1. 你认为学英语方法和技巧	非常重要	334/53%	比较重要	226/36%	不太重要	44/7%	不重要	22 4%
	2. 你认为学英语的好方法是	常说英语	315/50%	默写单词	76/12%	掌握语法	105/17%	每天阅读	130/21%
	3. 认为英语学习最有效方法	背诵课文	145/23.2%	复习笔记	69/11%	大量练习	290/46.3%	认真听讲	122/19.5%
	4. 你取得好的学习效果是	定期复习	318/50.8%	课前预习	118/318.9%	认真记笔记	91/14.5%	做模拟题	99/15.8%
	5. 你辅助英语学习最喜欢	听英语歌曲	294/47%	阅读原著	74/11.8%	看原版电影	205./32.7%	看英文节目	53/8.5%
总人数		626							

注：本节根据戴立黎、冯玲，高职学生英语学习内部因素调查分析及对策研究[J].(《北京联合大学学报》2007年第2期)编写而成。

第四节　英语学习中学生存在问题调查分析

本节通过对北京联合大学六所院校的高职学生进行英语学习内部因素即学习动机、学习态度、学习能力和学习方法的调查和相关的数据统计、分析，发现学生在英语学习中存在着一些问题，并对这些问题加以阐述，分析其产生的原因，并对此提出一些建议性的教学策略。

一、引言

自1993年在教育部高教司的直接领导下，制定了新中国成立以来国家教育部在高等专科英语教学方面的第一个教学指导性文件——《普通高等专科英语课程教学基本要求》，确立了“以实用为主，以应用为目的”的全新的英语教学理念，以及培养英语实用能力的教学目标，又鉴于我国社会主义市场经济和加入WTO对高职高专毕业生的英语能力提出了新的要求，这更迫使学生在英语学习的过程中把英语基础训练与实用业务英语交际能力的培养更加有机地结合起来，加强学生对学习和使用语言的实际体验。

北京联合大学高职协作组于2004年建立了《高职学生英语学习内部因素探析及对策》课题，并在联大六个院校中对04、05级的高职学生英语学习内部因素进行了调查，共发放了710份问卷，收回有效问卷共709份（考虑到联大特教学院学生本身的差异，有83份问卷不在统计范围中，故统计问卷为626份）。通过对调查表结果的分析发现高职学生在英语学习中存在一些问题。

二、传统语境是学好英语的关键

传统意义的语境包括范围很广，涉及语言的上下文、话题、说话方式、人际关系、人对世界的知识、人际间的互相了解和文化社会等。最早对语境做进一步论述的是英国语言学家、伦敦学派的奠基人Firth，他认为语境不仅包括一句话的上下文，而且也包括语言的社会语境。而Halliday等人认为，语境可以大致分为文化语境和情景语境，文化语境主要指人类在特定的文化背景中的行为模式，这种模式制约语篇的语类结构等带有宏观意义的语义结构；情景语境指的是与语言交际行为直接相关的话语范围、话语基调和话语方式三种因素，但从总体上看他们的语境观是静态的。

调查总人数：236

表一

Questionnaires	项目	人数	%	项目	人数	%	项目	人数	%	项目	人数	%
学好英语的关键因素是	语言环境	286	46	教学条件	59	9	个人努力	205	33	学习动机	76	12
你学好英语的目的是	出国留学	66	11	找好工作	374	60	很感兴趣	46	7	通过考试	140	22
每天学习英语的时间是	半个小时	361	58	一个小时	163	26	1.5小时	75	12	2小时以上	27	4

随着认知科学的兴起，很多语言学家把客观世界种种制约话语的因素定格在人的认知的前提之下，让主观的认知统揽全局，把语境对话语的制约看成是与交际者的智力、情感、信念、意图等相互作用的结果。传统语境与语言学家提出的认知语境的根本区别在于：前者认为理解话语的语境一般说来是事前固定的，理解话语靠的是语言的解码，而后者认为理解话语要看语境，而该语境需通过心理认知的过程形成新的语境，从而揭示话语明说的内容和暗含的内容。从（表1）中的数据可发现学生学习英语的目的（动机）是：作为学生将来势必要走入社会，他们的终极目标是找个好工作，但作为学生他们的首要目标是为了通过考试，而不是真正地喜欢英语，对它感兴趣。基于这样的学习动机高职学生在英语学习中过多地依赖事前固定的语境如每周4－5节的英语课、英语课本及配套的练习资料等，对英语的认知只停留在对语言的解码，而在语言的应用上，即揭示话语暗含的内容的能力还较差。

Sperber 和 Wilson 认为人类交际是一种认知活动，它所遵循的唯一原则就是 关联原则，即（1）在相同的条件下为处理话语付出的努力越小，关联性越大；（2）在相同的条件下获得语境效果越大，关联性越大。换言之，付出的努力最小而又能产生足够的语境效果，就具有最佳关联性（Sperber & Wilson，1995：260）。由于高职的学生不了解学习英语所要依赖的语境需要通过心理认知的过程而形成的新语境，是与交际者的智力、情感、信念、意图等相互作用的结果，从（图1）中可看到对英语感兴趣的学生只占7%，英语技能应包括听、说、读、写、译五大部分，要熟练地掌握以上技能每天只花半小时（有58%的学生每天只用半个小时学习英语）是远远不够的。因此许多高职的学生自认为付出了很多的努力但收效不大（英语成绩不理想），于是就慢慢地失去了学好英语的信心。

三、以“自我”为中心产生的心理障碍影响

英语学习的过程是一个认知的过程，是一个学习者个体心理变化的过程，在英语学习中学生是学习的主体，学习者应能了解和掌控自身的心理

特点和变化这样才能在学业中有所成就。

1. 惰性

自我国在1979年实行计划生育政策以来，现在我国城市中的家庭大多为三口之家，祖辈和父辈对孩子的溺爱和娇惯使孩子从小就形成了以“我”为中心的理念。同时也体现在生活中和学习中较差的吃苦精神。

调查总人数：236

表二

questionnaires	项目	人数	%	项目	人数	%	项目	人数	%	项目	人数	%
英语课堂上你经常是	认真听讲	189	30. 2	只听重点	189	30. 2	心不在焉	109	17. 4	做好笔记	139	22. 2
课上遇到不会问题你会	记下课后思考	221	35	请教老师	374	28	当堂提问	83	13	搁置不理	149	24
你对老师布置的课下作业	认真完成	224	36	部分完成	163	46	互相抄袭	86	13	不做作业	26	4
你在课堂教学活动中	积极参与	128	20	主动提问	56	9	被动回答	298	48	独立思考	144	23

英语学习的过程是个漫长而艰苦的过程，它需习得者具有持久的吃苦精神，但是从（表2）中的一些统计数据我们可看到有的学生利用自己的小聪明投机取巧，尽可能“省力”地学习英语，在课堂上只听重点的人数占总人数的30.2%，在课堂上遇到问题置之不理的占24%，而对于老师留下的课外作业认真完成的学生只有36%，而大部分的同学对作业的态度则是部分完成，有的互相抄袭甚至（有4%的学生）根本不做作业。作业是课堂知识的延续、巩固和真实的掌握，而许多学生忽略了作业的重要性，从而导致了有34%的学生（参看附件一）认为在大学期间自己的英语学习没有任何进步，有45%的学生认为在大学期间自己的英语学习稍有进步，可见学生英语最终的应用技能掌握得较差。

2. 自卑感

由于家长对自己的孩子的期望值过高，使孩子在学习上有较大的压力，这样会使学生在学习中有过高的焦虑，而高度焦虑也会使学生感到沮丧、失望、内疚等，从而会产生自卑，自卑是一种自我轻视的心理，是自尊心受挫的结果，是由于羞于落伍的自尊心与学习成绩低下的客观事实长期矛盾冲突又得不到解决而造成的心理创伤所致（许洪顺，2005）。在英语学习上，高职学生时常处在被动学习的状态之下，从（表2）中我们可看出能积极参与课堂活动的学生只有20%，被动回答的学生多达48%。

正如H. D. Brown（2003：114）所说“…strategies are those specific ‘attacks’ that we make on a given problem. They are the moment by moment techniques that we employ to solve ‘problems’ posed by second language input and output.”在英语的学习过程中习得者错误地认为出错是一件令人发窘的事，其实这种现象正体现了习得者的英语成长过程，由于他们本身具有很强的自尊心，为了使他们在学习中尽可能地避免出错和避免发生令其尴尬的事情，习得者很少主动提问（只有9%的学生能做到），在课堂上当堂提问的有13%，而大部分学生（有35%的学生）采取了把问题记下来课后思考的方法。

四、消极的学习动机影响习得者的英语应用

从调查数据来看，有60%的学生为了将来工作而学英语。他们把自己的英语水平与对将来的工作相联系。这也许是迫于社会环境压力，为了毕业后谋得一份好工作或希望能胜任工作。由此可见，相当一部分学生学习外语是为了通过某种考试，为了取得某种证书，是作为任务来完成。然而，一旦目的达到，任务完成了，学习的积极性就大减甚至消失。这种学习动机是消极的，被动的，是不能持久的，因此这种动机也是不可取的。正如学者束定芳所说“持有作为达到某一短期目的，如升学，获取某一职位的通行证等目的的学习者人数较多，但它恰恰不是外语教学的真正目的，这也是造成我国外语教学应试倾向明显的重要原因之一，是我们外语教改中应该着力解决的一个问题”（束定芳，2004,）。

调查总人数：236

表三

Questionairs	项目	人数	%	项目	人数	%	项目	人数	%	项目	人数	%
上大学后你的英语学习	进步很大	33	5	进步较大	99	16	稍有进步	280	45	没有进步	214	34
英语考试你认为最难的是	词汇语法	261	42	阅读理解	153	24	听力与填空	125	20	汉英互译	87	14
希望提高哪方面英语能力	综合技能	211	34	听说能力	202	32	读写能力	95	15	应考能力	118	19
你每学期英语学习过程中	有计划	92	14.7	自定目标	168	26.8	听老师安排	225	36	没有计划	141	22.5

从（表3）中可以看出，被动的学习动机使学生在英语学习中存在以应试为主的学习目的而不是遵循大纲的要求，即“以实用为主，以应用为目的”为自己的学习目标，致使只有5%的学生认为自己的英语学习进步很大，而有34%的学生认为在大学期间自己的英语根本就没有进步。在课堂学习中有42%的学生把自己学习的重点放在学习词汇和语法上，而不是体现英语技能应用的听、写（翻译）上，这一点可以充分体现了学生以应试学习为首要任务，他们的兴趣在于通过考试而不是真正的掌握英语的技能。

五、根据学习者存在的问题选择适当的教学策略

1. 保持适当的动机水平

学习动机是直接推进学生学习的一种内部动力，它表现为学习的意向、愿望或兴趣等形式，对学习起着推动作用，而兴趣又是学习动机中“最现实、最活跃的成分”（潘菽 1980，75－76）。要想让习得者保持浓厚的学习兴趣指导者就应在教学过程中不断地给学生灌输英语之“用”是非常必要的，只有当学生明白了除了应付考试以外英语还有更广泛的用途，他们才会真正获得学习英语的动机，保持对英语学习的兴趣。

另外，在课堂教学中指导者要“因材施教”，要对习得者在学习中取得的进步不遗余力、实事求是地加以肯定和表扬，要肯定学生的学习效率。多德森——耶基斯定律表明，对于学习这样一种复杂的活动而言，动机与效率之间是一种“倒U型”的关系，即动机过弱或过强时，学习效率都不高，只有中等强度的动机水平才能达到最佳的学习效果。对学习动机过弱的学生要让其明确学习目标，强化学习动机；对那些学习动机过强，过高要求自己的学生要引导他们注意切合自己的能力发展，指定与远大抱负相互应的阶段目标，脚踏实地、循序渐进把学习动机控制在最佳水平。

2. 建立良好的学风

课堂既作为习得知识浓缩背景的舞台，教师就不再是单纯的知识传授者，而应转换成学生学习的伙伴。因此在课堂上应采用师生伙伴式学习进阶推进的教学模式帮助学生更好地自主学习，并有意识地培养学生的直觉思维能力与自学能力，提高学生的素质，使学生具有正确、灵活运用语言的能力，达到交流思想、传递信息、进行交际的目的。

运用心理学的“从众”原理，积极建设良好的学风，对英语的习得有着积极的意义。教师不仅要有严谨的治学态度，还应该指导学生开展丰富多彩的第二课堂活动，如：英语剧社、英语沙龙、英语原版影视作品赏析等，使大学校园充溢着学英语、说英语的气氛，变被动的“填鸭式”的“一言堂”为学生主动学习、积极输入的“群言堂”。

众所周知，英语教学既要加强语言共核教学，又要在培养学生实际应用语言的能力上下功夫，这也是CET面临的双重任务。然而，由于课时的限制，CET不可能既要全面打基础，又要全面训练语言技能。鉴于这样的情况，为了处理好教与学、课内与课外、语言输入与输出的关系，就应在课程设置上进行改革，即将阅读、听说、翻译、写作等课程分设几种不同课型，每门课的任务相对单一、明确。把结合本专业以英语语言知识和语言技能为手段获取和交流信息作为英语课程教学的基本目标，把语言知识传授和语言技能训练要求确定在“必需，够用”的层次上，课程设置要体现以基础为手段，以实用为主导，以应用为目的的教学。同时，采用多种形式的教学手段来优化英语教学环境，将现代电子信息技术广泛应用到教学领域中，开展多媒体教学，计算机辅助教学和内容丰富的视听教学，尽可能使学习者处于最佳的语言环境来进行英语教学。

教学方法的改革要有利于加强学生自学能力，独立分析和解决问题能力的培养，有利于加强学生创造性思维的培养，有利于学生创造个性的发展。革新教学方法 VET 既要遵循语言学习的规律，又要体现高职特色，在教学过程中强调理论知识的应用和实践动手能力的培养。必须改革传统的教学方法，正确处理好知识与能力、教与学的关系，立足于高职教育的实际来采取最有效的方法提高教学质量。

总之，新的世纪给高职英语带来了新的契机，但也提出了更大的挑战。培养新世纪的高等职业专门人才，需要有全新的思想观念，优化的课程体系和高水平的师资队伍。全国范围的高教改革浪潮促使我们必须加快 CET 改革的步伐，只有这样，高职教育才能得到更大的发展、提高和壮大。从事高职英语教学的每一位教育工作者，都必须认清英语教学改革的方向——以提高学生的实际应用能力为目标。为此，必须尽早认识学习实用英语的价值，尽早为祖国培养更多的实用型高等职业合格人才。

注：本节根据冯玲、戴立黎，高职学生在英语学习中存在的问题［J］．（《天津职业大学学报》2007 年第 2 期）编写而成。

第五节 “逆向法”英语教学改革实验

以教师、教材为中心的传统大学英语课堂教学忽略了指导学生如何有效地进行语言实践活动。为了弥补这一缺陷，我们课题组在教学中尝试把一种好的学习方法—“逆向法”通过教学实践传授给学生，一方面加强英语实践教学，另一方面，则试图通过引导和鼓励学生运用好的学习方法帮助英语学习，使学生不仅能够提高英语学习成绩，而且获得一定自主学习英语的能力，为终身学习打下良好的基础。

钟道龙先生的“逆向教学法”对英语基础知识不扎实，听力理解有困难的大打学生是很有帮助的，也是学生自主学习能力培养的好方法。

一、实验简介一实施“逆向法”，培养我校学生自主学习的能力

1. 关于“逆向法”试验

“逆向法”是钟道隆先生于上世纪 90 年代总结出的一套系统的英语学习方法。所谓“逆向”是指“逆急躁浮躁，主张踏踏实实，树立长期刻苦学习的思想；逆凭空的强化和提高，主张打好基础后在强化和提高；逆为纯应试而学，着眼实际能力的提高；逆学习中的苦恼，乐在英语中”（钟道隆，2002）。基于这样的指导思想，钟道隆提出了“要从最基础的地方做起”，“不可一词无来历，不可一词不讲究”，“力求词词懂，句句懂”等学习英语的基本要求，并由此提出“听、说、读、背、想”五法并举以提高听力为入手，进而促进英语整体水平提高的基本主张。具体的学习步骤为“听写、思考、跟读、背诵”。由此可以看出，这种学习方法很适合我院学生英语基础知识不扎实，听力理解有困难的大学生的英语学习。

2. 关于“自主学习能力”

研究者发现，与学习成绩低的学生相比，学习成绩优异者“会为自己设置更为明确的具体目标，使用更多的学习策略，对学习过程有更多的自我监控，而且更系统地根据自己的学习结果调整所投入的精力。”而且这种“自我调节活动在学习成绩优异者的学习过程中发挥着巨大的作用。”因此，在强调学生学习策略的同时，认知心理学家们还有一个目标就是鼓励自我调节的学习。所谓自我调节的学习就是指这样一种学习：“在学习中，学生积极主动地激励自己和使用适当的学习策略。”这其实就是我们实验组教师希望能够在学生身上培养出来的“学习自主性”。在提倡终身教育的社会背景下，如何通过不同的方式，使学生学会自我调节的学习，即获得自主学习的能力已经成为我国教育现代化进程中一个非常突出的课题。

由于传统的英语课堂教学以教师传授语言及相关背景知识为主，很少考虑学生是否掌握了学习英语的方法，更谈不上提倡和鼓励“自我调节的学习”了，这对于我校的学生来说（他们当中占多数在英语学习方面处于

劣势），是很难有出路的，因此为了提高我校学生的英语学习成绩，我们尝试着把自我调节的教学思想，即在教学中要“强调学生如何应用具体的学习方法激励和指导自己的学习”引入到在我校的英语课堂教学中来，而实现“自我调节学习”的一个重点就在于使学生策略化地掌握学习方法和技巧，由此我们选择了“逆向法”这一优秀的学习方法，试图通过传授这一学习方法，使学生在掌握方法的同时，能够在日常的英语学习中使用这一方法管理自己的学习，即获得一定自主学习英语的能力。

二、实验假设

以传授“逆向法”为主要指导思想的英语课堂教学能够使学生在掌握英语学习方法的同时，获得一定自主学习英语的能力，因此比传统的以教师传授“知识”为主导的课堂教学能够更好地提高学生的英语水平。

三、实验过程：

1. 确定实验对象

2003 年 9 月，我们从本校 03 级新生班中挑选了 4 组实验班与对照班，实验班主要以单招三校生为主，对照班为高考统招生为主。明确实验班的课堂教学以教师有计划地传授并监督学生使用“逆向法”学习，对照班则按照传统的方式组织课堂教学。当然上述八个班在教学内容及管理等方面都始终保持一致。

2. 制定实验教学计划

本次试验计划用 4 个学期完成。第 1 学期，通过听力课（2 课时/周）的教学，向学生示范“逆向法”中“听写、思考和跟读”三个步骤的基本思想和方法，并在实际教学中教师指导学生有步骤地开始实施。这一阶段的主要任务是使学生基本了解“逆向法”，能够认识到运用这一学习方法的好处，并由此提高他们学习的积极性。

第 2 学期，在课堂教学中巩固第 1 学期的教学实验成果，并使学生能够根据自身情况，在课后自觉运用“逆向法”学习英语。第3，4学期，则将这一学习方法全面应用于听力教学，特别是“背诵”这一环节，由教师布置任务并定期检查完成情况。通过这一阶段的学习，学生应较全面地掌握“逆向法”，并通过自觉运用这一学习方法，提高学习成绩。

3. 实施实验过程

首先，我们得到了校领导在财力上的支持，为学生印制了专门的“听写本”，实验班学生每人一个复读机，教师每阶段发给指定听写的录音带和听写本，要求实验班的学生把每次“听写”的内容都记录在“听写本”上，另外还要求学生把每次听写的时间、字数及错误率也分别记录下来。为了使学生能够更好地完成任务，我们把实验班在大一时按宿舍分成了学习小组，并由学生推选出组长，目的是让学生以小组为学习单位，遇到问题能够相互帮助，互相鼓励，并相互监督。

接下来，参与实验的教师接受了简短的培训，包括请专业人士培训，阅读钟道隆先生的专著，观看光盘，及参与示范课等。培训的目的不仅是使教师更深入地了解“逆向法”，更重要的是使教师初步了解在课堂教学中如何向学生示范这一学习方法，特别是预测在示范过程中有可能会遇到的问题，并找出对策。

在实验的第2阶段，为了进一步激发学生，我们还邀请钟道隆教授为学生作了“逆向法”的讲座，并在这一年时间里组织学生开展了朗诵、配音、演讲、英语智力竞赛、话剧表演、词汇竞赛等多种活动，激发了学生学习英语的兴趣，并带动了非试验班学生主动要求参与“逆向法”试验。

4. 实验方法与手段

听说实验课的教学：针对学生在英语听说方面的突出问题，展开有的放矢的英语听说课堂教学，摸索出一套实用和高效的英语听说教学方法。

1）精听与泛听相结合。为了激发学生对英语听说课的兴趣，我们对教材的语言输入部分进行了拓展，补充了一些学生感兴趣的泛听材料，旨在加强对学生精读技能和泛听技能的训练。精听方面，我们立足于精读教材的精听教学，对于教材的听力技能部分，录制教材浓缩版录音带并对学生进行技能指导与训练。关于泛听，为了深化教材的训练内容，我们还选用了“慢速英语新闻”，BBC 录音材料中相关的部分内容，在课下指定给学生泛听。

2）听读结合。对于教材中微观听力技巧、功能性会话和语音语调等听说专项训练，一般采用听读结合。为了让学生反复操练，我们在相应部分教学中设计出课堂连环练习：听→跟读→角色替换→主题表达方式点评→模拟加创造对话→补充听力材料供学生进行比较。这些活动给予了学生足够的练习机会，体现了以学生为中心的教学方法。

3）听写说结合。对于教材中的短文听力，一般采用听写说结合的方法。这部分教学首先针对学生宏观听力技能训练展开，以帮助学生掌握抓主题和做笔记的技能。然后，在学生听懂全文的基础上，让学生进行相应的口语活动，如复述、概括中心思想、自由对话、小组讨论、每组代表总结等。听写说结合帮助了学生巩固所接收到的语言信息，而且能训练学生根据语言输入进行创造性语言输出的主动听说学习习惯。

阅读课教学：自主学习作为实验研究的一个重要课题，培育学生的自主学习能力也是“逆向法”教改实验的课程目标和教学方法。阅读课倡导“主体参与、自主学习”课堂教学，实验班分组

四．实验数据

经过 4 个学期的实验，我们得到了大量有价值的数据，简介如下：

表 1　各学期期末听力单项成绩对照表

学期	实验班	非实验班	实验班	非实验班	实验班	非实验班
	电 1 班	电 2 班	计 1 班	生物班	经 1 班	经 2 班
1	11.83	12.3	11.95	14.05	13.1	13.47
2	11.41	11.85	13	13.19	13.75	13.13
3	8.44	8.65	10.075	8.57	10.17	9.3

表2 各学期期末总成绩对照表

学期	实验班	非实验班	实验班	非实验班	实验班	非实验班
	电子1班	电子2班	计算机	生物班	经贸1	经贸2
1	63.67	63.68	74.24	72	69.23	68.69
2	61.88	53.77	68.26	63.36	62.13	64.37
3	53.67	50.65	58.75	49.69	58.59	57.5

另外，在第四学期六个班的学生同时参加了全国大学英语四级统考，实验班的通过率为26%，而非实验班达到18%。

五、实验结果及分析

从实验班与对照班的成绩变化趋势来看，可以确定本次教改实验是成功的。首先在听力这一单项成绩上看，实验班学生均是单考单招入学的三校生，英语基础知识薄弱，尤其是听力理解能力较差，多数学生入学时听不懂教师课堂用英语教学，因此在第1学期听力成绩明显落后对照班，在经过逆向法教学实验，教师指导学生有的放矢地听写练习，小组互助背诵、听写、互检听写记录、课前预习自学，课上学生问答、讨论以及讲练结合，逐步使英语成绩赶上非实验班，并在第3学期明显超过了对照班；其次在总成绩上，实验班在第1学期与对照班并无显著差别，而到了第3学期有的班的成绩则非常显著地高出了对照班。

这里需补充说明的是，进行逆向教学法试验前，课题组成员聘请了逆向教学法的创始人及专家给课题组教师进行了培训，开始实施逆向法教改实验是每位任课教师分别负责一个试验班和一个非实验班，对非实验班以传统方式进行教学，但这并不意味着放松了非实验班的教学管理，相反，非实验班的学生受试验班学生活动的影响，也对英语学习有了较浓厚的兴趣，课余时间积极参加年级组织的英语演讲、默写单词、短剧表演、背诵课文、电影配音等比赛活动。

追本溯源，逆向法英语教学改革是为了培养学生自主学习能力，提高教师英语教学水平。所谓“逆向”是指“逆急躁浮躁，主张踏踏实实；逆凭空的强化和提高，主张打牢基础；逆纯应试教育，着眼综合能力；逆学习中的苦恼，乐在英语中”。基于这样的指导思想，学者钟道隆先生提出了“从最基础的地方做起”，“不可一词无来历，不可一词不讲究”，“力求词词懂，句句通”等学习英语的基本要求，并由此提出“听、说、读、背、想”五法并举提高听力，进而促进英语整体水平提高的基本主张。

通过近两年我们课题组教师的努力，学生英语成绩逐年提高，实施逆向教学法教改实验其成果体现在：英语教学水平和学生英语成绩都有所提高，以致取得了我院03级四级一次通过率和毕业前的整体通过率均在联大各学院名列前茅。

六、实验教学总结—培养聪明的学习者

我们想要强调的是传统的大学英语课堂教学忽略了语言的学习主要依赖于“实践”，没有“实践”，任何人的语言能力都无从获得。

当然学生的“实践”离不开教师指导，通过怎样的方式指导语言的实践能够得到较好的结果是广大英语教育工作者所关心的一个话题。通过传播语言知识的传统方式无疑是不现实的，因为就英语而言，即便是常用词汇就至少上千，而句型、篇章则更是变幻无穷，如此大的知识量是绝不可能像传授数理化公式那样就可以基本解决问题的，因此传统的“逐词、逐句地讲解和分析”带来的只能是沉闷的课堂和学生学习兴趣的流失，因为在这样的课堂里学生很难得到成就感。

我们知道聪明的学习者会为自己设置更为明确的学习目标，使用更多的学习策略，对学习过程有更多的自我监控，而且更系统地根据自己的学习结果来调整所投入的精力。为了使更多的学生成为这样的学习者，我们就必须想尽办法首先使他们了解更多有效的学习方法，并且在课堂教学中指导他们运用这些方法，使他们产生成就感，之后再通过课堂内外教师及自我的监督，使他们自觉地运用这些学习方法，并逐渐具备判断自己学习成果的能力，最终能够做到根据自身情况调整学习的方法及步骤。这也正

是本次实验的初衷：培养更多聪明的学习者。

注：本节根据史杨、戴立黎，培养自主学习能力，全面提高英语教学水平［C］.（《英语教学研究与实践》现代教育出版社，2009 年 7 月）编写而成。

第六节　价值观教育——《学会做事》课程实践

本节通过阐述《学会做事》课程开设的背景、操作理论与实践过程，论述了将 21 世纪新型价值观教育理念和教育模式溶于课堂教学实践的方法与效果。笔者认为新型价值观教育应注重教学内容的人性化，及其与社会实际的结合；注重教学方法的科学化，以及重视教育的内化过程。

一、课程背景

随着全球经济的发展与新技术革命的产生，以全球化、知识化、信息化为主要内容的社会变革给价值观教育带来了新的挑战，并提出了更高的要求，和谐社会的建设更需要劳动者具有良好的职业素质和个人修养。仅仅拥有知识贮备与生产技能，并不意味着能适应社会与职场的需求。1996 年德洛尔代表国际 21 世纪教育委员会所做的报告《教育——财富蕴藏其中》中首次提出现代教育的四个支柱：学会认知（learning to Know）、学会做事（learning to Do）、学会生存（learning to Be）、学会共处（learning to Live Together）。该报告对学会做事的概念进行了详细的论述。德洛尔认为学会做事并不是指使人具有从事某一特定的具体工作的能力，学会做事的概念不能仅仅囿于获取重复不变的知识、信息和实践方法。学会做事应该是获取包含社会行为能力、协作能力、首创精神和冒险精神在内的综合能力。

2005 年 5 月在联合国教科文组织职业技术教育和培训国际中心的大力支持下，由国家教育和价值观教育亚太地区网络组织编辑，全球各国专家共同参与编写的《学会做事——在全球化中共同学习和工作的价值观》正式面世。同时中国职业技术教育学会也敏锐的洞悉到价值观教育在当前职业教育中的重大意义，该学会学术委员会主任杨金士先生提出关注人、关注人的生存和发展、关注心灵的净化和觉醒，是以人为本的认识基点、价值基础和教育价值观。2005 年 12 月，中国职业技术教育学会正式启动职业教育中价值观和态度教育比较研究与实验工作。我校成为参与协作研究的院校之一，并于 2006 年 9 月开设《学会做事》双语选修课，正式进行该课程的教学试点。

二、课程理论与操作程序

传统的价值观教育通常是以教师为中心，强调价值观的传授但忽略价值观的内化和外显，然而后者往往是价值观教育最为关键的一环。美国学者安德鲁．歌瑞理（Andrew Greely）认为，通过传统的教育方法很难实现一个全面的人。“不能通过强迫（年轻）人背诵他们不理解、不喜欢的价值来发展价值，而是应该与他们去交谈，交换他们的问题，探讨他们自己的价值，最后找到他们心中的上帝。”

《学会做事》为价值观教育带来了全新的教学视野。其价值观的内容以人为本，将人的尊严和劳动的尊严作为核心价值观与基础引导学生寻求人与人、人与自然，人与国家、社会和谐共存与良性发展的个人价值观和工作价值观。同时，《学会做事》也为价值观课程的开展提供了可行的教学模式，即由联合国教科文组织职业技术教育和培训国际中心专家奎苏姆宾建议的四步循环教学模式：知晓、理解、评价和行动。这一教学模式符合品德形成的心理过程与条件。教育心理学认为个体品德的形成是个体自身与环境（包括社会舆论和教育等）相互作用下道德实践由被动到主动形成道德行为习惯的过程，这个过程主要包括：心理准备、道德信念的形成、道德意志力与道德行为习惯的培养等几个阶段。四步教学法的“知晓”是属于认知层面，在这一层面教师构建有意义的认知环境，营造适宜的认知氛围，激发学生的学习兴趣与思考，正是心理学中强调的心理准备，为更深入的学习打下良好的基础。“理解”是属于概念层面，在这一层面教师将学生引入具体的案例或价值观情景中，使学生对要学习的抽象概念有更具体、直观和理性的认识，正好符合价值观形成的第二阶段：即道德信念的形成。“评价”是属于情感层面，这一层面是价值观从认知、理解到内化为自律行为的关键，在这一层面教师通过师生互动参与的讨论，或其他的课堂协作任务引导学生形成正确的自我认知，这样形成的价值观通过了学生自我的思考、选择和强化因此会比直接传授使学生更容易接受，也更有效。最后一步是“行动”当然这是属于行动层面。这一层面不仅需要教师在课堂上提供或创造机会或模拟情景让学生对道德意志力进行强化从而培养道德行为习惯，同时还应布置学生课外完成相应的任务，不断对实践进行反思与探讨，让正确的价值观得到内化与外显。

同时《学会做事》中提出的四步循环教学模式也符合构建主义学习理论。四步教学法体现了教师指导下以学生为中心的学习，同时也包含了构建主义所倡导的学习环境的四大要素：情境、协作、会话和意义。在认知层面教师提供学习资源，创设情景，激发学生的学习兴趣，帮助学生形成学习动机。在概念层面教师组织学生进行探究和协作活动，在探索中去发现和理解。在情感层面和行动层面，教师组织讨论和其他的教学互动任务帮助学生形成自我认识并将价值观内化。

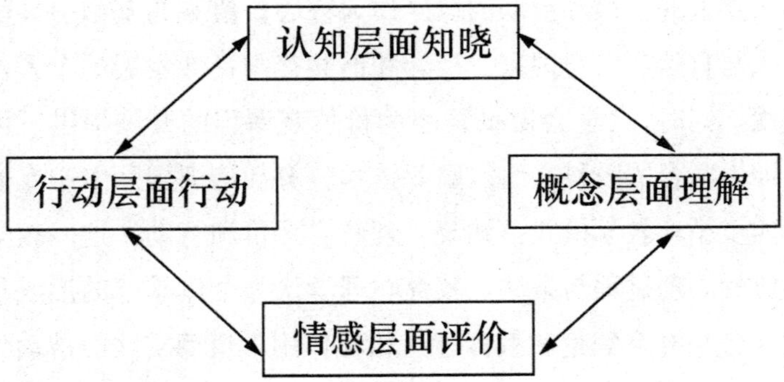

图1　四步循环教学法示意图

三、课程实践与评价

3.1　课程实践

在课程实践中除了遵循教材提供的四步循环教学法之外，结合教育心理学和构建主义学习理论，我形成了更加具体的教学手段与方法。同时，因为是双语选修课，还要将语言培训的内容纳入课程中。由于课程的定位是价值观教育，因此，我采取以价值观教育为课程的主体内容，而课程资料选择则以英文为主，课堂讨论与活动兼用英汉双语，鼓励学生用英语去获取信息与表达思想，这样就找到了课程的平衡点。具体教学步骤分为以下五步：

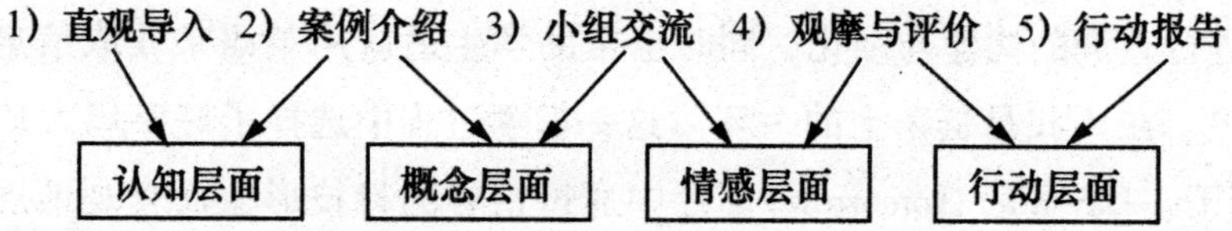

第一步用直观教具或资料巧妙引入话题，激发学生兴趣，并通过案例介绍提出问题或情景引发学生思考，这既是构建有意义的学习环境又是学习心理的准备阶段。例如：在“我是链条上的一环”这一课中，课堂一开始教师就让学生闭上眼睛，身心放松，倾听教师精心选择的“森林狂想曲”（Elves of The Night），曲终让学生描述听音乐的感受，几乎所有学生都谈到他们感受到清新的空气，清澈的湖水，以及森林里动物自由自在，人们在欢庆和在美好的环境中舞蹈等人与自然的和谐美景，同时又用多媒体打出如仙境般的自然风景画，当学生们在一周的繁忙学习中放松下来，突然接触到完全不同的课堂氛围时对他们的心灵撞击可想而知。这时便可顺理成章地引出本课所探讨话题“我是链条上的一环”的意义就是关于人与自然的和谐共存。

第二与第三步组织学生对某一案例进行分组讨论、记录并发言。这期间充分发挥学生的主观能动性，用宽容的态度对待不同意见，在相互讨论与质疑中得出正确的理解。这正是构建主义学习理论的协作、会话阶段，在这一过程中形成道德认识与情感。仍然以“我是链条上的一环”这一课为例。教师为学生提供的案例是当时在北京电视台北京经济报道栏目里热烈讨论的话题——打狗控制狂犬病的问题，并从网上下载视频。当学生们看到成千上万只家犬被扑杀，看到曾经给我们带来多少快乐的宠物狗含泪倒在血泊之中的时候，都受到极大的震动，还有的同学伤心得流泪。关于人与人，人与动物与自然如何和谐共处的话题在学生中展开了激烈的讨论。为了激发学生多元化的思维，教师让学生用图画来表述人、人群和自然界的关系。学生的表现让人惊喜，他们能很好地运用或具体或抽象的图画来表达对宽容、理解、珍惜、关爱等价值的认同与深刻理解，同时也对人类的可持续发展进行了深思。

第四步观摩与评价。主要通过给学生播放英文大片的片断进一步对价值观进行直观的构建与强化，同时也帮助学生适应用英语来获取信息与表达思想。在“我是链条上的一环”这一教学过程中选择了好莱坞大片“后天”（The Day after Tomorrow）。片中通过精彩的特技形象而直观地展现了人类对环境的破坏可能带来的可怕后果。观摩之后再让学生进行评论，往往他们会发现以前看电影时没有认识到的东西，并让他们感受颇深。

最后一步也是教学中最难的一步，就是如何让学生将道德观念转化为道德行为，或者是如何监控学生的行为。我们的办法是让学生自我监控与行为汇报，时刻抓住教学时机不断提醒学生自律，目前还在试验阶段，随着课程的深入，我们会做一些追踪调查，努力探索出有效的方法。

3.2 课程评价

价值观教育的课程评价是以学生心理与行为的转变程度的评价为核心的，但目前行为转变的监控和调研还没开展起来，因此，该课程的评价主要来自心理层面的。当然，心理测量是抽象的，不可视的，难以捕捉的，所以我们采取的形式是学生的自述汇报。虽然，学生的自述是主观的，但至少我们能通过他们的文字看到正确的价值观得到了学生的认同，这同样标志着价值观的形成，通过学生的自述和课堂反应来看课程实践取得了初步的成功。

以下摘自学生的学期论文：

有人说成功需要金钱与权力，也有人说成功需要勇气和魄力，更有人说成功需要雄心壮志。然而，真正意义上的成功需要尊重与包容，尊重是基石，包容是关键。(高伟《论尊重与包容》)

实现人与自然和谐稳定的发展不仅需要外在的法律强制，更需要我们的良知和内在道德……（王园园《我是链条上的一环》)

在学会做事的选修课上，我们学习了许多知识。老师用丰富的话题带领我们走进思维的殿堂，并且用一部部感人肺腑，引人深思的电影，使我们学到了更多道理。（戴安娜《保护环境就是保护人类自己》)

学会做事这门课程，为我们带来了不仅仅是几个短短的做人原则……，它潜移默化的教授我们如何真诚地对待他人，勇敢地面对困难，如何更好地完成自己的工作和学习任务，如何成为一个真正健康的人，这些问题曾经与我们擦身而过，我们并没有注意过它们。……(赵微《影片给我的收获》)

四、结论

黄炎培先生曾提出："仅仅教学生职业，而于精神的陶冶全不注意"，是把一种很好的教育变成"器械的教育"，只能是改良艺徒培训，不能称之为职业教育。职业教育的目的不是"制器"而是"育人"。价值观教育一直是教育的核心和灵魂，在新时代当我们面对更多的挑战时，开展好价值观教育有着更加重大的意义，尤其是我们师范院校，如何在师范教育中开展价值观和态度培养是一个新的课题，通过我们就《学会做事》课程的实践探索，和在价值观教育内容及模式的改革方面所做的初步研究结果来看以学生为中心、注重教学过程的教学方式和培养学生个性发展将是价值观教育发展的新方向。

注：本节是全国教育科学“十一五”规划教育部重点课题《职业教育中价值观教育的比较研究与试验》(课题批准号：DJA060170）的子课题《价值观和态度培养在师范教育中的地位和作用》的阶段性研究成果。根据郑静、戴立黎，价值观教育课堂教学模式—《学会做事》课程实践［J］．(《新课程导学》2008 年第 7 期）编写而成。

第四章

英语语言技能培养研究与实践

第一节　影响语言学习的负迁移因素及其防治措施

学习负迁移对学习所产生的负面影响严重阻碍了学生的学习，为了解决大学英语教学中经常出现的知识负迁移现象，本文就大学英语学习中四种负迁移现象的主要原因进行了分析，并对如何在大学英语教学中防止和减少学习负迁移问题提出了建议和防治措施。

一、学习迁移

学习迁移是指先前的学习对以后学习的影响。迁移从作用分，有正迁移和负迁移。根据学习理论，指在一种情境中学会了的东西有助于另一种情境中的学习，即先前的学习对以后的学习影响是积极的，起促进作用的，称之为正迁移。反之，在一种情境中学的东西，干扰在另一种情境中进行的学习，也就是先前的学习对以后学习的影响是消极的或阻碍性的，则称之为负迁移。

现代教育研究表明，影响学习效果的因素是多重的。学习者因素，如学习方式、学习目的、学习态度、学习动机、智商、性格等都在不同程度地影响着教与学的效果。研究发现，第二语言习得过程中的错误很多来源于负迁移，也就是母语对外语学习的干扰。

对语言迁移理论的探讨有利于对外语教学和外语学习过程的深入研究，使我们清楚地认识到外语学习过程中语言错误的类别和取向、语言学习障碍的原因、语言与环境、社会及文化等方面的关系。从而指导教师在外语教学中培养学生如何学习外语，分析问题和解决问题，如何发现错误和纠正错误，帮助学生利用正迁移，克服负迁移。大学英语教学中经常出现知识的负迁移现象，这给教学带来很大障碍，直接影响着教学质量的提高，因此教师在教学中有必要找出防止和减少这种不利因素的办法。

二、影响二语习得的负迁移现象

研究语言习得负迁移现象可从词汇迁移、语法迁移、语用错误和文化因素等层面进行探讨，而笔者从多年教学实践中总结出如下因素。

1. 本族语的影响

语言迁移，特别是母语迁移是指母语文化定势或语言形式对中介语使用者的语言生成过程或结果所产生的显性或隐性的影响。学习的迁移并不是自动发生的，它受制于许多条件。以美国心理学家 E. L. 桑代克为代表的共同因素学说认为发生迁移是由于两种学习情境有共同因素，即两者在刺激与反应方面有相同或类似之处。两者学习情况的共同点越多，则前一学习越对后一学习发生迁移作用。学生在学英语时，习惯把英语的单词或词组与汉语的某个单词或词组机械地等同起来，按照汉语的思维方式去考虑英语的表达方式，如将“拍某人的肩膀”写成 pat one's shoulder，“为人民服务”说成 serve for the people，“和某人订婚”译成 engage with somebody，或者写出 I have come here five days. 之类的错句。再有汉语没有主谓一致或动词时态的变化，因而学生在翻译句子时常在这方面出错误，这些都是学生受本族语的影响，而没有注意英语单词含义及表达方式的用法而造成的。

上述例子表明母语的负迁移是母语对第二语言学习的干扰，是母语对学习外语所起的阻碍作用，这种负迁移的影响使目的语的学习产生困难。

2. 新旧知识混淆不清的影响

新的学习总是以原有的学习为基础，原有的学习可能促进也可能干扰后继的学习。在语言习得中，先前的学习对后继学习的影响产生顺向迁移，但有时后继学习也会影响先前的学习形成逆向迁移。在学习过程中，学生往往从已有知识出发，去认识、理解当前的事物，当新旧知识混淆不清，不能辨别其间之异同时，就会产生负迁移。一方面，由于新知识不牢固，就容易受到旧知识的干扰。如学生在学了 have sth. done 这一结构后，常常写出 I haven't my hair cut yet. 或 Where have your hair cut? 之类的错句。在学了 if 条件句在虚拟语气中表示过去、现在、将来三种时态的形式变化后，有些学生不注意这几种变化仅仅用于虚拟条件句，其它真实条件句并不适用，结果把真实条件句和虚拟条件句混淆不清，造成虚拟语气形式到处滥用。上述两类错误前者是以前学的 have 作为“有”动词的用法干扰了后学的 have 作为助动词用法造成顺向负迁移。后者是虚拟条件句的用法干扰原先所学的真实条件句中的时态用法而造成的逆向负迁移。

因此，教师在教学中应当引导学生辨别新旧知识的一致性与差异性，分清两者的界限，这样就能使学生增进对新知识的理解和巩固程度。

3. 思维定势的影响

思维定势在学习新知识或解决新问题时的作用就是过去习得的经验对当前学习活动的影响（章志光，1984：217）。一般说环境不变的条件下，定势使人能够应用已掌握的方法迅速的解决问题；而在情况发生了变化时，它则会妨碍人采用新的解决办法。学生在英语学习中常会受到思维定势的影响。如在掌握了主谓一致和名词单复数的概念后，认为 a number of students 做主语时其后谓语动词必定用复数，因学生是可数名词复数形式，形成一种思维定势。一些学生在 the number of the students 做主语时，后面谓语动词也用复数形式，写出 The number of the students in our class are forty. 的错句。由此可知，当新的学习内容与先前所掌握的内容不是同类，有变化或相似时，定势就可能干扰新的学习，对迁移起阻碍作用。这就是定势对学习迁移产生的消极影响（伍新春，1998：109）。

事实证明，学生形成思维的习惯定势有时会阻碍新问题的解决，影响新知识的学习，从而导致负迁移。教师应在课堂上给予适当的提醒和指导来帮助学生克服受定势的影响所产生的消极因素。

4. 知识细节遗忘的影响

好多学生都能记住他们所学过的主要词组的搭配和句型结构的使用，但在应用时，对有无介词、冠词和特殊用法的细节记不清楚，这就造成书写时错误不断出现的主要原因。如一些学生只记得“使某人做某事”have sb. do sth. 这一结构应该用不带 to 的不定式作宾语补足语，而忘记了在被动语态句子中就必须加上不定式符号 to 了。再有一些学生只记得 suggest 后面的从句应用 should + 动词原形的虚拟语气形式，却忘记了 suggest 作“暗示”、“联想”意义时，其从句谓语动词并不用虚拟语气，以至在做题时一律将 suggest 后的宾语从句用作 should + 原形动词，出现 The expression on her face suggested that she should appreciate my being so patient with her. 这样的错句。这都是学生对已学过的知识细节记忆不牢所造成的负迁移现象。

三、教学中负迁移现象的防治措施

学生在学习过程中，迁移现象之所以存在，是因为客观存在的事实是相互联系而又相互制约的，所以学生头脑反映客观事实的知识和经验及由此而形成的学习能力等也必然是相互联系、相互影响的。教师要提高教学质量，使学生准确熟练地掌握知识与技能，在教学中就必须尽量防止知识的负迁移。那么，外语习得过程中怎样发挥积极的促进作用，而防止消极的作用是外语教师教学中值得探讨的问题。

1. 改进教学方法，合理编排教学内容。

更新观念，改革教学方法，在实践中不断更新知识，顺应发展是外语教学的需要。教师在课堂教学中应多创设问题情境，培养学生提出问题的能力，发挥学生学习的主动性，有意识地帮助学生掌握每种思维方法和培养逻辑思维的能力，提高学生的语言表达能力。教学的主要任务应在于使学生的感觉、知觉转化为概念，用概念构成思想并以言语的形式加以表达，进一步还要使学生学会把思维用于实际，使机械的、抽象的知识上升为具体的知识。学生在这个过程中既掌握了知识，又发展了能力。为了达到这个目的，在教学中教师应把生动直观、抽象思维和实践合理地结合起来，也就是把言语的、直观的和实践的、归纳的和演绎的、学生独立活动的和教师指导的各种教学方法合理地结合起来。教师只有认真钻研大纲和教材，加深对教材特点的认识，采用与之相适应的方法，才能变被动为主动，掌握教学的主动权。

2. 注意新旧知识的联系，加强对比分析。

旧知识对新知识的负迁移，多是由于新旧知识之间有些相似之处所引起的。因此教师在教学中要多引导学生进行对比分析，揭示新旧知识之间的联系与区别，用以旧带新、新旧对比的方式进行学习迁移。笔者在教不同词性的用法时，常将不同词性的词组归纳在一起进行对比分析。如：succeed in doing sth. / be successful in doing sth. / make (great) success in sth. / do sth. successfully 等。再有用学生早已熟知的 order sb. to do sth. 句型归纳出

He ordered us to send the books at once.

He ordered the books to be sent at once.

He ordered that we (should) send the books at once.

He ordered that the books (should) be sent at once.

教师只有通过例句对其进行分析对比，边讲边练，才能使学生真正掌握好这一结构的用法。因此，教师在教学中应当引导学生辨别新旧知识的一致性与差异性，分清两者的界限，这样就能使学生增进对新知识的理解和巩固程度。

3. 利用多种可迁移的情境，加强复习与练习。

在教学中，增加所教的东西和希望学生可以应用的情境两者之间的相似性，将有助于学生受到启发而进行学习迁移的尝试。此外为了便于学生了解在哪些情境中可以应用所学的原则，在教学中为他们创设一些特定的情境，使学生能够在其中得到尽可能多的机会来应用所学的原则，这样也会使学生在实践中获得更多迁移的练习与经验。英语课是一门实践性很强

的工具课，要使学生准确熟练掌握所学的知识，教师必须采取多种形式对学生进行听说读写的训练，针对学生由于负迁移而易犯的错误，就某些专项可采用强化性、对比性、选择性等练习对学生进行训练，让学生通过练习提高分析判断能力，以便有效地防止学习的负迁移。

复习与练习不是独立的教学形式，而是贯穿于多种教学形式的教学方法。教师引导学生经常重温已学过的知识可以强化已得到的知识，使之巩固、加深、系统化。复习和练习活动进行得越经常、越系统，所学语言知识保持率就越高，语言的应用也就越顺利。同时对旧知识深入复习，能使模糊的表象和概念变得清晰与精确，有利于建立新旧知识的联系，达到“温故而知新”。

4. 加强目的语的文化输入，减少跨文化的语用失误。

文化干扰对英语学习有着很大的影响。而文化差异引起语用失误基本已成教学界的共识，我们在教学活动和教学实践中，应探讨如何在教学中导入文化因素，帮助学生最大限度克服语用失误，提高教学水平（戴炜栋，张红玲，2000）。教师要使学生清楚地认识到，有时虽然英语交际中使用了符号关系正确的句子，但说话不合时宜，或者说话方式不妥、表达不合习惯等，均有可能是违反了人际规范、社会规约，或目的语特有的文化价值观念，致使语言交际遇到障碍，导致语用失误现象。

首先，课堂教学我们应利用好教材，大学英语教材中众多课文均含有丰富的西方文化背景知识，或者与西方文化背景知识有密切联系的、为我们进行跨文化交际培养提供的很好素材。我们可以把文化知识渗透到具体的词汇教学和篇章教学中。其次，指导学生进行课外阅读，跨文化背景知识的内容十分丰富，涉及生活的各个方面，教师不可能在课堂上谈及所有的文化背景知识，因此可以有选择的向学生推荐一些介绍英语语言国家社会背景知识的优秀书刊，这样的语言输入活动对语言文化知识的获得是个很好的补充。简言之，为了避免言语行为和理解目的语的言语行为受母语文化和思维的影响，教师只有加强对学生的文化背景知识的渗透，培养学生的跨文化交际意识，使学生在掌握语言知识和交际技能的同时，了解所学语言的社会文化涵义和社会文化背景，熟悉其民族的心理特点、思维方式，价值观念，审美情趣、宗教信仰等，才能减少因文化障碍因素造成的语言障碍现象。

总之，迁移现象之所以存在，是因为客观存在的事物是相互联系而又相互制约的，所以头脑反映客观事物的知识和经验及由此而形成的学习能力等也必然是相互联系、相互影响的。语言负迁移现象的探讨有利于对外语教学和外语学习过程的深入研究，使我们清楚地认识到迁移在学生掌握知识过程中具有重要意义。通过分析外语学习过程中语用错误类别和趋势、语言学习障碍的原因及社会文化等方面的关系，从而指导教师在外语教学中培养学生如何学习外语。另一方面，学生学习新知识，解决新问题时，总离不开已有的经验，因此在英语教学中必须利用已有知识和经验，使之起积极促进作用，产生举一反三、触类旁通的正迁移作用，而设法防止负迁移。教师要在掌握有关学习迁移的理论及其影响因素的基础上，充分应用迁移规律，积极促进学生的有效学习迁移，帮助学生利用正迁移，克服负迁移。

注：本节根据戴立黎，影响语言学习的负迁移因素及对策探究［J］．（《高校外语教学与研究》2011 年第一辑）编写而成。

第二节　大学英语教学中的口语教学

本节从语言学习规律的需要、促进语言知识和应用的结合、促进输出完成学习的全过程、有助于培养语感，形成用外语思维的习惯和促进其他技能的发展五个方面，论述口语教学在英语学习中的重要性。

在语言交流中“说”是一种最直接、最便捷的方式，口语表达能力是英语学习重要和基本的技能之一，也是语言运用能力的一个标志。它不仅应是语言学习的基础和起点，而且应伴随英语学习的全过程。然而，在第二语言的学习环境中，培养说的能力尤其困难。原因何在呢？自从四、六级统一测试推广以来，每年约有一千多所大学中一百多万人参加考试。近年来四、六级考试合格证书已成为毕业生应聘的必要条件之一。但手持这种合格证书者并非都合格，他们中不乏存在“半哑巴”、“半聋子”，甚至有的缺乏基本的实用英语交际能力。

一、语言学习规律的需要

语言本质是有声的，它是供人们交际的符号系统和书面语言辅助系统。语言习得理论早就证明，人类语言习得首先是从语言的声音和表达中获得。在交流过程中通过听和读来获取信息；通过说和写来传递信息；通过翻译来沟通信息。因此听、说、读、写、译五种技能在语言交际过程中是相辅相成的，缺一不可。

让我们试比较一下《大学英语教学大纲》[文理通用]。从下图所示我们获得两种大纲对“说的能力”的要求有所不同，原教学大纲在听、说、读、写四种语言能力的要求方面，修订大纲已增加了写的能力这一项。另外“说”的位置也发生了变化，从原大纲的读、听、写、说的能力修改为读、听、说、写、译的能力。说的能力从最后的位置排到了写、译的能力前面，这说明语言的输出能力日益受到了重视。

表一　试比较《大纲》对四、六级“说的能力”的要求

原大纲（文理通用）4/1986	新大纲 1998
基础阶段（一至二年级）基本要求（四级）：能进行简单的日常会话。能就教材内容进行问答和复述。	（四级）：能就教材内容和适当的听力材料进行回答和复述，能用英语进行一般的日常会话，能就所熟悉的话题经准备后作简短发言，表达思想比较清楚，语音、语调基本正确。
基础阶段较高要求（六级）：经过准备能就课文内容或某一问题进行简短发言，基本能表达思想。	（六级）：能就教材内容和一般的听力材料进行问答和讨论，能就一般的社会生活话题进行简单的交谈、讨论和发言。表达思想清楚，语音、语调基本正确。

教学大纲的修订具有科学性。从人类语言的历史看，是先有口语后有书面语。从人类学习语言的过程看，儿童是先从听和说开始，进入小学后才开始读和写。可见人类学习语言的自然过程必然是从口语到书面语。

综观现代外语教学法各主要学派，如“直接法”、“听说法”、“自觉实践法”、“交际法”等，我们会发现它们有一个共同的特点，那就是强调口语训练在外语教学中的重要性。

二、促进语言知识和应用的结合

Long（1981）与 Krashen 一样认为可理解输入产生习得。口语教学的重要目标是提供可理解输入即略高于习得者现有的语言水平的第二语言输入（i+1）促进习得。根据输入假设，语言的习得是建立在理解所交流的信息的基础之上，因此在教学过程中要侧重信息内容而非形式，最好的方法是把语言视为信息载体而非有意识学习的对象。

而目前的大学英语教学模式注重语言知识的传授，即把英语作为一门知识课程来传授，把课文分解成孤立的语言点，对语法、短语、词汇等举例讲解，保证学生理解所学内容，此教学模式培养的主要是接受性技能（听、读，即 input）；而对实践性强的产生性技能（说、写，即 output）尚未引起足够的重视。H. E. Palmer 在《语言学习原理》一书中指出：“语言学习像所有与学科不同的其它艺术一样，是形成习惯的过程”。熟练地理解语言结构是通过把语言学习视为科学去研究理论获得的，而熟练地使用语言则只能是完善地形成习惯的结果。没有一个外语词或词组可以在我们能够自动化使用不经自觉分析而理解意义，毫不犹豫和自觉综合地表达之前就被“领会”或“掌握”理解所学内容和熟练掌握所学内容之间存在着很大的一段差距，只有靠大量语言实践，特别是口语实践才能跨越这段距离，掌握所学内容形成语言习惯。口语教学可为习得者提供足够的接触语言的机会、相互作用的机会、被迫输出的机会以及提供有利于习得的环境。总之，口语教学是改变目前语言知识与语言运用脱节现象的一种行之有效的方法。

三、促进输出完成外语学习的全过程

英语教学是一种师生互动的交际形式，没有互动的交际活动就不是一种健康的语言学习环境，因为没有输出就无助于语言的习得。在交际过程中人们通常采用“交互修正理论”（Long，1981）即在交际过程中为了避免可能产生的不理解或误解，双方互相沟通，信息接受方对不解之处提出疑问，信息输出方则对自己的信息表达形式不断地修正，如用同义词替换、用近义词解释或直接用简单的语言表达方式等，以达到交际顺利的目的。Long 指出，使得输入变得可理解的重要途径就是在会话交互中不断相互协同，对可能出现的理解问题进行交互修正。

外语学习是一个认知的过程，它需要经历认识、理解、掌握和运用这样一个过程，即从输入（input）到输出（output）的过程。如上文所及，在英语学习中听和读侧重了信息的吸纳，说和写侧重了信息的表达，而语言的运用过程则包括了信息的储存和信息的表达，两方面缺一不可。

口语是英语作为语言应用的基本技能之一，根据语言学习惯性即“先说后写”，口语也是人们普遍应用的技能之一。输出是英语习得中不可缺少的一个环节；而会话交流则是一简单的交际方式，从而可促进输出。

四、有助于培养语感，形成用外语思维的习惯

精通外语的人在交流中既可立即领会对方想表达的概念或事物，也能正确地运用所学语言表达自己的思想，这就是外语语感和外语思维在起作用。而我们的学生普遍存在着脑子里想的是中文句子，嘴上说的是英文句子。也不乏有学生把“这是我应该做的”说成“It's my duty.”这说明学生还处在中文思维的范畴内，他们缺少根据具体的语境正确运用语言的训练。从理论上分析，虽然学习记忆语法书上的规则和词语方面的知识有助于语感的形成，“但仅仅依靠知识本身永远不能导致语感的形成，没有语言实践它们依然只是学纯词语的、理论的或抽象的知识（朱纯，1994）。”由此可见，口语实践活动对于培养学生的语感是必不可少的，只有经过大量的口语实践才有可能形成迅速听懂词语意义的能力以及选择恰当词语口头表达自己的思想的能力。

表二 因缺乏语感而出现的错误

正	误
It's my pleasure.	It's my duty.
If you don't go to see a doctor at once, you will die.	If you don't go to see a doctor at once, you could die.
"Shall we meet at 6：30?" "That would be fine."	"Shall we meet at 6：30?" "Well."

然而，在英语习得中，用外语思维被认为是一种很高的境界。思维只有在语言的基础上才能产生和存在，因思维活动而产生的思想也要通过语言才能表达出来。由于英语和汉语是来自不同的两个国家和文化的语言，他们的语音、语法、词汇和习惯用法都含有很大的差别，因此这两种语言的思维内容也有很大的差别。而中国学生不习惯于这种差异，往往用汉语思维来表达英语意义形成 Chinglish。研究人员指出："思维过程和语音器官的肌肉活动是不可分离地联系着（高华年，1983）。"因此口语训练可以帮助学生逐步转向用外语思维。在口语实践中，说话人把思维的结果用语言表示出来，得到验证，并及时纠正不能准确表达意思的语言形式，这又促进了外语思维的能力。大量的口语实践可以使学生养成用外语思维和交流的习惯。外语思维和语感不愧是用外语流利表达思想的先决条件。

五、促进其它技能的发展

听和说都属于口语技能实践，听应该开始于说之前。学生通过听，可以大量地接触英语语言，之后便可以进行口语能力的训练。此时学生不是被迫说话，而是因为他们已有大量语言储备，开口说话、表达思想、进行交际成了他们自己的愿望，也是大量听的必然结果。而且有的不少的语言习得理论都证明了儿童学说话的过程是先听懂然后说话，同时也证明了人的大脑功能决定了理解在复用之前。有人曾经这样总结听和说的关系："说可以看成是听的能力的一面镜子，他们需要同样的语言知识和文化知识。听懂、理解得越多，使用的范围越广，口语能力则越强。"因此我们的语言教学也不应违背这些规律。

在大学英语教学中，加强学生口语能力的培养对提高学生的语言能力和交际能力是十分必要的。但是由于目前各大学英语教学时数有限，不可能像为专业英语的学生那样开设口语课。可是口语训练不一定非要在口语课上才能开展，在精读、泛读、听力和基础写作课上都可以结合所学内容进行口语练习。调动学生口语学习的积极性和主动性，随时随地注意为学生营造一个好的英语语言环境，尽力调动引导他们在课内外进行大量的口语实践，使他们的外语能力得到全面的发展和提高。

注：本节根据冯玲、戴立黎，口语教学在大学英语教学中的地位［J］．（《山东外语教学》2004 年第二期）编写而成。

第三节　英语口语教学实践

国内外外语教学界的理论研究表明，外语教学的最终目的是培养学生具有在不同场合与他人进行口头或书面交流的能力。语言能力可分为语用语言能力和社交语用能力（Leech G. Principles of Pragmatics［M］. London: Longman，1983）两种。前者以语法能力为基础，涉及语言的使用规则，它不仅包括使用语法规则正确遣词造句的能力，还包括在一定的语境中正确使用语言形式以实现某一交际功能的能力。社交语用能力是指遵循语言使用的社会规则进行得体交际的能力，是更高层次的语用能力。由此可见，培养学生的语用能力应该是外语教学的重点所在。当今以英语为媒介的对外交流日趋广泛，外界环境对学生英语能力的要求越来越高，如何利用课堂提高大学生的口语能力，是大学英语教学迫在眉睫的任务。

一、学生口语能力现状

英语口语的教学和研究一直是我国英语教学的弱项。经常会有这样的想象，在口语课堂上，由于学生成都参差不齐，个别水平较高的学生滔滔不绝，往往垄断课堂；大多数学生只是被动而生硬地回答老师的问题，或机械地完成课堂活动；个别学生由于口语太差，加上自卑心理，干脆保持沉默，无法与老师或其他学生配合，完成课堂活动。从语言表现形式来看，有的学生虽然能用英语进行简单的交流，甚至有的自以为能畅所欲言地表达观点，但对话题只是泛泛而谈，缺乏深度，内容浅薄，逻辑性较差，更缺乏在特定场景下进行系统、连贯发言的能力，缺乏必要的口语表达技巧和策略，不能有效地克服交际中的某些心理障碍，完成特定环境下的口头交流。这些都反映了学生在整体交际能力、应变能力等方面需要系统、规范和严格的训练。

众所周知，提高口语能力绝非一日之功，如何在有限的课堂时间内最大限度地调动学生的积极性、提高其口语水平，是摆在英语教师面前的一个非常艰巨的任务。

二、英语口语教学实践

1. 教材与教案

在口语教学之前，教师应根据教学目标、教学要求和教学计划等，对学习者和教学内容进行分析，制定相应的教学方案，选择适当的教学手段。为了实现教学目标，教师应选择比较适合学生实际水平的口语教材，力求取材广泛，语言规范，同时又具备社会性、真实性和可说性。在此基础上，着力开发一些适合本校实情、符合口语教学规律的教材。教材在语境上应具有兼容性，在语言水平上应具有层次性，做到既有助于培养具有不同专业背景学生的口语表达能力、又能适应口语能力培养的长期性，以便学生获得从一般对话、简单交流到进行复杂交流和公开演讲的能力。教师可以按照课本中的基本观点、基本句型和基本词汇创造出新颖别致的教学内容。

人们传统上认为口语教师基本不用备课，课堂上的活动主要教给学生，教师只需组织、引导和启发学生，实际上，由于教师角色的改变，口语教案的编写尤为重要。教案的编写主要建立在对学习者、学习需要和学习内容进行分析的基础上，它不仅包含口语教学内容的重点，还应包括所采用的教学活动的各个环节、具体实施方案及预期目标。与此同时，在对每一堂课进行设想时，都要充分考虑各个方面的因素和可能发生的各种情况，做到心中有数，以防患于未然。

2. 课堂活动模式

学生是口语课的主体，教学活动应以这个主体为中心。针对学生口语课课时少，班级人数多的现状，建议以小组活动为主的课堂活动模式。小组活动解决了班级人数多、联系时间少的问题，大大增加了学生课堂交流使用外语的机会。

（1）陈述对某一问题的观点与看法

这项活动主要让学生就一些问题阐述自己的看法，讨论的可以是学生感兴趣的话题，如校园生活、兴趣爱好、职业期望、时事评论等。题材广泛，内容多样，既符合学生的心理及年龄特点，也符合他们的学识水平和综合素质。在初期阶段，对大多数学生来说，要对这些问题进行当堂发挥可能有些难度，所以，教师可以把题目提前布置给学生，让其课下准备，这样不仅能使学生对语言的组织进行充分思考，做到言之有物，还能节省课堂时间，提高教学效率。

这个活动可以分为四到六人一组，要求各个组员阐述对同一个论题的态度和看法，自己报告完后，应给听众一些提问时间，了解听众的反馈，并对听众提出的问题做出回答，组员之间还可以进行辩论。由于大家在活动中各抒己见，因而可以达到相互借鉴、互相学习的目的。

（2）接话练习

大学生虽然具备了一定的语言能力，但很难把语言能力转化为语用能力，即把所学知识运用到日常生活中去，所以对某些语言点的复习与操练尤为必要。比如为了使学生进一步掌握虚拟语气的用法，可以设计以下练习，让他们充分运用思维能力与想象力完成语言活动。具体做法是：小组活动，每组六人左右，教师可以把要操练的句型写在黑板上，即：If I + 动词过去时，I would …。老师给出：If I had one million dollars，I would buy a big house. 第一个学生接着说：If I bought a big house, I would invite my friends to my house. 第二个学生说：If I invited my friends to my house, I would have a party in my house. 第三个学生可以继续：If I had a party, I would …，每人一句，依次类推，把这句话延续下去。这个练习没有限制，学生可以依据句型任意发挥，但要求在三到五分钟内完成。

实践证明，学生对这样的练习非常感兴趣，有极大的热情，充分发挥了想象力，使对话妙趣横生，生动活泼。最重要的是，每名学生都有同等的发言机会，使那些平时课堂上不太主动、不敢开口的学生找到了乐趣与自信，并得到了充分的锻炼。

（3）用英语释义

这个活动要求学生用英语对一些英语词汇进行定义，教师把要定义的词列在卡片上，然后交给某名学生，让其用尽量简单的英语来解释这些词，其余的学生则根据该名学生的描述猜测该单词对应的汉语。如要求用英语描述“survive”，可以这样：continue to live despite an injury, accident, illness or war etc. 还可以用举例法：For example, if someone did not die but remained alive after an air crash, that means he _ _ _ _ _ . 根据描述大家会很快想到“survive”这个词（时态、语态在此可忽略）。描述可以用各种方式，只要对方能理解并能说出其意思即可。实践证明，这个练习有一定难度，教师一定要给出一些简单、容易描述的词，使学生能较顺利地完成任务。这有利于学生养成用英语解释英语的习惯，进而培养学生用英语思考、解决问题的能力。

为了设计出量多质高的课堂活动，教师应善于观察，积极创造，从看似平淡的日常生活中收集适合当代大学生讨论的话题，让学生们在积极思考、主动输出的过程中掌握运用英语进行实际交际的能力。

3. 开展课堂口语活动应注意的问题

（1）注意变更训练内容和练习方式以保持课堂的鲜度。

无论多好的口语教学模式，如果一成不变，也会使学生失去兴趣和积极性，因此，教师应不断创设问题情境，通过变更训练内容和练习方式保持课堂活动的吸引力。各种训练形式交叉使用，能有效地活跃课堂气氛，激发学生参与口语活动的积极性，使学生形成良好的学习期待，更积极地参与课堂活动。

（2）设计恰当的讨论话题。

学习任务的难易程度能决定学生注意力的分配，任务难易适度有助于学生将注意力均衡地分配在意义与语言形式之间。同时，任务的趣味性也很重要。如果某个话题足以使学生产生很大兴趣，其情感过滤值就会随之降低，学生很自燃地关注所讨论的话题并努力用正确的语言形式进行表达。另外，用口语讨论的话题只有源于生活、贴近生活，学生才有话可说，有感可发。因此，教师要有意识地发掘新事物，捕捉新现象，通过加工整理，把它设计成贴近学生生活、足以使学生产生兴趣的话题。

（3）给出必要的关键词或常用句型。

虽然大学生已具备一定的英语语言知识，但因为其用以表意的语言形式储备不足，常常有话说不出，所以教师有必要给出和讨论有关的句型和词语。比如针对话题：What is the climate in your hometown？可以给出下列关键词：temperature，tropical，rainy，humid/damp，frigid，cloudy，foggy，freezing，chilly，whirlwind，typhoon，flood，hurricane 等。学生可以根据需要，选择自己用得上的词来回答这个问题。给出必要的关键词或常用句型，不仅能使学生有效地完成口语活动，还能拓展其视野，扩大其词汇量，可谓一举多得。

（4）创造良好的语言环境

在课堂上，教师应有意识地观察学生的心理活动，帮助学生树立信心，克服心理障碍，营造宽松的课堂气氛。好的语言环境是培养学生语言运用能力的有效辅助。另外，还应为大学生提供英语视听条件，如观看英语原版录像、电影；要求学生积极参与校内的外籍教师及外国专家的学术报告、专题讲座等。同时，也应要求学生经常收听英语广播、收看英语电视节目、阅读《中国日报》等英文报纸、参与英语角活动等，使学生不仅有大量的语言摄入，同时有机会在真实的语言环境中运用所学到的语言知识与他人进行交流。

三、对教师提出的要求

大学生口语教学对教师提出了很大的挑战，教师用的语言应具有思想性、科学性、逻辑性、规范性，又具有启发性、针对性和示范性。此外，语言流畅、生动有趣、语调优雅、语速适中，也是教师应具备的素质。一位优秀教师应该汇集各家的优点，即语言家的用词准确，教育家的循循善诱，演说家的能言善辩，艺术家的丰富情感。教师应不断拓宽知识领域，提高自身的口语水平、学识水平和综合素质，以适应时代对英语教师提出的要求。

第四节　阅读理解模式与阅读教学

一、阅读过程的实质

阅读是一个认知和言语交际的过程，也是极为复杂的生理、心理过程。美国的心理学家 Goodman（1967）认为“阅读是一种心理语言的猜测游戏”。这一猜测游戏过程的完成要求读者利用所掌握的阅读技能，领会作者通过语言符号表达的意图，使这些符号意义化，从而达到与作者的思想沟通。阅读理解活动不是被动的“刺激——反应”过程，而是人们主动接收和加工新信息的过程。阅读的过程实质上就是对语言信息的理解过程。它主要包括符号辨认和理解两个阶段，具体体现在如下四个层级：

1. 言语知觉层级

这一层级指读者对语言符号的视觉刺激做出语言信息组成单位的区别性视觉反应，辨认出单词、词组、句子和标点符号等语码表层结构，为下一层级活动的开展铺垫基础。

2. 词汇理解层级

在通过语言知觉形成语言表象之后，进行言语理解的首要任务是理解词的意义，即调用工作记忆寻找、发现储存在这个表象下面的关于词的语法和语义信息。

关于词汇检索和信息提取，Smito, Shoben and Rips 提出了语义验证行为的语义特征模式（feature model）（Innis, 1986：153）。他们认为，语义验证是通过恢复储存在记忆中的词汇语义特征表征（characteristic feature）的过程。如果比较项的定义特征和特性特征的相似性高度一致，那么理解是真实的，如果它们高度不相似，则理解是错误的。

3. 句子理解层级

在句子层级上进行处理言语理解、受到结构、功能和推理等因素的影响，因为理解是在所有这些方面相互作用的基础上进行解码的结果，这个解码的过程通常涉及如下三个方面的考虑：

（1）深层结构

句子理解的对象不是各个单词的字面意义，也不是句子的语法结构，而是它所表达的完整意义，即深层结构。深层结构简单地说就是句子的意义。在语言交际中，一个意义可有多个不同的表层结构。例如：

A）Peter tossed the meaty bone his hungry dog.

B）Peter threw the bone, which had meat on it, to his dog which was hungry.

C）The meaty bone was thrown by Peter to his hungry dog.

以上三个表层结构各不相同，但表示同样的意义，其深层结构可用几个简单具来表达：

a）Peter had a dog.

b）Peter had a bone.

c）The dog was hungry.

d）The bone was meaty.

e）Peter threw the bone to the dog.

2）语用功能

语言形式和交际功能之间并非存在一一对应的关系，同以表达形式可以实施不同的言语行为，执行不同的交际功能。例如，"It's cold here." 这个句子在不同的语境中可以表达如下不同的言语行为：A）陈述一个事实（客观说明这里气温的情况）；B）表达一个请求（天气冷，而门窗却敞开着）；C）提出一个建议（这里冷，不妨换一个地方）；D）发出一个警告（这里冷，当心小孩着凉）；E）表达埋怨（这里气温不宜人），等等。

3）类比推理

语言理解需要关于现实世界的知识，并且进一步完善概念组织的表象。例如：She is sitting on a pony chair. 为了理解“pony chair”，读者需要将 pony 与 horse 相对大小的特征应和（mapping）到椅子上，才能得到 small chair 之意。一般认为，句子理解是一个在词汇、句法、语义和语用层次上相互作用的过程。

4. 语篇理解层级

这一层级是最高层次上的总体信息处理。Kintsch（1974）用实验表明篇章理解不仅以语义为基础，同时具有推理成分，理解作者的观点、意图、主题思想等深层语义结构。Van Dijk 和 Kintsch（1978）从篇章层次上分析阅读过程时认为，一篇文章的语义结构是从结构上对文章内容的再创造。篇章总分意思由宏观语义结构代表，局部内容或事件由微观语义结构代表。

读者具有一种长期形成的叙事性知识结构（schema），理解叙事文章的一般知识。阅读中读者的知识结构控制将文章原文转化为分等级的宏观语义结构。宏观语义结构代表了文章的大意并决定哪些微观语义结构与文章大意联系。这种代表关系被储存在读者的长期记忆中并转化为对文章的理解。

二、阅读理解的理论模式

阅读时发生在大脑里的一种认知心理活动，下面三种阅读理解模式解释了阅读的发生过程。

1. 自下而上的模式（bottom – up model）

这一模式的主要代表人物有 Gough，La Berge 和 Samuels 等。Gough

(1972) 认为，阅读是一个按顺序进行的线性过程。它从眼球注视印刷符号开始，被眼球感知到的视觉形象被输入大脑，大脑依次识别出字母、字母串、单词后，再将其转换成语音形式。当一个词被识别出来后，它便被放在初级记忆中。初级记忆像一座仓库，不断接受输入的单词，直到大脑根据句子的结构与内容确认该词的正确意义为止。

阅读理解实质上是一个解码的过程。作者用文字、符号，应用一定的语法规则把自己要表达的意思编成语码。阅读者必须把语码解释，从底或下层的字母和单词识别开始，逐步弄懂顶或上层的短语、分句、句子和语篇意义。按照这个模式，理解一个篇章依赖于对组成句子的词、词组和语法规则的理解，而对此的理解又离不开对字母的识别。

2. 自上而下的模式（top - down model）

这个模式的主要代表人物有 Smith 和 Goodman 等。Smith（1971，1978，1988）认为，推测是阅读理解的核心。Goodman（1966，1967，1976）认为阅读是一个选择的过程。在这个过程中，读者根据自己的预测，从感知到的信息输入中尽可能少地选择其中部分语言线索。在处理这部分的信息时，读者不断做出暂时性的判断，然后再阅读过程中不断加以证实、排除或完善。

按这个模式，读者不必使用全部文本中的提示，而是在文章中挑选和选择足够的信息来做出预测，用他们自己的经验和有关客观世界的知识去验证他们的预测。高校的阅读不是精确地感知和识别所有语言成分的结果，而是一种选择能力的结果。

3. 相互作用的模式（interactive model）

持相互作用模式的学者很多，主要有 Rumelhart，Stanovich，Adams 和 Perfetti 等。他们认为，在阅读过程中，人们运用两种方式进行信息处理，一种是自下而上的方式，另一种是自上而下的方式，无论在哪一个阶段、在哪一个层次里，两种信息处理的方式总是同时进行交替出现的。自下而上的信息处理保证读者能发现新的信息和发现与自己假设不同的信息；自上而下的信息处理帮助读者消除歧义并在可能的意义方面做出选择。因此，阅读的过程是读者大脑已存在的知识和文章的信息相互作用的过程。人们大脑存在着的知识成为背景知识，这种知识的结构又称图式。于是，相互作用模式也成为图式理论模式（schema theory model）。下面这个例子说明了图式理论模式是怎样在阅读过程中起作用的。

Mary heard the ice cream man coming down the street. She remembered her birthday money and rushed into the house…

按照图式理论模式，读者一般会这样去理解：短文叙述一个热天发生的事。很可能玛丽是个小孩。她听到卖冰淇淋的小贩到来，便想吃冰淇淋。因为买冰淇淋要钱，于是她跑回屋子里去拿过生日时得到的钱，以便买冰淇淋。虽然短文并非明确地表达这种意思，但是文中的某些词语激活了读者头脑中有关图式去这样理解。如果短文接下去的句子是“…and locked the door.”意思便大不一样了。原来的理解需要修正，激活另一种图式，以便使短文的意思前后一致。重新激活的图式很可能是“玛丽害怕卖冰淇淋的小贩会进屋偷她的钱或其它理由”。

三、阅读理解模式对阅读教学的启示

阅读理解理论模式从心理和认知方式上解释了阅读理解的本质属性，它们对阅读教学具有普遍指导意义，尤其是对我国大学程度的英语阅读教学更具有启发性和现实意义。

首先，Stanovich（1990）指出，一个流畅的读者因其语言能力强阅读技巧已达到娴熟的程度，不必有意识控制理解过程，也不必调动大部分注意资源即可顺利地完成理解的全过程，也就是说流畅的读者已达到较高的自动化程度。许多学者认为理解过程中字词检索自动化是流畅读者必备的能力之一。要达到像母语阅读一样的自动化程度，ESL 读者必须掌握 4 万左右的单词（Nagy & Herman，1987），而我国大学生基础所掌握的词汇在一万以内，在阅读理解过程中常常会被生词“绊”住，不能既快速又准确地辨认字词，理解自然不能自动化地顺利进行。可见，加强扩大词汇量教学显得十分必要。但是，在课堂内直接教授 4 万多个单词是远远超过 ESL

学习者和教师承受能力的，这就要求阅读教学中重视构词法分析、利用上下文线索猜测词义、快速准确地进行词汇检索和科学记忆词汇等技巧的培养，以解决理解上的语言障碍。

第二，根据图式理论模式，读者的阅读理解能力由语言图式、内容图式和形式图式来决定。语言图式指读者对阅读材料的掌握程度，内容图式指读者对文章涉及的主题熟悉程度，而形式图式指的是读者对文章体裁的了解程度。在三种图式中，语言图式是内容图示和形式图式的基础，没有掌握相应的语言图式，读者就没有识别文章中词、短语和句子的能力，也不能利用文章提供的信息来调用相应的内容图式和形式图式，当然也谈不上对文章的理解了。但是如果我们对文章的词、句都明白，但没有掌握相应的内容图式或者虽然具有相应的图式，却不会调用，那么也会出现对文章不理解的现象。形式图式的掌握有利于我们按不同文章的体裁和结构去理解文章和记忆文章的内容。

一个人的大脑里的图式越多、越完善，在阅读理解是被调用的可能性就越大，就越有可能保证对文章意义的正确理解。因此，阅读教学中应注意加强英美文化背景知识的导入，以丰富学生有关现实世界的知识图式。

第三，虽然自上而下和自下而上模式各有其价值但相互作用模式对读者的不同情况比较全面地揭示了复杂的阅读过程。如果过分地强调自下而上的模式，就会使阅读变成一种被动活动，把主要注意力固定在解码、辩词的过程中，见树不见林，从而影响较高层次上的阅读理解；如果不恰当地强调依赖上下文和读者头脑中的图式又必然会忽视词汇和语法结构等语言知识的教学。因而，应当提倡图式理论模式指导下的整体法（global approach）阅读教学，即引导学生在阅读中着眼于语篇的较大语言单位，以理解总体意义为出发点过渡到理解局部细节（Grellet，1981）。

第四，自上而下的模式强调读者积极地、主动参与作用，有意识地结合自己的预测在文章中找出有关的信息，进行推理、验证自己的预测，寻求意义的正确理解。所以，阅读教学中还应注意培养学生在文章中寻找线索进行预测和对预测进行验证、修改的创造性思维能力。扩散思维和集中思维是创造性思维的基本成分。阅读理解要经过扩散思维和集中思维两个过程，前者是理解的手段，后者是理解的归结。集中思维把扩散思维所产生的各种概念、命题进行分析、比较、综合、归纳，从中获取准确的概念和最佳命题，从而达到字面、推理性、评价性以及欣赏性等方面的理解程度。

第五节　大学英语教学中写作能力的培养

本节将社会建构模式运用于英语写作教学之中，通过分析教师、学习者、任务以及环境之间的相互作用关系，指出教师设置写作任务时应考虑到学生正处于跨语言文化的背景之下，作为“中介者”教师不仅要向学生提供多渠道适合其水平的输入信息，同时应培养学生成为独立写作者，在写作过程中通过加注的方式调动学生的自主性，真正实现教师反馈对学生习作的指导作用。

英语写作是英语教学体系的重要组成部分，是由英文单词、句法、段落、篇章、主题及写作技巧等因素相互作用的有机整体，是一项复杂的思维过程和认知过程。对大学英语写作教学而言，学生的语言基本功较弱，受母语思维方式的影响，表达思想的能力欠缺，对写作知识和写作技巧的生疏以及不同文化背景所引起的表达方式的差异等更加剧了英语写作教学的难度。

一、社会建构模式的基本内涵

英国应用语言学家 M 威廉姆斯和教育心理学家 R 布尔登共同研究并提出了社会建构主义模式。该模式整合与诠释了人本主义、认知学说、建构主义和社会互动理论。人本主义的教育理念是尊重学生的个人感情和个人需要，强调具有真实个人意义的学习，主张包括认知和情感在内的全人教育；建构主义强调的是个体从自身经验背景出发对客观事物的主观理解和意义建构，重视学习过程而反对现成知识的简单传授；社会互动理论强调人的学习与发展发生在与其他人的交往和互动之中。社会建构主义模式的主要观点是：知识是由个人自己建构的，而不是由他人传递的，但这种建构发生在与他人交往的环境中，是社会互动的结果；该模式确认了学习者、教师、任务、环境四个方面的相互作用对语言学习过程的影响：教师设置体现自己教学理念的学习任务；学生作为个人理解任务的意义和个人相关性；任务于是成为连接教师和学生的界面。当然，教师和学生之间也有直接的互动。在此过程中，三者处于动态平衡。此外，环境因素，例如课堂情感环境、社会文化环境等都对学习过程起到重要作用。

二、以社会建构模式为基础的实践写作教学

1．“任务”在英语写作教学中的地位

任务型教学模式普遍为现代教育者提倡，强调使学生在做事情中获得学习体验。其任务的设计是以学生的经验和兴趣为出发点，把真实的材料引入学习环境，通过学生之间的交流、互动实现其用语言解决实际问题的能力。笔者曾给高职学生设计一项写作任务，即描写一幅自画像。学生在写作之初看着镜子中的自己，构思着将要描写的内容，此时大部分学生处于较为积极的写作状态。然而一旦进入译写阶段，即将思维转化为文字阶段却问题百出。首先，从篇章、段落发展模式来看，学生的习作中大多缺少主题及主题句；其次，在句法层面上，大多数学生的句型简单、句式单一、句子间缺乏连贯性及统一性；再次，就选词而言，缺乏词性变化，同义词间的差别含混不清。在写作结束之后，大多数学生没有对习作进行修改的习惯，即便在进行合作式学习，即在小组成员相互检查时，也少有学生能够发现并改正同伴习作中的错误。

针对此种现象，社会建构模式为教师提出了新的出发点。任务是连接教师与学生的桥梁，同时与外界环境发生作用。目前，教师多将注意力集中于如何激发学生的写作兴趣，强调写作内容的完整性与形式的正确性等问题，却忽视了在英语写作过程中学生所处的外界环境，即中英文所体现出的不同的思维方式及文化背景。中文圆形思维导致了汉语的螺旋式结

构，即以反复而又发展的螺旋形式对一种问题加以展开，尽量避免直接切入主题。反之，西方直线型思维导致英语的主谓推进模式，即整个语篇是一个完整的统一体，表达的思想要做到与语义直接相关，要用一定的连接手段将各个部分衔接起来。思维方式的差异常常使大学生文章结构松散，多笼统概述，少细节描写，在句法上多用短句、句型变化单一、指代不清，各部分内容之间缺乏联系等问题。

因此，在大学英语写作教学过程中，“任务”作为社会建构模式中连接教师和学习者的客观媒介，其内容应具有真实性、趣味性，从而激发学生的写作兴趣，鼓励学生发表自己的意见。写作作为语言学习中较难的输出端，教师应将关注的范围从词汇、语法、段落的书写扩展到范围更广的、蕴含着中西文化差别的文化背景知识中，使学生了解西方人的思维方式，进而体会英文的写作特点。这种更深层次的理解会反作用于写作过程本身，推动学生向着写出地道英文的方向前进。

2. 教师作为英语写作课堂的“中介者”

以色列心理学家、教育学家费厄斯坦提出中介作用理论，认为儿童的学习受到对他有重要意义的成人的干预和影响，他把这些儿童在学习中起重要作用的人叫做中介者，把为儿童提供的学习经验叫做中介作用下的学习经验。在以“学习者为中心”的教育理念已为人们所接受的情况下，教师作为“中介者”在帮助学生学会独立自主和控制自己的学习以及培养其独立思考、解决问题的能力，协调教师与学习者之间的互动以及鼓励学生积极参与学习过程中起到不可或缺的作用。

费厄斯坦提出的教师作为中介者的三个重要特征对大学英语写作教学具有重要的理论指导意义。该理论包括重要性（significance）、超越当前的目的（purpose beyond the here and now）以及教学双方意图明确（shared intention）。

首先，教师应该使学生认识到某个学习任务对个人发展以及社会有何意义或价值。写作与口语一样是一项重要的语言输出技能，是对所学知识、技巧的综合运用。由于写作重在言之有物，只要有话可说，有内容可写，即使使用的词汇和句子比较简单，写出的作文同样具有可读性。帮助语言功底较弱的学生树立此种意识，会增强学生对写英文作文的信心。笔者在实践写作教学中让学生保留自己的全部习作，在学期结束时以小组为单位将作文制作成个性化的报纸或杂志册，每篇文章后均标明作者姓名，在全班范围内互评。实践表明此种方式可增强学生的成就感及对英文写作课的归属感。同时，写作课不应被看成是枯燥的书写过程，教师可以提供多种输入媒介，如视频、英文短篇作品等。例如，在观看10分钟左右的影片选段之后，可在课上组织学生进行讨论，甚至辩论等常用于口语教学的手段，鼓励学生积极思考，构建意义，为写作打下良好的基础。同时，多渠道的信息输入可以使学生认识到学习写作不仅可以提高书面表达能力，还可以了解西方人的思维方式，增加文化背景知识。

其次，教师应使学习者认识到目前所学写作知识对其以后的学习、工作有意义。教师要设计真实的课堂写作活动，包括材料的真实性、学生理解的真实性、学习任务的真实性和课堂的社会情景的真实性。教师所提供的写作素材可从学生中征集他们感兴趣的话题；各类考试考过的题目以及从网络、书刊等媒体上搜集素材从中提炼出的题目；社会、校园中的真实事情和问题。例如，教师可以模拟真实场景，如组织学生参加某公司招聘的笔试，要求学生设计一份英文简历、写一篇关于自己职业设想的文章，学生互相评判，选出最具竞争力的文章并提出合理解释；或让学生编辑、翻译难度稍高于其现有水平的文章等，使学生意识到课上所学内容并不是纸上谈兵。在实践过程中，学生认识到自身学习中的漏洞，会有动力、有方向的努力改进。

此外，在提出某项学习任务时，教师应做出明确指示，将自己的意图告知学生并要听取学生的反馈。在指导学习者根据某个题目和要求写作文时，教师一定要尽力让学习者清楚作文的题目和要求，这就要求教师能够有效传达这些信息，同时为了确信学习者是否理解了这些要求和信息，教师可以让学习者举例来证明其是否已理解该任务的主要意思，以防文不对题的现象发生。

3. 学习者作为独立的写作者

在过程写作论占据主导地位的英语写作教学中，学生作为写作的主体在跨越中英两种语言、两种文化的过程中困难重重。他们单词的拼写、句子的构成等技术性问题，以及对文章整体结构的把握、内容的逻辑性、分论点与主题的关联性等等使得学生在写作过程中步履维艰，教师在评阅过程中更是绞尽脑汁猜测学生究竟想写什么。有时，教师与学生的想法错位，结果是教师的评语对学生没有任何指导意义。

如何实现并巩固学生作为写作过程中独立的创作者？如何使得教师的反馈对学生习作产生积极的指导作用？一种源自元认知策略的自我监控，即学习者利用认知过程的知识，通过计划、监控及评估，努力使语言学习得到控制与管理的方法为此提供了有效的解决办法。教师可让学生用“加注”的方式，从内容、语言和结构三方面，将自己无法用文字表达的想法，在每页的空白处加以注释，即将自己的困难、不确定的内容详细写出。教师可采用学生互评、讨论等方式，让学生积极参与解答同伴注释的内容，使学生体会到作为作者写作的过程以及以读者的视角审视写作的过程。

写作过程中的加注是学生用以提高自我监控的一种手段，通过自我评阅、同伴建议以及教师的反馈，学生的学习自主性得到提高，真正体现学习者在写作过程中积极创作的能力，同时提高教师反馈的指导力度。

通过论述社会建构模式中教师、学习者、任务以及环境的关系，针对探讨大学英语写作教学中存在的某些问题，从而提出相应的解决方式，使得在跨越中西两种语言文化的背景下，在大学生语言功底较弱的现实条件下，任务成为连接教师与学生有效交流的桥梁。

第六节　How Could Grammar Teaching Be Made More Meaningful

Since the fundamental purpose of language is communication, grammar could perhaps be best taught by integrating grammar principles into a communicative framework. Traditionally, however, grammar is often taught in isolated, unconnected sentences for students to apply what they have learned in actual situations.

For grammar teaching to be made more meaningful to the students, the structural or grammar points should be taught in context. Diane Larsen – Freeman suggests integrating structural or grammar points with other aspects of language such as: social factors, semantic factors and discourse factors.

1. Social Factors

"Social factors" refer to the social roles of interlocutors, their relationship with each other, and the purpose of the communication. Communicative functions such as requesting, inviting, refusing, agreeing, or disagreeing are all very sensitive to social factors such as politeness, directness, etc. For example, in refusing a request, the words and grammatical structures used depend on two basic variables: how well the individuals know each other and their respective social roles or status. To teach structure points or grammar (such as modal verbs) without due consideration of the contexts in which they used may mean, for the student, little more than an exercise in committing a set of rules to memory. For example, "Should means an obligation or suggestion." – But in what contexts can it be correctly or appropriately used?

For example, the following are different ways of refusing a dinner invitation, but not all are equally appropriate for all situations:

a. Aww, I can't. I've gotta work.

b. Oh, I'm sorry; I'd love to, but I won't be able to. I have to work.

c. How nice of you to ask! I'd really be delighted, but I'm afraid I have to work that night.

In a sense, the answer to all the above three invitations is "*No, I can't*" . And yet, the use of "*can't*" is inappropriate for at least (b) and (c) . Thus, since the complexity of many grammar items such as modals (e. g. can) and periphrastic modals (e. g. have to, be able to) lies in part in their social – interactional character, and since their use is socially constrained, they should be taught in their proper social context. In other words, factors and other socio – linguistic variables that come into play should be brought into focus. Thus, whilst the modal verb "can't" may mean "not possible" from a somewhat artificial semantic perspective, its use is socially constrained, and students should as far as possible be made aware of these constraints from the outset of their encounter with that particular grammar item.

2. Semantic Factors

Semantic factors involve meaning. Grammatical structures that are most naturally taught from a semantic perspective include expressions of time, space, degree, quantity, and probability. For example, the difference between the quantifiers few and a few in the following two sentences is primarily semantic:

a. John has a few good ideas.

b. John has few good ideas.

In (a), the emphasis is positive, while in (b) it is negative. Here the choice of a form is not governed by whom one is addressing, but rather by what one wants to say. Thus, the difference between few and a few is not illuminated by social – interactional factors because the difference between (a) and (b) does not rest on social factors but depends crucially on meaning. Therefore, expressions of location, time, space, degree, quantity, probability, etc. can be taught most effectively with a focus lexical and other contrasts that signal a difference in meaning.

3. Discourse Factors

This third category includes notions such as topic continuity, word order, and the sequencing of new and old information. These factors affect the forms that propositions take in the context of a discourse. For example, indirect object movement in the following two sentences is discourse – governed (i. e. the decision to use one sentence or the other depends on discourse factors). In English, one tends to put the most important element or the one on which one is focusing at the end of the sentence. Hence the difference between (a) and (b) is one of focus.

a. He gave the flowers to Mary.

(Not to Janet, not to Carol. This might be in response to the question, "Who did he give the flowers to?")

b. He gave Mary the flowers.

(Not the Candy, not the book. This might be in response to the question, "What did he give Mary?")

Another example is the use of logical connectors such as *even*, *though*, *although*, *or unless*. In teaching such grammar items by defining these words semantically is less than satisfying and often leads to a great deal of frustration and confusion for both students and teacher. On the other hand, giving students a portion of discourse which illustrates how these logical connectors function in context or what they signal in discourse seems to work remarkably well. In other words, a definition of although may not be as helpful as several sentences in which although is used, such as:

a. Although John didn't study, he pressed the test.

b. Although Maria doesn't have much money, she is rich in spirit.

Thus, this final category consists of words and elements of language which are more effectively defined or explained with reference to their function in discourse than to their socio - linguistic function or semantic content. Clearly, there are instances in which these three factors overlap.

Grammar instruction, as far as possible, should involve the matching of a structure or grammatical point with one of these three aspects of language; if that match can be made in preparing the grammar lesson and it captures a natural tendency in the language, the lesson will be easier for the teacher to prepare and easier for students to understand. A grammar lesson may be divided into four parts:

1) Presentation, in which we introduce the grammar structure, either inductively or deductively. There are a variety or techniques and resources that can be used during this step. Selection should be made according to

teacher strengths, student preferences, and the nature of the structure (e. g. What is the structure – language – factor match?)

2) Focused practice, in which the learner manipulates the structure in question while all other variable are held constant. The purpose of this step is to allow the learner to gain control of trying to use the form for communication. The teacher should not proceed to the next phrase until most students have mastered at least the form of the structure.

3) Communicative practice, in which the learner engages in communicative activities to practice the structure being learned. According to Marrow and Johnson (1981), a communicative task incorporates the actual processes of communication; the more of these features an exercise incorporates, the more communicative it is.

Information gap. In the course of doing the activity, one participant should be in a position to tell one or more other people something that the others do not yet know.

Choice. The speaker must have some role in deciding exactly what he will say and how he will say it.

Feedback. What the speaker says to the person (s) he is communicating with depends not only on what the other person (s) says, but also on what the speaker wants to accomplish via the conversation.

4) Teacher feedback and correction. Although this is usually considered a final step, it must take place throughout the lesson. A teacher's correction strategy should probably change according to the phase of the lesson. For example, during the second part of the lesson, correction should be predominantly straightforward and immediate. During the possible, not be interrupted. Instead, the teacher should take note of errors and deal with them after the communicative exercises.

第七节　英语教师有效课堂提问研究

为了揭示课堂提问存在的问题，提出改进英语教师课堂提问的建议，帮助教师形成科学的提问策略，探索优化高职英语教师课堂提问行为的有效途径，促进教师的专业发展，笔者对有效课堂提问的意义、方法、与策略进行了探究。旨在使教师更好地激活课堂提问的技能与技巧，促使其自觉的审视反思，改进教学目标和相应的过程，反思自己的教学行为，优化课堂提问，提高课堂教学效率。

目前，我们的英语教学有一个非常突出的问题：教师教得辛苦，学生学得辛苦，然而有时我们的学生却没有得到应有的要解决的问题。这是新的英语教育课程改革必须面对的一个问题，而且还需要提供多种问题解决的方案，我们的教师拥有有效教学理念，教学关注学生的进步或发展和教学效益，更多地关注可测性或量化，有效教学需要教师具备一种反思的意识。

教师行动研究是一种系统的反思的探究活动．它具有参与性、合作性、系统性和实验性等特征．依据一定的方法和步骤，教师行动研究有助于培养教师的创新实践能力，从而为我国外语教师专业发展提供了切实有效的方法。行动研究是教师主导的课堂研究方法，是一个螺旋循环的过程，包括计划、行动、观察、反思等环节．笔者通过运用这种灵活、实用、思变、动态的教育思想和方法分析大学英语教学中存在的问题、设计解决方案、并对教学进行评价和反思，提出高职英语教师要结合高职英语课堂教学开展行动研究，进而使高职英语教学通过课堂实验研究，从教学理论、方法、质量、发展上有显著的改进和创新，从而提高教学效果．

一、研究问题的提出及意义

课堂是学生学习和练习英语的最重要的场所之一。课堂会话因为有自己的特点而有别于社交会话。教师是课堂的设计者和主导者。有调查显示，课堂会话中约70%的华语包含以下三个话轮：教师提问并指定话轮继续着——学生回答问题——教师对问题做出反馈。教师提问毫无疑问是其中重要的一环，它会从信息量的多少和话语类型等方面直接影响学生的语言输出，甚至是教师和学生的下一轮会话。因此，研究教师提问语的类型及其对学生话语交际能力的影响是对英语教学的启示。

研究教师课堂提问是贯彻以学生为中心的课程理念，推进课程教学互动的需要。大学英语课程强调师生交往、互动和对话，而提问是实现师生互动的重要手段，是师生交往、互动和对话的重要外显形式。因此，研究课堂提问，提高提问的有效性，是贯彻新课程理念，推进新课程实施的需要。

研究教师课堂提问是改进课堂教学、提高课堂教学效益的需要。提问涉及到教学内容的重点，它是组织教学的开端，是教学进程中转换的关键，是学习过程中激活学生思维活动的重要因素。对学生来说，它可起到引发学生学习动机，激发思维，考察理解程度的作用；对教师来说，可起到检查教学目标，重新组织教学等的作用。因此研究提问是改进课堂教学，提高课堂教学效益的需要。

研究教师课堂提问是教师专业发展的需要。英语教师专业发展的直接途径在课堂，改变传统的固定化了的教学心理模型和课堂教学行为是目前摆在我们眼前的重要任务。提问作为课堂教学行为之一，也不可避免地成为我们促进教师改变其教学行为的关键性因素，是我们提高英语教师专业化水平的重要方面。

研究教师课堂提问是英语学科教学的实际需要。教师提问引出了话题和课堂中的各种活动，话题可以使活动变得富有意义和吸引力，提问则是一种将学生引入话题的有效手段。用提问来检查学生对词语的理解和掌握，是很好的激发学生思维想象的方式。因此，改进和完善教师课堂提问行为是英语学科教学的实际需要。

二、课堂提问行动研究方法

英语教学行动研究的宗旨是提高教师的业务素质，自觉更新知识结构并具有一定的教育科研能力，对教学行为进行诊断、反思和改进的能力，和对学生的学习和发展进行评价的能力。研究课堂提问正是为了发现课堂提问方面存在的问题，改善提问的行为，培养教师驾驭课堂的能力，促进教师业务素质的提高。就课堂提问的方法我们可以采用如下研究：

1. 对提问的效能的研究。贝拉克（Belarck）通过研究发现，课堂教学过程的核心是教师提问，学生回答，然后是教师对学生的回答做出反应。提问被视为有效教学的核心。课堂提问可以启迪学生的思维，开阔学生的视野；可以帮助学生掌握学习重点，突破难点；可以充分发挥教师的主导作用和学生的主体作用，及时调控教学。因此，课堂提问是一种重要的教学手段，也是培养学生创新能力的重要途径。

2. 对提问技巧的研究。韦伦（W. W. Wilen）对大量研究发问技巧的论述进行综合，做出了如下归纳：(1) 设计标志课堂结构和方向的关键问题。(2) 清楚、详细而精确地表述问题。(3) 使问题适合学生的能力水平。(4) 按照逻辑和循序渐进的原则提问。(5) 提出各种水平的问题。(6) 紧随学生的回答继续发问。(7) 在学生回答之前提供思考的时间。

3. 对提问分类的研究。国内外很多专家和学者都对问题的分类进行了研究。国内学者对问题的分类主要以王笃勤《英语教学策略论》、傅道春《教学技术行为》等为代表，在他们的著作中都对问题作了详细的分类。以王笃勤为代表的有根据问题的形式分类；根据问题的内容分类；根据回答的伸缩性分类；根据内容与材料分类；根据问题的难度分类和根据问题所需程度分类。对此，国外主要研究有根据布卢姆（Broom）关于认知领域的教育目标由记忆、理解、应用、分析、综合、评价六个层次组成的理论，把教师提问分为以下六种：认知水平的提问；理解水平的提问；应用水平的提问；分析水平的提问；综合水平的提问和评价水平的提问。

4. 对提问测量的研究。我国学者胡春洞认为，在提问的难易比例方面，根据学生目前的智力和英语能力，最好是1∶3，即一难三易。他举例说，在课文教学中，yes/no questions 或 ture / false statements 应是 wh question 的三倍。教育测量中的“难度”概念为我们提供了数量依据。难度 PH = l-p/w，这里的 w 表示课堂内的学生总数，P 是应答通过的人数。难度 PH 在 0 至 1 之间。若难度为 0，全体学生都能回答，难度太低；难度接近 1，几乎没有学生能回答，难度太大。教育专家们提倡问题的难度一般在 0. 3 至 0. 8 之间，使大多数学生通过努力都能回答。

透过对课堂提问研究现状的分析，我们不难发现，专家们大多从理论的角度，对课堂提问的效能、技巧、分类、测量等要素等作了深入研究，而对具体的课堂教学实践缺乏关照和研讨，所以，从某种意义上来说，英语教师课堂提问的行动研究，在课程教学的实施中显得尤为重要，对我们转变教学观念，进一步改善教师的提问行为，提高教学质量，有着重要的启迪意义。

三、课堂提问策略

1. 开放性课堂提问

“问题”是开启思维和发展思维的源泉，一个问题的答案不是唯一的，而是开放式的已成为日本教育家集中研究的问题，他们认为这是未来不断开发新技术人才必须具备的思维模式。有效提问意味着教师尽可能多地提出开放性的问题，或者尽可能使所提的问题具有一定的开放性。其主要包含两层含义：第一，要使问题保持一定的开放性，进而答案也是开放的，没有固定的正确答案。第二，提问对象的开放性，面向全体学生。

2. 启发性课堂提问

问题要具有启发性，要求所提问题的难度要合适。教学的艺术，大部分在于使新的问题的困难程度，大到足以激发思想，小到加上新奇因素自然地带来疑难，足以使学生得到一些富于启发性的立足点，从而产生有助于解决问题的建议。教师采用启发式课堂提问在备课上要下功夫，想方设法巧设疑问，使问题具有很强的思维性。古希腊教育家亚里士多德讲过一段名言："思维自惊奇和疑问开始"。日本的课堂提问研究者把提问分为两大类。一类是"徒劳的提问"；另一类是"重要的提问"，而区别两者的重要标志，就是看提问是否有效地发展学生的思维能力。设疑应由浅入深，由具体到抽象，先感知后概括，亦即从实验事实入手，去归纳概括某种结论或道理，以实现学生由"学会"到"会学"的转变。

启发式教学模式以发展学生的能力，提高学生的素质为目的，传授知识仅仅是实现这一目标的一个过程。引导学生观察、发现、分析、解决问题是课堂教学的轴心，在教学结构上，师生之间、学生之间形成一种合作关系，既可以是师生之间的个别或群体讨论与对话，又可以表现为学生之间的个别或群体讨论与对话。这一过程是启发式教学模式的灵魂，教师要尽可能地有意制造认知过程中的障碍，如提供正反两方面的立论，故意误导等，从而使学生在迂回曲折、历经坎坷的多向思维之后，获取知识。在教学技巧上，教师要尊重持不同观点或者是错误观点的学生，要保护好学生的积极性。

3.. 教师对问题给予适当反馈

教师适时对学生的回答做出评价是课堂提问中不可缺少的一个环节。选择恰当的回应方式会引起学生更进一步的思考。及时正确的反馈对学生的学习可以起到良好的催化作用，既可以纠正错误，强化学习动机，又可以激发更进一步的深入思考。

现代教学论认为，任何教材内容都可以用一个个问题呈现出来。教师的"问"应在学生"心求通而未得，口欲言而不能"的时候，用巧妙的"问"为学生指出思维的方向和寻找答案的路径。因此，在课堂教学中，提问处理得当，能激发学生的学习兴趣，启动学生的情感，启迪学生的思维，并有利于学生主动探索知识和思考问题，使课堂教学收到事半功倍的效果。如果我们从具体教学实践中诊断出教师提问的病症，并对"病理"进行分析，提出解决问题的对策，把课堂提问研究的视角主要聚焦于师生间的"对话"上，就能凸显教学活动的"主体性"。

第五章

英语语言文学、文化教学研究

第一节　CET 中语言与文化教学实践技巧

在大学英语教学中，教师如何探讨课堂文化教学方法，将语言与文化融会贯通，着力培养和发展学生的交际能力是非常重要的。在大学英语课堂教学中实践中，如何开展以文化为基础的语言教学活动，探索文化传递的有效教学途径具有现实意义，在大学英语实践教学中传授语言与文化的实践技巧应引起外语教育工作者的重视。

一、引言

语言是文化的一部分，反映文化的需求（胡壮麟，1988：250）。当我们学习某种语言时，我们不仅要学习和掌握语言知识，还要学习它的文化。《大学英语课程教学要求》指出：大学英语课程不仅是一门语言基础知识课程，也是拓宽知识，了解世界文化的素质教育课程。因此，设计大学英语课程时也应充分考虑对学生的文化素质培养和国际文化知识的传授。课程要求明确表明在英语语言教学的同时需要传授目的语的以及本族语的文化知识，以便提高大学生的文化素养，增强他们的人文知识（张文霞、罗立胜，2004）。语言是文化的一个组成部分，与文化是相辅相成的。语言能够表达一种文化，也可以帮助丰富和保存一种文化，但他又必须存在于一种文化之中，受着文化的制约和影响。我们应该认识到，当一名教师在教授语言的同时，他也是在教一种思维方式，在教一种随着文化的变迁而变化的语言。在教学过程中，教师是目标文化和学生之间的媒介。

外语教师的综合素质是外语教学活动中的一个重要的决定性因素。在外语教学中，由于母语和目标语所蕴含的两个民族的价值观念、文化取向、思维方式等诸多方面存在差异，许多语言现象单单从语言本身是无法解释清楚的（杨华，2001）。学习语言如对文化背景缺乏了解会直接影响领悟语言知识。因此教师在传授语言知识的同时，有必要将所蕴含的文化知识传授给学生，帮助、引导他们挖掘和理解特定文化背景下语言的深层含义。

大多数英语教师都认为英语教学中传授文化是重要的，英语学习离不开说英语国家的文化背景。但是，教授文化始终是“在大多数语言课堂上非实质的，虚幻的和偶然发生的事情。”（Omaggio，1993，P357）。Omaggio对此提出了几种缘由，其中包括缺少授课时间，对所传授的文化知识在某些方面不很清楚，以及缺少实际技巧等。因此，探索语言课堂以文化为基础课程的实践技巧是一个较好的教与学的尝试和经历。

二、创造课堂教学文化特性的氛围

课堂活动是一种包括教材在内的三方参与的文化行为，教师应熟悉学生学习目的语的文化，针对教学内容和预先准备的文化知识去创造文化氛围，吸引学生的学习兴趣，以便获得最大限度的目的与文化内容。Oxford（1994）就用了‘文化氛围’这样一个术语来描述我们需要教给我们的学生多方面的文化。为了达到这样的氛围，我们教学中需要变换三种不同的特性。

1）Information Sources 信息来源 2）Activity – types 活动类型 3）Selling – points 卖点

1. 信息的输入

Krashen 的“输入假设”认为，二语习得需要大量的“可理解的输入”，因此语言教学最重要的手段就是使学习者尽可能多地接受可理解的输入。为了从多角度去获得英语语言这一目标语文化的图片理解，我们需要以各种各样不同种类的信息展示给学生。教师备课中针对教材内容应尽量搜集有关目标语文化方面的资料，如画报、杂志、图片、新闻等，来研究和了解不同国民的文化、风俗习惯及审美标准。下图所列各项表明一些可行的信息渠道，它们都能用作教授文化的素材。借用视觉，听觉和触觉等将各种信息材料综合起来，我们就有可能成功地让学生把注意力都集中到这些不同的学习形式上。

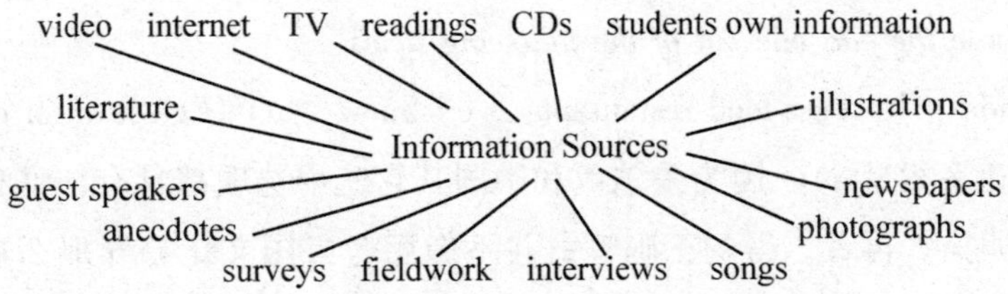

2. 不同活动类型

实践证明，教师经常变换课堂教学活动能使学生有新鲜感，并且能够活跃课堂气氛，提升学习兴趣。通常，在许多教授文化的书籍中，仅是提到了“讨论式”活动的教学方法。虽然讨论法在文化课中是一种很不错的学习方式，但是我们并不能指望所有的学生都能在一堂英语课上用很好的外语水平来讨论某些复杂的问题。甚至那些英语水平较高的学生在他们开展讨论之前经常也需要有明确的目标来进行有准备的活动。因此我们不妨探讨使用下述几种最受学生喜爱的课堂文化习得的活动。

1）开展竞猜活动

我们发现从事猜谜是课堂文化学习最成功的活动之一。竞猜不但能用来检测教师以前所教授的内容，而且对学习掌握新的信息也非常有用。例如在讲授西方社会与文化这门课程时，教师可给出下面简单的正误判断题来检验学生对爱尔兰的了解程度：

With a partner, answer true or false to the following questions.

(1) Ireland is totally dark during the winter.

(2) There is little snow except in the mountains.

(3) Ireland is about the same size as the Island of Hainan.

(4) The United Kingdom includes the Republic of Ireland.

(5) Some Irish people think Himalaya connects Tibet to Nepal.

教师要求学生以同桌或小组为单位对每一问题给出正误回答，学生们将根据现有的知识和常识给出答案。重要的不是学生们回答正确与否，而是通过预测，他们会对找出正确答案从而更感兴趣。通过听录音、阅读或看录像后老师可以给出正确答案，也可就这一话题添加些额外信息。如介绍跨文化的相同与不同方面可采取下面的问答形式：

Choose the odd one out of the following items:

Panda　b) Fast food restaurants　c) Snow　d) High level of education

正确答案是 a)，因为爱尔兰和中国其它三个选项都具有，唯独在爱尔兰没有熊猫。再者，得到正确答案并不像思考二国文化差异那么重要和困难。此外，还可要求学生与同桌回答有关阅读或其它材料的内容，这种回答问题的方法提高了学生始终参与学习活动的兴趣。

2) 学做活动记录

活动记录是用于课堂上对所进行的教学活动书面思考的笔记，它也是锻炼学生自主学习的一种学习策略。了解学生的活动记录可以给教师提供有用的反馈信息，教师可以要求学生在每堂课后详细写出活动记录，并对每堂课的活动意义，困难及兴趣给出评估，这必然会使学生重新思考他们所学的知识。

3) 进行话语重构

当学生已经阅读过活动的内容或听过了一个录音故事，教师也可以运用重构式的方法让他们检验所学的知识，并通过让学生与同伴进行复述的方式来巩固所学的知识。简单的讲，学习内容重构就是用自己的语言解释所学的知识。这是一种非常简单的学习技巧，但是其可行性已从文化和语言双方面得到证实。也可以经常将阅读作为作业，教师要求学生对其内容做出笔记，其形式可以是给出图片、找出关键词或学习者头脑中的图式等。

其次，在下面的一节课，教师可要求学生与其同伴重构阅读内容，学生可以参考所作的笔记，但是不可以看原文。实践证明，学生在看过一段简短的录像片段或听过一个故事情节后，要求他们去运用重构方法复述其内容是非常有效的。通过这种方法可以检验学生所学的知识，学生从同伴中进而发现自己的知识漏洞，找出差距并想法尽自己能力解释清楚，逐步达到改进自身语言表达的能力。

4）吸引注意力

大学英语课文选材丰富，内容涉及英语国家历史、地理、社会、人文、价值取向和社会观念等。如果在讲解课文的同时，以问答方式吸引学生注意力来介绍相关的背景知识，不但可以激发学生的学习动机，还可以帮助学生更好的理解课文、加深印象。

此外，当学生在看录像，或其他的一些材料时，教师可以让学生注意一些特写画面。例如，让他们观看一些带有目标语文化的婚礼录像、节日庆典等，并提示出与本土文化的不同之处。这种“引起注意”的教学方法使学生的注意力有的放矢，不会只是单纯的、消极的阅读和视听。

5）预测学习内容

如上所述，猜测在小测验中是一种有用的方法但它在其他选材活动时也同样有用。就像“注意法”一样，引导学生应用预测法可以使学生更加投入、更加活跃。例如，当教师讲一个故事时，他可以在某一个地方停下来，让学生猜测剧情是如何发展的或用提问的方式来预测所要讨论的话题。再者，当留一篇阅读作业时，教师可以先给出阅读的题目，然后让学生猜测他们将会学什么方面的知识。这样，一方面教师是在迫使他们针对这一题目，对已学过的知识进行复习，另一方面，学生们又增强了好奇心，想知道他们所预测的答案是否正确。

6）自主研究性学习

发动大学生从事研究工作是最有力的一种学习途径，因为这可以使学生的学习兴趣与课堂教学很好地结合起来。例如，第一节课后老师布置作业，让学生上网或去图书馆查阅他们感兴趣的与目标语文化有关的任何资料，并写出调研结果。在接下来的一节课上，让学生对本组内同学解释自己所查找到的知识，然后解答疑问。这样可以使学生保持一种课后长期学习的势头，对一些学生而言，他们会对目标语文化产生长时期的兴趣。

除此之外，教师可在文化教学中融入中国传统文化教学，通过两种文化的对比启发学生思考，并指导他们在不同情境下做出恰当的行为反映。教师还可以借助于一些其他有用的教学实践活动形式，如：游戏、角色表演、实地考察、阅读活动、听力活动、写作活动、讨论活动、表演短剧等促进课堂教学。同时我们也认为，大多数外语学习的活动在传授语言文化的课堂中学生都是很容易适应和配合的，教师的职责是确保学生对其目标语言及其文化更加积极的进行课堂实践的参与。

3. 针对性卖点

为了营造文化氛围的构建，教师必须时刻清醒地认识到语言是文化的载体，两者是密不可分的。传授文化不是单一的，也不是仅仅教授语言文化中有乐趣的方面。活动与材料的选取应该体现文化的不同方面。也就是说，我们需要向学生“出售”不同视角和方面的文化，教师有必要在语言和文化范围介绍其差异。试看下面不同“卖点”的一些差异：

有吸引力的	vs.	震撼性的
相似点		不同点
文化的阴暗面		文化的积极面
事实		行为
历史性的		现代的
老年人		年轻人
城市生活		乡村生活
常规观念		实际行为

三、教学实践活动建议

在大学英语课堂教学中，文化学习部分的内容通常是传统的以教师为中心的教学方法，即教师讲授，学生被动接受，形式单调，不能充分发挥学生主动学习的积极性。虽然学生通过课堂听讲获得了一些文化知识，但是他们的语言应用能力难以得到充分锻炼。因此，教师应该不断深入研究文化教学方式的多样化，探究有效的以学生为中心的教学方法和技巧，从而提高课堂教学效果。

1. 课堂活动要人性化

教师只有使教学活动内容赋予人性化，才能够使学生对文化有更好地了解。我们可以通过谈论一个远距离的国家概况开始，但是如果我们不能引导学生将这一话题结合其自身的实际情况而谈，结果就只会导致陈规老套。正像每个语言教师所熟知的那样，学生们更喜欢谈论他们自己或与自己有关的事。可以用小组讨论形式让学生在小组讨论中会互相学习到各自原先不懂的很多知识。这样他们有更多的机会使用目标语，讨论目标语，从他们从母语的文化中获得额外的视角。

2. 阅读活动要科学化

教师要认真备课，挖掘有文化亮点的阅读内容进行语言教学，可布置学生同桌相互检查理解的程度，也可让学生的阅读伴随听、说和写综合地进行。阅读活动可以分为阅读前、阅读中和阅读后三步骤有序进行。

Before reading	While reading	After reading
● discuss the topic ● interview their classmates ● review what they already know about the topic ● take a quiz about the topic ● predict the content of the reading based on pictures	● match pictures with paragraphs ● mark the text for the topic or main idea ● find evidence for a particular point of view ● look for answers to the pre – reading quiz ● take notes or make an outline ● write captions for pictures	● react to the culture background ● check their predictions ● put sentences in order ● identify facts vs. opinions, and stated vs. implied information ● make a time line ● use words from the reading to complete a conversation ● compare issues cross – culturally ● figure out the meaning of words from the context ● write or correct a summary ● look for examples that support a point

3. 课堂“讨论”要得当

实践教学经验发现，脱离学生实际水平和能力的教学活动是不可行的。传统的课堂教学方式是第一步骤教师介绍材料；第二步骤导入学生讨论。这种课堂设置对某些学校高水平的学生也许可以，但对大多数普通高校学习外语的学生来讲，立刻导入热烈生动的讨论是不实际的。我们在教学中发现略带有指导性和带有明确目标（如，小测验、小调查等）的课堂设置更加成功，甚至对于较低水平的学习者也同样奏效。如果可能的话，教师可将这种课堂设置拓展成无明确答案的讨论会更为容易些。

4. 难度水平要适中

教师应了解自己的学生，了解学生的语言表达能力和英语水平。即使一名有经验的老师，在教学生语言与文化的过程中，也必须马上意识到部分学生可能并不十分理解你所教的内容。真正值得挑战的是教师要想方设法使他们学得精彩，要考虑以学生为中心，根据学生实际情况和水平进行教学，尽量以通俗易懂的浅显方式来鼓励学生积极参与课堂活动。但是，在目标语学习的文化中，既要与教材内容和讲课方式保持一致，又不使学习者丧失学习兴趣，这一点对外语教师来说始终是一大挑战。

5. 课堂教学要生动有趣

当然，文化对教师来讲是有趣的，根据这一点我们推测文化对学生来讲也是如此。但是，假设教师在研究另外一个国家的文化时，恰巧有幸去实地参观学习或考察过，那么教师应挑选所教文化中有趣的方面和翔实的第一手资料给学生，这样会使学生感兴趣并积极参与。教师可以通过使用上述介绍的各种方法来创建文化氛围和结构，并且运用自身的热情，为所教的学生创建一个生动活泼的课堂。

6. 不要试图讲授所有内容

文化交际能力培养的方法可谓多种多样，我们提倡教师不要给学生逐个具体地讲授目的语中存在的各种纷繁复杂的社会文化现象，而是以零散的个别文化现象为切入口，时时提醒学生文化差异的存在，引导学生透过语言层面去领悟。作为教师切忌不可在一堂课上就某一文化背景或知识讲得过多，试图使学生知道一切内容，如果这样往往会使学生失去兴趣，造成学生的厌烦心理。一种文化是巨大的，它涵盖一切机制，一切行为，事实上是一个庞大的不同类的民族中所有的方面。我们所能做的是提供一些途径，进入这种文化，以便更好的学习它。教师不可能了解语言文化中的一切，我们不应该为不能教授文化中的一切而感到失望，相反我们应该因为我们使学生意识到这是种不同的文化而感到高兴。

7. 充分开展辅助课堂教学活动

英语课堂教学时间毕竟有限，尤其是大学英语，要充分利用选修课和第二课堂辅助文化教学，组织学生观看英文原版录像、电影；听通俗音乐歌曲；还要鼓励学生大量阅读与文化现象有关的文学作品、报刊和杂志，留心积累有关文化背景方面的知识；也可与外籍教师和留学生接触交谈；举办文化专题讲座；开设“英语角”；收听 VOA 和 BBC 英语广播等。这样可使学生逐渐深入了解所学语言国家的历史、地理、文学、教育、艺术、哲学、政治、科技、风俗习惯等等各方面的文化知识。

总之，英语和汉语两种语言文化的不同给学生学习英语和使用英语带来很大障碍，为了减少这种文化障碍，在大学英语教学中，教师应着力培养和发展学生跨文化交际的能力，文化教学做到结合教材讲解相关的文化知识。教师在教学过程中，要认清文化的传授和传播必须借助于语言，一边教语言一边有意识的总结具有文化背景的词汇和习语，并加以解释和补充，同时还要注重课堂活动技巧和教学方法，引导学生既重视语言交流和相关知识，又要重视文化沟通、比较能力和团队活动，最终伴随着文化理解与相融能力的提高，能在二十一世纪多元化的国际社会中更成功地进行跨文化交际。这不仅符合外语教学的规律，也是培养现代社会高级人才的重要任务。

第二节　英语教学中的文化导入

文化导入是英语教学中介绍英美文化背景知识的一种非常有效的途径，英语教师应该对其有一个全面而深刻的认识，并且能够灵活地运用到实际教学中去。

自中国实行改革开放以来，对外交往明显增多。当前，随着经济全球化和信息网络化的出现，这种交往势头犹如排山倒海，势不可挡。但随之人们也发现，在这种交流与合作中，常常会发生误解，甚至冲突，究其原因，大多源于文化差异。近些年来，人们对语言的研究已经从过去的只注重语言的内部结构与形式（如语音、语法、词汇等），转向对语言的社会功能和外部条件的研究，特别是交际功能概念的提出，对外语教学的理论与实践都产生了重大影响。外语教学的最终目标是培养学生掌握一种交际技能。“语言作为交际工具，而不是分析对象，它与文化不可分割。”语言学习需要在文化的环境中进行。因此，语言教学要与文化知识的传授相结合。学习外语的同时也要了解该语言 的文化内涵。“To be bilingual , one must be bicultural. . ”要掌握两种语言，必须要掌握两种文化。本节将对英语教学中的文化导入的重要性，文化导入的内容、方法以及文化导入时要注意的几个问题进行探讨。

一、英语教学中文化导入的重要性

在语言交际中不同的文化背景会表现出文化上的差异。有些深层次的文化差异会成为交际的障碍，干扰交际有效得体地进行。因为文化的差异，同一词、同一词组对另外一个国家的人民来说可能指的不是同一事物，而且往往会产生误解。毫无恶意的言辞会使对方惊讶或愤怒；简单的一句话有时会使一方捧腹大笑，而另一方全然不知幽默之所在。因此，在交际中，不仅要知道语言的形式，还要遵循文化的规约，交际中语言和非语言行为要为文化所认可和接受。

一次，一位中方译员与一批英国的来宾谈论有关团结一致就能克服困难的话题。作为东道主的这位译员想对讨论作一个概括，便引用了某一西方著名演讲家的名言“United we stand, divided we fall.”，英方人员听后沉默不语，交际突然间进入了“休克状态”。原因是，中方译员所引用的这句话是美国反抗殖民统治争取殖民地独立时的革命领袖之一的亨利之言。

这句话对美国人有鼓舞作用，而英国人听了则会尴尬。这位译员造成的语用失误的原因不是语言能力而是文化能力的问题。

又如，一次一位中方译员在介绍某地人杰地灵，贤人辈出，恰似名人摇篮的时候，针对一批来自英国的外宾，临场发挥加了一句“I'm not going to compare my hometown with your Strandford – on – Avon. . ”，对方听后，高兴地鼓起掌来，因为，Strandford – on – Avon 是莎士比亚的故乡。在交际中，了解对方语言的文化背景越多，交流就越自然得体。主动表示对对方文化的了解，不等于贬低自己的文化，相反，它是吸引对方对自己文化了解和尊重的一种有效的交际策略。上述例子足以说明语言和文化是互为相关的统一体。语言本身不存在好与坏，只有得体与否，即在交际的正确场合说正确的话。交际者在掌握语言能力的同时也具备文化的能力，才能跨越交际中的文化障碍。可以说：不了解目的语的文化，便无法正确理解和使用外语，尤其对于学习语言的中国学生，因为我们三千年的儒、道、佛思想和以希腊神话与基督教为两个重要组成部分的欧美文化相距之远是人们所共知的。可见，英语教学引入文化内容的重要性。

二、文化导入的主要内容

英语教学除了英语语言知识和技能等属于纯语言方面的问题外，还会受到许多非语言因素的影响，如语言现象的社会内涵和文化背景。来自中西方文化差异的干扰往往是影响正确理解英语词义、句义、比喻意义、委婉语、成语等语言现象的文化因素。如“Good Friday”是指复活节前的星期五，即耶稣受难的那一天，不能望文生义。词汇是受文化影响最为敏感的一个层面，往往隐含着很深的文化底蕴。所以，不同的文化之间单词的差异主要在于单词的文化内涵。一个简单的 breakfast，人们就会毫不犹豫地把它同中文里的“早餐”等同起来，岂不知摆在餐桌上的东西却迥然不同。“What did you have for breakfast ?”学生往往答不上来，因为不会用英语表达稀饭、馒头等早点。如果在教学的过程中尽量根据学生的接受能力，稍微扩大一下范围，把中式早餐与西式早餐加以比较，则会把词汇教学置于文化背景之中，一举两得，起到事半功倍之效。又如，If you call a woman a dragon, you mean that she is fierce and unpleasant. 在英语中，dragon 指一种凶猛的动物，用来指人常含贬义。而“龙”在汉语中却经常和吉祥的事物用在一起。再如，“Listening to classical music is my cup of tea.”英语中的“a cup of tea”是指（某人）喜爱的东西。由于不同的文化感知，人们对同一形式的语言符号可能产生不同的涵义理解，而“感知的重要标准则由文化背景来决定”。所以，词汇与文化的联系往往决定了词的真正意义。

语言教学与社会文化是一个互相联系的过程。不同语言之间的差异需要通过外语教学来进行描述。在进行中英语言对比的同时也要进行文化对比。从社会语言学的角度来看，对比就是把语际间的语言比较从表面引向深层文化因素的比较，从而揭示它们之间的差异。这里所提到的“文化因素”就是指语际交际中的干扰信息传递并且引起理解偏差和误解的文化差异，也是本节所讨论的需要导入英语教学的那部分文化内容。文化因素知识所涵盖的内容包括两个层面，一是浅层文化，既有关一个民族的政治经济，文史地理等方面的信息；另一层面包括了民情风俗，历史传统，价值观念，道德标准等的深层文化。帮助学生了解和懂得目的语在上下文背景和文化背景下的语用功能以及为什么这样的文化规范是把文化内容引入英语教学的宗旨。

三、文化导入的方法

1. 词汇教学

从某种意义上说，词汇教学是外语教学成败的关键，抓好词汇教学就是抓住了主要矛盾。大多数教师在进行词汇教学时，对构词法、一词多义、词语搭配、结合语境、句法和练习巩固方面都比较重视；而对词汇的文化差异或语用原则却很少或几乎不提。语言是文化的载体，不同的文化之间单词的差异主要在于单词的文化内涵。而语用原则可以教会学生在不同的语言交际场合下如何正确地理解语言和运用语言。

以“知识分子”和“intellectual”为例，汉语中的“知识分子”同“intellectual”这个英语词在各自的文化背景中的涵义有所不同。在汉语中“知识分子”包括的范围比英语中的“intellectual”要广泛得多，它可以泛指有一定科学文化知识的脑力劳动者，如大学教师、中学教师、大学生、工程师、文艺工作者、翻译、医生等一切受过高等教育的人。但在美国或欧洲，“intellectual”比“知识分子”所含的词义要窄些，它仅指大学教授和在学术上与大学教授具有同等地位或取得相同学术成就的人，而不包括普通大学生。此外，在英语中“intellectual”这个词还有以下涵义“a person claiming to belonging to an intellectual elite or caste, given to empty theorizing or cerebration, and often inept in the solution of practical problems.. ”（一个自称属于特殊知识阶层的人致力于空洞的理论探讨和思考，在解决实际问题时常常表现无能）。因此，“intellectual”也有明显的贬义。例如：“Don't go for the intellectual who knows nothing but only words ”（不要轻信或迷信那些只会咬文嚼字的知识分子）。从以上例子可以看出“intellectual”与“知识分子”由于文化差异所造成的词义上的不等值。

知道两种文化的差异，了解导致这种差异的主导思想，才可预示可能产生的误解。交谈之前可以先说“在中国我们的习惯是……”，这样一下子就扫清了文化障碍。只有懂得另一种文化的人，才能更好地欣赏本民族的文化。两种文化相遇，不一定是冲突，而更可能是互相溶入之后升华为一种独特的文化气质。

2. 内容教学

语言学到一定程度时，没有比较扎实的内容就显得苍白无力。由于语用学和文化语言学的发展，人们进一步认识到语言是文化载体的实质。语用之形式必须依存于一定的内容。语用之运载工具必须有所负荷；否则语用是个空壳。美国一个总统说：You can fool all the people some of the time; you can fool some people all the time; but you cannot fool all the people all the time.. 这里一共没有几个词，反过来，倒过去，玩排列组合游戏。然而它之所以成为流传后世的名句，是因其哲理之深刻。语言之灵魂在于内容，而文字之美感在于朴实无华。

老师可以经常筛选和补充一些有时代气息和趣味性的文章。选材时应注意选择含有一定数量的社会文化内容的材料，要侧重反映目的语的文化背景知识。同时，也可以将涉及文化内容的课文素材进行更进一步的分析与理解，将英美等国的文学、地理历史、风土人情、政治制度等有机地结合在语言教学中，这无疑对加深学生对课文的理解，培养学生对英语语言文化的敏感性，满足他们对知识的渴望是十分有益的。

3. 主体文化教学

在跨文化交流中我们坚持中西方的平等交流。我们学习外语，不仅要懂得如何与外国人用外语成功交际，了解和学习研究他们的文化，更要学会用外语正确地表达中国事物的相关概念，进而介绍和传播中国的文化。现在很多外国朋友对中国传统文化兴趣浓厚，并经常询问这方面的问题，如孔子、孟子、八卦、气功等。因此我们要熟练地掌握中国文化的英语表达方式，以便有效地介绍中国，让外国人体会中国文化的博大精深，理解中国人民的思想感情，在中国的土地上，能够习惯中国的风俗人情，对“你吃了么吗?”的问候感到亲切温馨。例如在讲授 An English Christmas 时，可布置学生收集关于中国春节的材料，阅读有关方面的文章，了解相关知识，如春节的起源、春联的由来、有关春节的一系列礼仪风俗，并和圣诞节进行对比和分析，感受中国强烈的家庭观念和人间亲情，并全面提高学生的跨文化交际能力。

4. 多媒体教学

实践证明，现代化的教学手段，录音带、DVD 光盘、电视、网络以及多媒体课件的使用可以使学生开阔视野，扩大知识面，了解文化精华。如《与狼共舞》描绘了美国西部广阔无垠的草原风光，展现了印第安人质朴纯真的部落生活画卷，使学生对美国西部牛仔有了感性的认识；《沉默的羊羔》反映了美国社会犯罪问题，使学生充分地在文化背景下 学习语言，在语言中认识文化。

四、文化导入中需要注意的几个问题

1. 从教学意义上讲，文化因素是语言系统和知识系统相结合的产物。

它为语言教学和文化因素教学提供了沟通的渠道，也为文化因素在教学中的导入提供了可能。从上文的例证分析看，文化因素，尤其是一些涉及价值、信念、观念的民族文化语义是依附和隐含在语言系统之中的。文化因素的这种隐含，依附于语言系统的特点，使得教师的作用至关重要。在外语教学中如果没有教师，文化信息是不会自动揭示的。

2. 文化因素是指直接影响交际的文化知识。这一概念是根据实用性原则提出的，即从培养学生掌握外语，能够进行有效交际的目的出发，“引导教师和学生首先把注意力放在如何排除影响交际顺利进行的文化障碍上”，逐步了解和掌握英语的文化交际知识。

3. 教学中文化信息导入的实际操作，有利于学生对文化信息的了解和系统的信息存贮。可根据教学的不同阶段对文化因素进行科学的层次切分，如上文所说的表层和深层的划分。这样的处理符合教学的循序渐进的原则，即在初级阶段多传授一些普及性的文化知识，到了中高级阶段，则要多讲一些专门性的文化知识。

4. 共时性原则。文化是随着社会的发展而产生和发展的。对于导入教学的文化内容的取舍，必须是某一时代的。如以交际能力为目标的英语教学一般以现代英语为主要教学内容，那么文化因素的内容就应是当代的。如 Shilling 现已不是英国的一个货币单位；Pudding time 晚餐时间，属古语，现代英语中一般说 dinner time。像对这些文化内容的讲解只需点到即可，教学中只需提供“其然”，不必求其“所以然”。考虑我们的教学目的与教学对象，防止把语言教学变成一味的文化教学是十分重要的。

5. 语教学中导入文化内容，是为了便于学生了解两种文化的异同，以便形成克服由于文化的差异产生的交际障碍的能力。教师在描述一种文化内容时，要保持中立的态度，文化差异是客观存在的，但是，文化本身没有好坏之分，应该理智地对待不同文化间的差异，防止出现偏见。

6. 传导英语国家文化信息的同时，也要注意有意识地介绍中国传统文化信息的英语表达。利用语言所进行的文化交流是双向的，我们不能只注重英语语言文化，而忽视了中国长达几千年的悠久历史文化。如果那样，我们将无法在与其他国家的交流中很好地介绍我国传统，甚至由于对本国家文化的不了解而造成交流中的误解。

总之，一国一族的文化是渗透到社会生活的方方面面，作为其承载工具的语言体现出来的特点岂是一文能融会包纳的。因此，本文只能就英语教学中文化导入的问题提出自己的见解，希望能对实际的语言运用能力的提高有所帮助。而随着英语教育工作者对文化因素和文化差异带来的影响的重视不断加强，文化信息传导的内容和方式都将得到丰富，这会在很大程度上促进学生跨文化交际能力的提高，有意于“学好英语”而不仅仅是“学习英语”。

第三节　海明威的创作主题和语言风格

——评析短篇小说《一天的等待》

死亡和勇气是作家海明威写作的两大主题，海明威把一个人的勇气看成是他在死亡面前镇定和克制力的能力。本文以海明威的短篇小说《一天的等待》为例，探析其作者的创作主题和朴实简约的语言风格。

一、海明威的创作原则及写作风格

欧内斯特·海明威（Ernest Hemingway）是现代美国有影响的小说家，在当代美国乃至世界文坛上享有举足轻重的地位。1952 年发表了他的杰作《老人与海》（The Old Man and the Sea），1954 年正是这部作品使他登上了文学殿堂之巅，荣获诺贝尔文学奖。该小说中的“老人”独立奋斗、坚韧不拔的文学形象为世人所瞩目。他一生创作颇丰，包括九部长篇小说、一部长篇游记、一部回忆录、一个剧本和数量不少的短篇小说。在他绝大部分的文学作品中，他遵循了自己的创作原则：冰山原则。他将作品的八分之七藏于水下，其余的八分之一是他在浩瀚广阔的生活海洋中摄取的最富有代表性的画面，同时用冷峻简练的语言将其表达出来。这一创作原则赋予了读者极大的想象天地。这一点在他的短篇小说中尤为鲜明、突出。另一方面，海明威的作品语言质朴简洁，被誉为“电报式文字”，其创作风格的形成也与他早年的生活经历有关。

海明威于一八九九年出生于芝加哥近郊，其父是一位医生，业余时间喜欢打猎、垂钓，且总愿意把幼小的海明威带在身边。在少年时代，海明威喜欢拳击、足球，有时也会写一些轻快的散文和幽默的故事。高中毕业后，他在《堪萨斯城市之星》报当过记者。第一次世界大战时，他当了一名医疗急救车的司机，后来又在意大利军中服役并受重伤。一战中的这些经历为海明威的作品提供了丰富素材。战后住在巴黎，他刻苦学习写作，尽管从事记者工作的时间不长，但他形成了简约、准确的新闻写作风格，为他以后的文学创作奠定了坚实的基础。

西班牙内战时，海明威四次去西班牙，热情支持西班牙人民反法西斯斗争。第二次世界大战时期，他参加了解放巴黎等地的战斗，并来中国访问。战后定居古巴。通过海明威的短篇小说，读者总是会被他文中蕴含着的强大的“力”所感动、折服。死亡和勇气是海明威作品中的两大主题。海明威自己曾声明：“A man may be destroyed, but not defeated. 一个人可以被摧毁，但不可以被击败。”这一处世准则无不贯穿于他的短篇小说中。在他的短篇小说中，海明威尽量体现了他的“冰山原则”，用最少量的篇幅来包含最多的思想，用最少量的文字来传递最多的信息：人性和对人性的理解。

海明威主张用生动的语言具体描述真实的生活画面，创造一种意境，让读者自己去体会，从而使作品长生一种很强的艺术感染力。他还主张作家对于他想写的东西心中应该有数，该省略的地方一定要省略。只要他写得真实，读者会强烈地感受到他所省略的地方，好像作者已经写出来似的。他在谈及《老人与海》的创作时说，他本来可以把它写成一本上千页的大书，而他在省去了与主题无关的情节和内容之后，剩下的只是一本用凝练的语言浓缩成的信息含量洪峰的小书，读起来犹如冰山似的深沉稳重。正如瑞典皇家科学院在颁奖词中所说的：“海明威作为我们这一时代伟大文体的创作者之一，在近25年的美国和欧洲的叙事艺术中，具有明显的重要性。这一重要性，主要在于它那生动的对白，语言增减恰到好处，既使人易懂又达到令人难忘的境界。他又以精湛的技巧，再现了口语中的一些奥妙……”（杨任敬，2000：246）。其精湛的叙事艺术之最大特点就是凝练含蓄，从简练朴实的美感中，引发读者深思。

二、从短篇小说中分析作者的创作主题和语言风格

《一天的等待》写于一九三三年，其时海明威正处于他创作的鼎盛时期。该短篇故事比较典型地反映了海明威的语言风格和作品中常出现的主题：死亡和勇气。下面分析一下大学英语课本第三册第六课课文《一天的等待》中的语言风格：

他走进我们房间，关窗户的时候，我们还未起床。我见他一副病容，全身哆嗦，脸色苍白，步履缓慢，好像一动就会引起疼痛。

“你怎么啦，宝贝?”

“我头疼。”

“你最好回床上去睡。”

“不，我没啥病。”

“你先去睡。我穿好衣服来看你。”

可是当我来到楼下时，他已穿好衣服，坐在火炉旁。这个九岁的男孩，看上去病得厉害，一副可怜的模样。我用手摸了摸他的额头，知道他发烧了。

“你到楼上去睡，”我说，“你病了。”

“我没有病，”他说。

医生来后，量了孩子的体温。

“多少度?”我问医生。

“102 度。”

海明威在故事的第一部分叙述中，运用了简洁明了的对话，使本文的主人公——一位九岁男孩的形象跃然纸上。尽管他才九岁，且发烧身体不

话，但他没有像小孩子常表现的那样哭泣撒娇，而是自己穿好衣服，独自坐在火炉边，显出一副心事重重的样子。九岁的孩子正处于天真烂漫且活泼好动的年龄，但他的两句答语："I am all right. 我没病。"显示出该小男子汉的坚强与镇静，这似乎与他的年龄并不相称，而"冷峻"和"勇气"正是海明威的作品所颂扬的。

"要不要让我读点书给你听?"

"好的，如果你想读的话，"孩子说。他的脸色十分苍白，眼窝下方有黑晕。他躺在床上一动不动，对周围发生的一切漠然置之。

我朗读霍华德·派尔的《海盗故事》，但我看得出来他并不在听。

"你感觉怎么样，宝贝?"我问她。

"到目前为止，还是老样子，"他说。

我坐在床的脚端自个儿看书，等着到时间再给他服一粒药丸。按理，他本该睡着了。然而，当我抬头时，他却双眼紧盯着床的脚端，神情异常。

故事这里暗示，当知道儿子由于感冒而发烧，父亲想读故事书替他解闷，但儿子似乎对此不感兴趣。他双眼紧盯床脚，样子怪异表明什么呢？一个九岁小孩，发着高烧，不吵不闹，他到底想些什么呢？原来，他正在思考着如何平静、体面地接受死亡。

"你为什么不睡一会儿呢？到吃药时，我会叫醒你的。"

"我宁愿醒着。"

过了一会儿，他对我说："你不必呆在这里陪我，爸爸，要是这事令你烦恼的话。"

"没有什么可烦恼的。"

"不，我是说，要是这事终将给你带来烦恼的话，你就不必呆在这里。"

按理说来，服药以后，孩子应该昏昏欲睡，但他更愿醒着，并劝父亲离开他。这里作者暗示九岁男孩已准备自己独自接受死亡。

"你的体温没啥问题，"我说，"用不着担心。"

“我不担心，”他说，“但是我不能不想。”

“不要想，”我说。“放心好了。”

“我没有什么不放心的，”他说着，眼睛直盯着前方。显然，他有什么心事，但在尽力控制着自己。

故事到这里，有一个画外音的独白插入父亲外出打猎的活动。即父亲在11点钟照规定给儿子服过药后，便出去了一会儿。文中描述父亲户外活动的内容似乎是闲笔，而且它的句式与其前后部分有所不同。在儿子受病痛煎熬，等待死亡之时，父亲却带着爱犬追捕猎物，冬季室外的风光与儿子的病痛形成鲜明的对比，父亲的粗犷、豪放与儿子的忧郁、含蓄水火不相容。这段闲笔实则是为突出主题服务的。父亲在户外不畏严寒、勇猛狩猎更加反衬儿子面对死亡所表现的无畏精神。如果说父亲体现的是“形”，那么儿子体现的就是“神”。这部分直观生动的描写起到了烘托儿子的个性和深化主题的效果。回家后，发现儿子的体温依旧。父亲对儿子说，It's nothing to worry about. 本句中的代词 it 指的是“temperature 温度”，而儿子对此的理解是“death 死亡”。父亲说，Just take it（temperature）easy. 而儿子回答，I'm take it（death）easy. 这读来简单的对话表现了父与子之间存在着误解。九岁的孩子面对死亡表现出如此平静实不平凡，而父亲的不以为然不仅没有引起儿子的反感，而是得到了他的宽容和谅解。寥寥数语向读者展示了人性的至真至美。

小说的最后道出了儿子认为人的体温达102度（华氏）必死无疑是源自他对华氏和摄氏两种温度计量方法缺乏了解，在九岁的孩子犯这种常识性错误是不足为奇的，而他对死亡所表现的平静则是令人叹服的。这也正是海明威小说中常表现的“绝望中的勇气”（despairing courage），再请看故事的结尾部分。

“到死我还有多少时间？”

“你不会死。你怎么啦？”

“啊，不，我会死的。我听到医生说102度。”

"人发烧到102度是不会死的。你这是说傻话。"

"我知道会的。在法国上学的时候，同学告诉我说，人要是发烧到44度就不能活了。我已经烧到102度了。"

原来自上午9点起，整整一天孩子都在等死。

"可怜的宝贝，这就像英里和公里。你不会死的。那种温度计不一样。用那种温度计量，37度是正常体温。用这种温度计量，正常体温是98度。

"你肯定?"

"绝对没错，"我说。"这跟英里和公里的区别一样。你知道，就好像我们车开到70英里折合成多少公里一样。"

"啊，"他说。

他那凝视着床的脚端的目光松弛了。他的紧张状态也终于缓和了。第二天，越发轻松了。为了一点无关紧要的小事，他会动辄哭起来。

故事结尾可看出，小男孩得知自己不会死去的时候，又恢复到以往和正常此年龄的孩子所表现的行为一样，为了一点不开心或无关紧要的小事，他会动辄哭起来。

在《一天的等待》中，海明威只用了一千多字呈现给读者一个令人叹服的男孩。在这有限的笔墨中，他将孩子面对死亡的无畏于户外壮美的冬景描写得淋漓尽致。虽然文中他描写的句式简单自然，甚至让人觉得有点单调平淡。但仔细推敲，读者不难发现这简单寓意深刻，这平淡令人回味。再者，一些简捷的日常词汇在作者的文中被用得恰到好处，熠熠生辉。令读者不得不佩服作者驾驭语言的能力。如 it 一词在父与子的对话中各有不同的含义，制造了悬念，更有利于故事情节的展开。

通过《一天的等待》这个小故事，读者看到一个勇敢、有爱心的小男孩在面临死亡时表现出的那种自制和对他人的关心。作者只用了简短的几句对白向读者传递了小孩对父亲和家人的关心。例如："You don't have to stay here, if it bothers you."在这儿小男孩显然指的是他在死亡时不愿让父亲难过，但他不想直说，其目的在于不愿刺激父亲。再如：小男孩拒绝任何人进屋时说“You can't come in”，“You mustn't get what I have.”他拒绝家人进屋是担心家人会传染上流感而像他一样死去，作者没有用很多笔墨去叙述，而只使用了简单的两句对白便说明了小男孩的爱心。多数人在面临死亡时都会感到害怕，小男孩也不例外，但他却表现出异常的宁静和勇敢。

三、结语

在上面的片段里，原著中的英文单词仅有三四百个。叙述流畅，对话简洁。而故事发生的来龙去脉以及人物的形象特点，通过流畅的叙述，简洁的对话跃然纸上。平淡的话语中，一个自信勇敢的小男孩形象出现在读者面前。在短篇小说《一天的等待》中，海明威通过一次误解表现出经历了一次令人恐慌的事的一个九岁小男孩的情感世界。这次误解是由于不同的国家使用不同种类的医用温度计这样看似很小的一件事引发的，可这样的经历对于一个孩子确是一场危机：他认为自己要死去，并且一整天都在考虑死亡之事。然而，在面临这场危机之时，小男孩表现出男子气概的无畏和克制力也正是作者海明威的理性意义中的勇气的标志。

海明威的亲身经历为他作品的创作奠定了丰富的想象力，他作品中大多数主人公都是心理或身体受到创伤，但是他们在悲剧面前却表现出极大的勇气和忍耐力。他的文笔简洁、清新、明确，尤其擅长描写和刻画人物性格，他以简单的句子结构、有限的词汇、准确的比喻和客观性的生动语调，来逐步展开其简约、紧凑、报道性的文风。世人公认海明威的风格是客观风格（objective style），这也正是他的作品长久不衰、享誉全球的魅力所在。

注：本节根据戴立黎，海明威的创作主题和语言风格——评析短篇小说《一天的等待》[J].（《时代文学》2007年第6期）编写而成。

第四节　英汉文学作品明喻修辞对比分析

比喻是用语言而非字面意义表示特别效应的任何表达用法。明喻修辞是指出比喻事物的共同点。英汉明喻修辞对比研究着重于两种语言表现形式上的差异。本节从比喻修辞角度对英汉明喻加以较为详细的比较和探讨，剖析并举例说明它们在英、汉两种语言中修辞功能的相似性。

一、比喻性语言的修辞功能

比喻又称打比方，指描写事物或说明道理时，以本体（被比喻的事物）、喻体（作比喻的事物）和比喻词（比喻关系的标志性词语）两类不同事物的内在相似点为依据，通过联想，用喻体来描写本体事物的修辞格。比喻的基本类型有明喻、暗喻和借喻三类。其作用主要包括通过对事物进行描绘和渲染，使事物生动形象，也用日常的事物于说理，使之浅显明白。概括起来说就是化平淡为生动，化深奥为浅显，化抽象为具体，化冗长为简洁。对此作家秦牧曾说过，“精彩的比喻，仿佛是童话里的魔棒似的，它碰到那里，那里就忽然明亮起来”（蔡富有，2001）。比喻性语言在长期的社会文化积淀下，其结构与形式赋予了深刻的明喻意义与文化内涵。

比喻性语言一般有两种联想情形：一是喻体所提供的类别明确，构成的整体比喻意义与个体词语意义是一致的，喻体提供给本体的显著特征会产生较直接的预期效应，因而比喻性语言的本体和喻体间的对比具有较强的联想性（宁全新，2004）。例如：英语中像 bold as a lion，majestic as a lion（如狮子般威风凛凛），as stupid as a donkey，as ass in grain（十足的大傻瓜），as blind as a bat，like a drowned rat 等表达方式，由于喻体所提供类别与特征非常清晰，带有普遍意义的联想，人们无需探求喻底便可推导出其语意的指向。另一种则是形义不一，言随意遣，喻体提供的形象度模糊，其联想与词语意义本身没有必要联系，无论是孤立地解读，还是将其置于语境中解读都缺乏指向性。如 as an ass in a lion's skin（说大话的胆小鬼，色厉内荏的人），He is as cool as a cucumber.（他泰然自若，极为冷静。）从这两例可看出，由于喻体的某些特征联想度较弱，寓意有超然于字面所致意义，人们就不易依据原有的认知经验把喻指的相似之处联想起来，这种情形自然增加了理解的难度。

明喻作为修辞手法中最为常见的形式，其运用在英汉表达里是极为广泛的。本文探讨有关明喻的修辞特征，其目的是结合运用逻辑思维规律，发挥想象，迎合情景，通过修辞格使语言表达生动，意境优美，从而富有感染力和说服力。

二、英汉明喻之修辞对比

修辞学是研究语言表现手段和语言运用规律的科学，这种语言行使功能的规律是人们根据表述内容、交际目的、交际场合和交际领域的不同，力求最恰当地使用语言单位而形成的。英汉修辞对比研究起始于二十世纪六十年代，由美国语言学家 Robert Kaphan 首次提出。在英汉语言中，使用明喻比喻性词语是将事物之间的相似特征通过具体形象来比喻某事物的词、词组或句子。明喻的基本构成方式都是本、喻体均出现，且两者之间用“象”、“如”（as, like）之类的喻词（indicator of resemblance）等连接。明喻的典型形式是：甲像乙一样。如在汉语中，人们常说“她脸红了，像个红苹果似的”，英文则说 Her face blushed, becoming as red as an apple. 又如大学英语教材中第 3 课“礼物”课文中的句子 The cheque fluttered to the floor like a bird with a broken wing.（那张支票像只断了翅膀的小鸟似地飘落到地板上。）

2.1 英语明喻修辞

英语明喻（Simile）是一种把两种事物的相似点直接表达出来的修辞格，是用一种事物比喻所要说明的另一种事物，两者在本质上或性质上有相似之处，可以直接理解语意，这和汉语的修辞格明喻基本上是相同的。Smile 这个英语单词是由拉丁语词“相似”之意而来的。Simile 是一种最简单最直接的表达两种不同事物的相似处的修辞方法。它通常的格式是“本体+喻体”，中间用“*like*”或“*as*”隔开。一般用英语词汇 like（像）、as（如同）、seem（看起来像）、as if（似乎，好像）、as though（仿佛）、such as（像……一样）、so（同样）、just as（正如）、similar to（与……相似）等等来表达。

请看下面一些例子：

1）O, my Luve is like a red, red rose,
That floats newly sprung in June.
O, my luve is like the melodie,
That's sweetly play'd in tune.（Robert Burns）
啊，我的爱人像一朵红红的玫瑰，
六月里初绽蓓蕾。
啊，我的爱人像一曲甜蜜的歌，唱得合拍又柔和。（罗伯特·伯恩斯）

2）Go hungry and cold like the golf,
Go wade like the crane:
……
But you'll walk like a man!（Hamlin Garland）
像狼一样去经受饥寒，
像鹤一样去涉水河川：
……
但走起路来，却是个堂堂的男子汉！（哈姆林·加兰）

3）I wondered lonely as a cloud
That floats on high o'er vales and hills,
……
Continuous as the stars that shine
And twinkle on the Milky Way,

…… (William Wordsworth)

我独自徘徊在湖畔，
像那山谷上漂游的浮云，
……
像灿烂的群星缀满银河，
在天河里闪烁蜿蜒，
…… (威廉·沃兹沃斯)

4) The rugged Pyrrhus, he whose sable arms
Black as his purpose, did the night resemble,
When he lay crouched in the ominous horse
…… (Shakespeare: Hamlet II,)

野蛮的皮洛斯顿夫在木马之中，
黝黑的手臂和他的决心一样，
像黑夜一般阴森而恐惧
…… (莎士比亚：哈姆雷特)

5) But why do I talk of Death?
That Phantom of grisly bone,
I hardly fear its terrible shape,
It seems so like my own —
It seems so like my own.
…… (Thomas Hood)

但我为什么要提到死亡？
死亡只是一具吓人的骷髅，
我并不害怕它那可怕的形象，
我自己就是一身枯骨 —
它和我简直就一模一样。(托马斯，胡德)

英语明喻有时并不用 like, as 之类词语，而会采用形容词的比较等级、介词短语或虚拟条件句等形式。例如：

· Shall I compare thee to a summer's day?

Thou are more lovely and more temperature.（比较级）

我怎能把你比作夏天？

你比它更可爱，更温婉。　　　（W. Shakespeare 莎士比亚）

· With the quickness of a long cat（ = as quickly as a long cat），（she）climbed up into the nest of cool - bladed foliage.（介词短语）

（她）一大猫般的敏捷爬进了又凉爽的簇叶构成的巢里。（D. Lawrence 劳伦斯）

· His great gaunt figure filled the cabin door.
And had he fallen inward on the floor,
He must have measured to the further wall.（ = he is as tall as the room is long.）（虚拟条件）
他那高大枯槁的身躯塞满了屋门，
倘若他向内倒地横陈，
他的长度会与整个房间相等。　（R. Frost 弗罗斯特）

2.2　汉英明喻习语修辞

在语言表达中，很多运用明喻的短语由于经常使用，已经变成了固定的词组。在这些固定词组中，很多比喻的形象基础已经变得不重要，有的甚至完全丧失，变得不可理解了。但它们在字面上仍然运用的是明喻。例如：

to feel like out of water	十分尴尬
to sleep like a log	睡得很熟
to serve like a dog or a horse	犬马之劳
like a cat on hot bricks	局促不安
take something like a duck to water	如鱼得水
red as roses	艳如桃李
as mute as a fish	默不作声
as cool as a cucumber	泰然自若
as poor as a church mouse	一贫如洗

as rich as a Jew	富敌陶朱
as easy as turning over one's hand	易如反掌
as thick as thieves	亲密无间
as fit as a fiddle	精神饱满
as happy as a cow	快乐无比
as sure as a gun	千真万确
as timid as a rabbit (hare)	胆小如鼠
as different as apples and nuts	完全不同
as thick as a wall	其厚如墙
as plain as a pikestaff	非常清楚

英语明喻也可用于否定结构，如 He is not as black as he is painted. （他并非像别人所说的那么坏。）

此外，在英语“as…as”的结构中，如果意义是肯定的，即为明喻。如果意义是否定的，那就是反语（irony）。试比较下面句子：

He is as stubborn as a mule. 他倔强得像头驴。(明喻)

A miss is as good as a mile. 失之毫厘，谬以千里。(明喻)

He is as subtle as a dead pig. 他死猪般的狡猾。(反语)

He is as slender in the middle as a cow in the waist. 他牛一样的细腰（实际上是腰粗如牛）。(反语)

2.3 汉语明喻修辞

汉语的明喻和英语的 simile 非常相似。明喻也叫直喻，就是说清楚这是在比喻，在打比方。汉语明喻的基本格式是“本体 + 比喻词 + 喻体”。汉语的比喻词有“似”、“若”、“如”、“像”、“如同”、“好像”、“好比”、“恰似”、“……一样（般）”、“犹如”、“仿佛”等等。例如：

1）曲曲折折的荷塘上面，弥望的是田田的叶子。叶子出水很高，像亭亭的舞女的裙。层层的叶子中间，零星地点缀着些白花，有袅娜地开着的，有羞涩地打着朵儿的；正如一粒粒的明珠，又如碧天里的星星。微风过处，送来缕缕清香，仿佛远处高楼上渺茫的歌声似的。这时候叶子与花也有一丝的颤动，像闪电般，霎时传过荷塘的那边去了。叶子本是肩并肩密密地挨着，这便宛然有了一道凝碧的波痕。叶子底下是脉脉的流水，遮住了，不能见一些颜色；而叶子却更见风致了。(朱自清《荷塘月色》)

2）南国之秋，当然是也有它的特异的地方的，譬如廿四桥的明月，钱塘江的秋潮，普陀山的凉雾，荔枝湾的残荷等等，可是色彩不浓，回味不永。比起北国的秋来，正像是黄酒之于白干，稀饭之与馍馍，鲈鱼之与大蟹，黄犬之于骆驼。(郁达夫《故都的秋》)

3）问君能有几多愁？恰似一江春水向东流。(李煜《虞美人》)

4）无可奈何花落去，似曾相识燕归来。(晏殊《浣溪沙》)

5）千呼万唤始出来，犹抱琵琶半遮面。(白居易《琵琶行》)

6）微风早已停息了，枯草支支直立，有如铜丝。一丝发抖的声音，在空气中愈颤愈细，细到没有，周围便都是死一般静。（鲁迅《药》)

汉语的明喻还有反喻，就是用否定形式构成比喻，如：

7）这个整天同钢铁打交道的技术员，他的心倒不像钢铁那样。(巴金《怀念萧珊》)

有时汉语明喻也会有复喻，就是一个本体连用两个或两个以上的喻体，以加强语气。如：

8）烟如羿射九日落，
矫如群帝骖龙翔，
来如雷霆收震怒，
罢如江海凝清光。(杜甫《观公孙大娘弟子舞剑四行》)

强喻属汉语明喻范畴，也叫较喻，即喻中有比，常和夸张兼用，这种比喻和英语中用比较级的 Simile 明喻完全一样。如：

9）可是在中国，那时是确无写处的，禁锢得比罐头还严密。（鲁迅《为了忘却的纪念》)

三、使用英汉明喻值得注意的问题

英语修辞格 Simile 和汉语修辞格明喻都是通过直接的表达，说明两个不同事物的相似点，将抽象的概念具体化，将深奥的事物变得浅显，使语言形象，生动，引起读者的丰富想象，引起共鸣，加深对所描写的形象或阐明的道理的理解，从而产生深刻的印象。

但有必要指出，在运用英语和汉语的明喻时，我们要注意以下三点：

首先，英汉明喻都是指两种本质不同的事物之间的比较，而这两种事物之间又有着明显的相似处。没有前一个条件，就不能构成修辞上的英语和汉语的明喻。例如：My bicycle is like yours.（我的自行车很像你的自行车。）The rose is as beautiful as the peony.（玫瑰和牡丹一样漂亮。）He runs faster than all the others in his team.（他比队里其他队员跑得快。）Your bicycle is like mine.（你的自行车很像我的自行车。）这三个句子都不是比喻，只是比较，因为本体和喻体之间的相似点太多而成了本质相同的事物。而没有后一个条件就没有比喻的基础，使人感到不知所云。例如："整整一天她都没有吃一口东西，饿得像小草一样，头晕眼花。"在该句中，"饿"和"小草"之间并不存在明显的相似点，因而不能构成比喻，否则使人难以理解。

其次，英语的 Simile 和汉语的明喻都使用一事物与另一事物的一点作比，突出的是"这一点"，往往带有夸张的性质，而两事物的其他方面则不重要，因此对比喻不能"求全责备"。"例如：My heart is like a singing bird.（我的心像唱着歌的小鸟。）这里只是指我的心语唱着歌的小鸟的欢乐程度是相似的，至于心和小鸟之间的完全不同则是不必计较的。

最后，英语 Simile 和汉语明喻都要通俗，也就是说喻体应为广大读者或听众，即交际对象所熟知的，否则，Simile 和明喻的应用只能让人困惑，完全背离运用 Simile 或明喻的宗旨，其比喻结果故弄玄虚，越比越深，使人感到莫名其妙。

英汉明喻修辞格的研究对分析语篇 最后，我们认为汉英明喻的研究应从文化对比的角度，剖析并发掘各自蕴藏的丰富文化内涵，揭示它们及其相关表达之异同的内在原因，才能进而更有效的对汉英明喻表达进行正确的理解和运用。

注：本节根据戴立黎，英汉文学作品明喻修辞对比分析［J］．(《时代文学》2010年第3期) 编写而成。

第五节　英语教育中的价值观培养

价值观态度培养是使人们形成特定文化所要求的价值观的教育。它在内容上是一个具有综合性和包罗性的术语，包括一系列共同的内容：精神的、道德的、社会的和文化的教育；个人的和社会的教育；多元文化的教育；公民教育；精神关怀以及理想教育等。

一、研究背景

价值观是人们对价值的一般观点和根本看法。价值观在社会、个人的生活中占据着非常重要的地位。可以说，任何一个社会、一个个人的生活都是在其价值观的指导下进行的，失去价值观指导的生活，就是没有意义的生活，也就不是真正的生活。不管人们是否意识到，价值观总在人们的思想中，它影响着人们的思想、评价、选择和行动。人类的生活正是有了价值观的指导，才使生活具有了真正的意义，才使人类的生活与动物的生存区别开来。

2007年1月20日，北京联合大学师范学院承担的全国教育科学“十一五”规划教育部重点课题《职业教育中价值观和态度培养比较研究与实验》的子课题《价值观和态度培养在师范教育中的地位和作用》正式开题。在课题负责人戴立黎的主持下，课题组成员出席了开题会。

会上，课题负责人介绍了课题的立项背景和研究意义，拟定了课题研究计划，并且成立了课题研究小组。会后课题组研读并系统学习了有关

《学会做事》一书中的理念和价值观素质教育理论，了解课题意义、性质和内容，确定了开设我院高职学生的价值观教育选修课和师范生相关素质教育的任选课程，学时分配和课程计划等工作。通过2006年9月的《学会做事》双语选修课开设的前期教学实践以及问卷调查，课题组分析制定出了下阶段的教学对策和实施，并于2007年9月在2005级高职外事文秘专业开设了《4LS能力培养》双语课作为专业课。以下是我们子课题组所作的主要两项工作情况：

二、选修课开设

为了明确授课对象的特点，开设选修课前在北京联合大学师范学院进行了一次问卷调查，对学生的价值观现状以及需求进行了初步了解。基于调查结果，我们开展了对选修课设置的研究，摸索适用于在师范教育中培养价值观和态度的途径、方法以及课程体系等。2006年9月北京联合大学师范学院开设了《学会做事》双语选修课作为价值观教育教学模式初探。本门课程是根据联合国教科文组织国际教育和价值观教育亚太网络编著的《Learning To Do》一书为蓝本开设的，共分15讲。在课程实践中采用四步循环教学法，并结合教育心理学和构建主义学习理论，形成了更加具体的教学手段与方法。同时课程资料选择以英文为主，将语言培训的内容纳入课程中，课堂讨论与活动兼用英汉双语，鼓励学生用英语去获取信息与表达思想，双管齐下，通过学生的自述和课堂反应来看，学生的英语语言能力也得到了提高。该选修课的教学步骤分为五步：

第一步利用多媒体辅助教学，以直观画面和视频形式将授课内容资料巧妙地引入主题，激发学生兴趣，并通过案例介绍提出问题或情景引发学生思考。

第二与第三步组织学生对某一案例进行分组讨论、记录并发言。

第四步观摩他人的陈述与评价。

最后一步就是将道德观念转化为道德行为，以便更好地落实师范学校教师和学生的价值观教育，通过强调在价值观教育的综合素质培养方面，探索开发一个人的价值观念、伦理和态度，使学习者成为自立的负责任的合格教师。

该选修课采取的形式是学生的自述汇报。虽然，学生的自述是主观的，但通过他们的文字看到，正确的价值观得到了学生的认同，这同样标志着价值观的形成，课程实践达到了预期的效果，取得了初步的成功。

三、专业课设置

对于目前一些用人单位对毕业生的素质能力要求甚至高于对知识和技能的要求，北京联合大学师范学院决心通过设置专业课以培养提高本校学生的素质能力，包括政治思想素质、道德法律意识、文字和表达能力、交往和合作能力、质量意识、竞争意识、团队精神、合作精神、环保意识等。这些都与价值观培养关联度很高。随着《学会做事》选修课的顺利展开，2007 年 9 月北京联合大学师范学院在 2005 级高职文秘教育专业开设了《4LS 能力培养》双语课作为专业限选课，每周 3 学时，为培养文秘专业的学生提供生动活泼的价值观教育，以期改变由于思想教育教学形式枯燥而容易被学生忽略掉的价值观教育状况。到目前为止，为了解学生学习状况，教师要求学生写心得体会，通过将课后感想收集分析，发现学生对学习此门课程的收获很多，对今后的良好的职业素质形成很有帮助，显示出了明显的教学效果，取得了初步的实验成果。

随着《学会做事》选修课以及专业限选双语课程的顺利展开，我们安排每周 3 学时，为培养文秘专业的学生提供生动活泼的价值观教育，以期改变由于思想教育教学形式枯燥而容易被学生忽略掉的价值观教育状况。到目前为止，为了解学生学习状况，教师要求学生坚持写心得体会，通过将课后感想收集分析，发现学生对学习此门课程的收获很多，对今后的良好职业素质的形成很有帮助，显示出了明显的教学效果，也取得了较好的实验成果。

课程内容及方法方面主要是课程实践与评价，根据联合国教科文组织职业技术教育和培训国际中心专家奎苏姆宾建议的四步循环教学模式：知晓、理解、评价和行动。我们认为四步教学法中的“知晓”是属于认知层面，在这一层面教师构建有意义的认知环境，营造适宜的认知氛围，激发学生的学习兴趣与思考，正是心理学中强调的心理准备，为更深入的学习打下良好的基础。“理解”是属于概念层面，在这一层面教师将学生引入具体的案例或价值观情景中，使学生对要学习的抽象概念有更具体、直观和理性的认识，正好符合价值观形成的第二阶段：即道德信念的形成。“评价”是属于情感层面，这一层面是价值观从认知、理解到内化为自律行为的关键，在这一层面教师通过师生互动参与的讨论，或其他的课堂协作任务引导学生形成正确的自我认知，这样形成的价值观通过了学生自我的思考、选择和强化因此会比直接传授使学生更容易接受，也更有效。最后一步“行动”当然是属于行动层面。这一层面不仅需要教师在课堂上提供或创造机会或模拟情景让学生对道德意志力进行强化从而培养道德行为习惯，同时还应布置学生课外完成相应的任务，不断对实践进行反思与探讨，让正确的价值观得到内化与外显。

课题组成员知道，学校教学工作是以课程为中介的师生双方的共同活动，其特点是通过教师与学生、学生与学生以及学生与教学环境、教学氛围之间的有效互动，让学生积极、愉快地获取知识，习得技能，发展能力，促进学生身心的全面发展。在教学过程中，教学目标的实现程度不仅与教学目标、教学任务、教学策略、教学方法密切相关，而且与学生的学习需求、学习兴趣、情感体验、学习风格、教学情境等紧密相连。这些因素正是我们教师发挥主体作用的领地。

在教学实践部分里，重点对价值观教育的操作体系做了探索。对价值观教育的模式建构，在应用《学会做事》书中的模式、在“认知－发展”模式、“体谅”模式和社会行动模式经验的基础上，探讨有关师范生价值观教育模式建构的问题。教学中尽量做到即继承我国历史上价值观教育的优良传统，认真总结我国过去价值观教育方面的经验，借鉴国外价值观教育模式方面的经验，以价值观教育的理论研究为基础，对价值观教育方法的运用进行分析，对传统的说服教育法、榜样示范法、陶冶教育法和自我修养法的借鉴，又包括对两难故事法、角色扮演等。

四、研究的学术价值和应用价值

研究有助于转变或更新英语教学思想，即：英语教学的目的不仅限于传授英语知识或培养听说读写能力，使学生通过英语掌握本专业领域的最新信息；英语教学更深刻更重要的目的是培养两种能力：(1) 外语学习能力；(2) 跨文化交际能力。

从人才培养模式的角度，本着培育大学生的劳动意识、创造意识、效率意识、环境意识和进取精神、科学精神以及民主法制观念，增强他们的动手能力、自主能力和自我保护能力，引导其保持蓬勃朝气、旺盛活力和昂扬向上的精神状态，激励他们勤奋学习、大胆实践、勇于创造，使他们的思想道德素质、科学文化素质和健康素质得到全面发展。

2. 课题研究对如何开展素质教育，即对大学生政治思想素质、道德法律意识、文字和表达能力、交往和合作能力、质量意识、竞争意识、团队精神、合作精神、环保意识等均与价值观和态度关联在一起融入课堂教学中。

有助于教师了解学生、开展以学生为中心的课堂教学，研究学习方法指导正确价值观态度，研究学习能力培养的途径，将培养学习能力纳入价值观教育教学中，更好地贯彻素质教育的精神。

本课题实验的结果，可以为长期开展“价值观和态度教育研究与实验的课程改革”的可行性研究与实验，奠定一定的基础。

通过本子课题的研究与我校实践教学的经验，为同类院校开展此类课题研究的项目提供经验和一些参考信息。

五、存在的不足与欠缺

1. 在进行我校高职学生价值观调查问卷的项目研究过程中，课题组也组织了相关学习态度等方面的问卷调查、分析和总结，但因时间仓促，没能将各种调查结果归纳进行对比分析，因此缺乏学生价值观和学习态度对学习效果影响的综合数据分析，也是课题组今后要继续进行后续研究的问题。

2. 从外语教师的角度看，如何正确引导学生掌握学习方法，提高学习策略，保持强烈的学习动机，是提高教学效率、获得最佳教学效果的关键，值得引起我们的重视。教师的行为态度、教学中不同的课程处理方法、教学内容和活动的选取和设计等等都会直接或间接地对学生的学习策略产生影响。虽然我们对高职英语教师进行了访谈和调研，但没能将英语教师在教学中行动策略研究作为深入调查，因此如有可能，我们计划在下一步对此方面进行探究。

3. 由于能力与条件的限制，调查与研究只限于本校高职学生和教师的范围内，可能会有片面性，但在同类型有高职院校的大学中确实也有一定的代表性，因此所得经验与结论有一定的参照意义，可供做同类研究时参考。

价值观教育的课程评价是以学生心理与行为的转变程度的评价为核心的，但目前行为转变的监控和调研还没开展起来，因此，该课程的评价主要来自心理层面的。当然，心理测量是抽象的，不可视的，难以捕捉的，所以我们采取的形式是学生的自述汇报。虽然，学生的自述是主观的，但至少我们能通过他们的文字看到正确的价值观得到了学生的认同，这同样标志着价值观的形成，通过学生的自述和课堂反应来看课程实践取得了初步的成功。

社会呼唤的师范人才不仅要掌握知识，还要具备深厚的人类价值观和态度，对自我价值、自我尊重和尊严的认识，具备独立工作和团队工作能力，诚实正直、守时负责；能适应变化的形势，知晓和理解困难和问题，创造性拿出解决方案，和平解决争端，良好掌握世界、自己和他人的现实情况；既有全面的综合知识，又具备某个领域的专门知识，具备在学习型社会继续学习的能力。鉴于以上的需求与现状，该课题的探究在师范教育中具有现实意义。因此在形式上价值观教育我们通过专门的课程和教学进行，旨在学校的教育教学中渗透一定的价值观。

总之，我们课题组各成员都在按照正常的课题研究计划和方案进行教学实践以及课程研究工作，通过课题研究，希望摸索出适用于在师范教育中培养价值观和态度的途径、方法以及课程体系等，以便更好地落实师范学校教师和学生的价值观教育，通过强调在价值观教育的综合素质培养方面，探索开发学生的价值观念、伦理和态度，使学生成为自立的负责任的合格教师。

注：本节是根据戴立黎主持的教育部子课题项目《价值观和态度培养在师范教育中的地位和作用》的阶段性成果汇报编写而成。

第六节　英美文化价值观差异

Difference between British and American Cultures in Values

In this section, the differences between British and American values are discussed in two aspects which mainly lie respectively in the comparisons of values and characteristics in both cultures.

1. Introduction

As the two gigantic nations, American culture and British culture are both the emblematical culture in the modern world. Jiang Ningkang endowed the American culture as "American culture is rich, complex, and unique. It emerged from the short and rapid European conquest of an enormous landmass sparsely settled by diverse indigenous peoples. The country is strongly committed to democracy, in which views of the majority prevail, and strives for equality in law and institutions." (Jiang Ningkang, 2004, 66)

However, the conception about Britain's culture in Decoding Contemporary Britain is, "The culture of the United Kingdom is rich and varied. Britain is full of customs and traditions. Its culture has been influential on culture on a worldwide scale and its traditions have been around for hundreds of years. The origins of the UK as a political union of formerly independent states have resulted in the preservation of distinctive cultures." (Wang Shouren, 2003, 276)

It is obvious that the society's confluence and nation's diversity attribute to the American's culture prosperity. The histories of American demonstrate that American society is multicultural complexion, as well as competitive. While national spirit of Great Britain and culture life are developing with the changes of the times—tradition is coexisting with opening. The social convention of the British society is not only deep – rooted on the conservative, but also innovating constantly during the developing course.

2. American values and characteristics

Values are the most important issue in identifying one particular culture. Social values are the feelings people have about what is important, worthwhile, and just.

When it comes to the value, we can learn from the enormous articles that one of the most basic morale values for Americans is honesty. The well – known legend about George Washington and the cherry tree teaches this value clearly. Sometimes American honesty – being open and direct – can offend people. But Americans still believe that honesty is the best policy. Another virtue American's respect is perseverance. Compassion may be the queen of American virtues. Even turn into a positive cycle.

The portrait of America is that of a more ethnically and racially diverse country. Americans' personalities may differ from somewhat from one region to another. Each section of the United States is often thought to have its own customs and attitudes, and stereotypes have developed about the people of each region. Though some regional differences remain, there must exist something in common with each other in aspect of the attitudes and values that Americans share. Here are the some characteristics American share that distinguishes British.

1) Perhaps the greatest American virtue is a deep interest in new ideas and new things. The courage to try something new has been an American characteristic since colonial times. Mid – life career changes are quite common and reflect American adaptability as job opportunities change. Social mobility – movement from

one social class to another – has always been characteristic of the United States, and it is closely tied to financial status. Just as the great American novelist and humorist Mark Twain pointed out, the difference between the more conservative European and the more experimental American temperament is the Englishman is "a person who does things because they have been done before" and the American "a person who does things because they haven't done before."

2) The Americans have strong belief that "All men are created equal." It means that all people should be treated equally before the law and given equal privileges and opportunities. They believe that any individual, no matter how poor, can achieve success through honesty and hard work. Most Americans have faith in God and prove their worth to themselves by working hard. They emphasize self – reliance and depend on their own efforts to improve their standard of life.

3) Being on time and working efficiently are very important to Americans. There are many sayings, such as "Don't waste time." "Time is money." reflecting the American obsession with promptness and efficiency. They desire to get the most out of every minute often affects behavior. The pressure to make every moment count sometimes makes it difficult for Americans to relax and do nothing. They desire to save time and handle work efficiently also leads Americans to buy many kinds of machines, which gives Americans a new kind of control over time.

The American pace of life is extremely fast. Typical Americans are always busy, though not so much with household chores. Some people say that Americans are rushing all the time. They rush into their cars in the morning, drive to work as fast as possible. Driving slowly to enjoy life is not American way.

4) Individualism is greatly emphasized in America. Competition and fast pace of life make Americans rather careless about friendship. Capitalism made great efforts to advocate individualism and the belief in present materialist interests. An American is more interested in getting ahead in society than in recalling the past. To a typical American, he is the center of his life. All he does is to real-

ize his dream in life. This kind of self – center leads to isolation among most Americans. Fast pace of life, relentless competition and the tendency to isolate makes it hard for many American to relax.

5) Just because Americans spend so much money for goods and service, Americans are often accused of being materialistic. To obtain money, one has to work hard, to improve his ability, to compete with others, and to avoid being fired. In short, he must always try to keep pace with society. In American, expensive possessions are symbols of the owner's financial success. One expert on American culture points out that generosity and materialism run side by side.

6) Americans attach great importance to democracy. To most of Americans, democracy not only means majority rule, but also means to protect minority rights. What's more, democracy is not only a form of government; it is a way of life. The belief that those who must live by the rules should help make the rules is basic to nearly all American institutions and organizations. In American, noisy demonstrations and public protests left their mark upon the American character.

3. British values and characteristics

The English are governed by a simple set of values to which everyone pays up service, whether they believe in them or not. There is however, one exception to this rule and that is common sense. Common sense is central to the English value to almost everything in life, which is part of the historical imperative. According to the British culture, belonging is another important to the English. Historically its most obvious symptom is found in the English devotion to the class system which is central to the whole English way of life. Its importance can hardly be overrated and it should be dismissed. The class system is a reflection of the fierce competitiveness of English. The existence of the class system is a living proof of the English devotion to tradition, their innate fear of their own inferiority and their desire to better themselves in the eyes of their compatriots. The characteristic English pose involves:

1) British Reserved

The English, as a race, have the reputation of being very different from all other nationalities. It is claimed that living on an island separated from the rest of Europe has much to do with it. Whatever reasons it may be fairly stated that the Englishman has developed many attitudes and habits which distinguish him from other nationalities. Englishmen are reserved, who neither talk very much to strangers nor show much emotion, and seldom get excited. When encountering strangers, they often seem uneasy, even embarrassed.

2) British Obedience and Proper Manners

Another English characteristic is what people call obedience. English society used to be rigidly stratified and status – conscious. Everyone was told to be obedient towards those who were superior to him in wealth, status and power. Obedience was once considered as the basic social stability and good manners.

English people are careful with their manners. Well – bred persons must be appropriately dressed for dinner and interview, particularly table manner. They are supposed to sit up straight, keep quiet and take good care of the tableware. Polite table talk is necessary, gaily asking what to do if you are not sure and keeping the conversation going, but loud voices and wild laughs are considered as ill – bred.

3) English Modesty

English modesty is closely related to English reserve. Within their hearts, the English are perhaps no less conceited than anyone else, but in their relations with others they treasure at least an indication of modesty. Self – praise is considered to be ill – bred.

Self – deprecation is typically English, and, mixed with their reserve, it often produces a sort of general air of indifference which appears to strangers as a pose, difficult to understand and even irritating.

4) Habits of Politeness

British habits of politeness are on the whole very informal. All politeness is based on the elementary rule of showing consideration for others, and fitly acknowledging the consideration shown to you. British people do not really ask others to do anything involving real inconvenience: they prefer to wait for such service to be offered, rather than ask for it. British people, without being conscious of it, sometimes make offers purely out of politeness, not really expecting them to be accepted.

In general, Americans are regarded as the persons who are adaptable, energetic, frank, straightforward, open - minded, self - confident, romantic, honest, adventurous, spontaneous, outgoing, imaginative, curious, independent, and creative. Also, Americans admire what is practical, fast, and efficient. While the Englishman is a quiet, shy, reserved person who is fully relaxed only among people he knows well. In the presence of strangers or foreigners he often seems inhibited. The Englishmen is somewhat feels no less deeply than any other nationality, but he tends to display his feelings far less.

4. Conclusion

In sum, American and British cultures have a lot differences in different aspects besides those mentioned above, so we can come to the conclusion that American and Englishmen have different values and characters. Englishmen are reserved, conservative on the whole while Americans are open - minded and less formal in everything. Englishmen do everything according to certain rules and consider it rude to break rules. While with respect to American whose culture is a product of many different cultures blended together, they created a climate of freedom and competition, paying attention to the goals of the collective, thus collectivism is thought of as one of the basic orientations of American culture. By individualism (or freedom), Americans mean the desire and ability to control their own destiny without interference. As for social manners, American people and English people have more similarities than differences. For example, the principle "lady first" is well abided by in both countries. As for holidays, Christmas is regarded as the most important holiday in both countries. Both countries' families tend to be very small. Children do not live together with their parents after marriage.

The comparisons mentioned above may not necessarily describe all the facts of British and American life. However, that does not diminish them. Most people, both in Britain and in America, still believe in these cultural differences and are strongly affected by them in their everyday life.

注：本节是根据潘巍巍、戴立黎，Differences Between British and Americans' Cultures in Values［J］．（《语言与文化研究》知识产权出版社，2008 年 9 月）编写而成。

第七节 How to Teach Culture in English Classroom

The present section concerns itself with a study of the cultural – based language teaching issue, particularly with the issue of some practical techniques for teaching culture in the EFL classroom. Different from previous research, this paper wants to emphasize the importance of cultural acquisition in the study of language courses, and to present a range of practical techniques that we have found to be effective and successful in cultural – based courses and a few tips that can help to make the teaching of culture a better experience for both teachers and students. The purpose of this paper is to explore effective approaches of culture communication transmission in English classroom teaching so that students can learn culture especially in learning English.

1. Literature Review

Every language is part of a culture. As such, it cannot but serve and reflect culture needs. （Hu Zhuanglin, 1988, 250）. There is a closed relation between language and culture, which are either the matrix or the reflection of culture. The world is now increasingly opening and various cultures blend with each other. Therefore, people with different culture have more and more mutual exchange and cooperation. For this reason, In EFL teaching, it is the most important task for teachers to have a through and profound grasp of language and culture in order to cultivate students' communicative competence and to develop teaching techniques.

With the research of the relationship between culture and language teaching deepening, people have realized the necessity of teaching culture into language learning. As we know, the cultural factors become more and more important in English teaching. A lot of experts are for the opinion that teaching language means teaching culture. The purpose of language learning is to equip learners with as much knowledge as possible. Learning is a process of developing the awareness of the world, and learning cultural knowledge is an important way for us to enrich learner's knowledge.

Teaching culture is considered important by most teachers but it has remained "insubstantial and sporadic in most language classroom" (Omaggio, 1993). Omaggio gives several reasons for this including lack of time, uncertainty about which aspects of culture to teach, and lack of practical techniques. In this paper, we will present some practical techniques that we have found to be effective in culture – based courses and a few tips that can help to make the teaching of culture a better experience for both teachers and students.

2. Creating Cultural Texture

Both language and culture teaching involve the development of a feeling for language in both written and spoken discourse. However, some approaches being complimented in our classroom have not always served to develop such responses to language or to isolate the different kinds of responses involved. On one hand, the structural approaches to ELT, with their emphasis on discrete – point teaching, "correctness" in grammatical form, and repetition of a range of graded structures, restricted lexis, etc., still represents a dominant methodology hindering culture teaching. On the other hand, the teaching culture has lacked a consistent methodology of representation to non – native Chinese students. Therefore, a revolutionary approach is badly needed where language and culture study are more closely integrated and harmonized than is commonly the case now.

With the purpose of a better cultural acquisition from language teaching, we can adopt an effective method on cultural texture. Oxford (1994) has used the term 'cultural texture' to describe the many aspects of culture that we need to teach to our students. To achieve this texture, we need to vary three different parameters, i. e. information sources, activity – types and selling – points.

2. 1　Information Sources

In order to get a comprehensive picture of the target culture from many angles, we need to present our students with different kinds of information. The list below shows some possible sources of information which can be used as materials for teaching culture. By using a combination of visual, audio and tactile materials, we are also likely to succeed in addressing the different learning styles of our students.

video		readings
internet		CDs
TV		illustrations
surveys	Information Sources	Students own information
Literature		newspapers
Guest speakers		interviews
anecdotes		photographs
fieldwork		songs

2. 2　Activity types

Many books which attempt to teach culture offer only 'discussion' activities. Discussion is a valuable form of learning in culture, but we cannot expect all students to be able to discuss complex issues at a high level in a foreign language. Often, even high – level students need some preparatory activities with clear goals before they can proceed to discussion. Some of our favorite activities are discussed below.

1) Quizzes

We have found that quizzes are one of the more successful activity types. Quizzes can be used to test materials that we have previously taught, but they are also useful in learning new information.

The students can also be asked to quiz their partner about readings or other materials. Quizzes offer a high - interest activity that keeps students involved and learning.

2) Action logs

An action log is a notebook used for written reflection on the activities done during class which also provides useful feedback for the teacher. Students write it up after each class or at the end of each class. By requiring students to evaluate each class activity for interest usefulness, difficulty, and, they must reconsider what they have learnt. Each student also records his/her target for speaking English, what they think they actually achieve, the names of their discussion partners, and their own comments on the activities. Some students get so interested in the target culture that they write several pages in comments each week.

Considering the complexity of the course, it is essential for the teacher to instruct the students about note - making. The note is also taken partly in class and partly outside class involving the different steps or periods of some topics and themes.

3) Reformulation

When students have read an activity or listened to a story, we may like to use reformulation to allow them to check what they have learned and to reinforce it by retelling it to a partner. Reformulation simply means: 'Explain what you just learned to your partner in your own words'. It is a very simple technique, but has proved very successful for learning both culture and language. We often give readings for homework and require students to take notes on the content. These notes can be in the form of pictures, keywords, or mind - maps.

In the next class, the students are asked to reformulate the content of the reading with a partner using their notes without looking at the original paper. Reformulation is also effective after watching a short video extract or listening to a story. Though reformulation, students check what they have learnt, find out things that they have missed from their partner, and improve their language by noticing gaps in their own ability to explain.

4) Noticing

There are many good videos and texts published concerning the classic literacy works and most teachers have access to them and the video equipment. Watching videos is simply another tool for learning and enjoyment. Frequently, when some writer and his or her works are dealt with, especially the classic ones, the students should be offered the opportunity to enjoy the video. The teacher still can make use of the chances to work out some methods to arouse the curiosity and motivation. As students watch a video or are engaged with some other materials, you can ask them to 'notice' particular features. For instance, they could watch a video of a target - culture wedding and note all the differences with their own culture. Asking students to 'notice' gives a focus to the materials by making it into a task, rather than simply passive viewing or listening.

5) Prediction

As mentioned above, prediction can be a useful tool in quizzes, but it can be equally useful in using almost any materials. Like 'noticing', prediction can engage the students more actively. For example, when you are telling a story, you can stop at a certain point and ask the students to predict how it will continue. Or, when you are giving out a reading for homework, first give the title of the reading and ask students to predict what they will learn. This will force them to review their existing knowledge of the topic and raise their curiosity about whether their prediction is correct or not.

6) Research

Students' research is one of the most powerful tools that we can use with college students because it combines their interests with the classroom. For instance, after the first class, students are asked to search the internet or library and find information on any aspect of the target – culture that interests them. In the following class, students explain to their group what they have learned and answer any questions about it. This can lead to poster – sessions or longer projects. For some students, it can even lead to a long – term interest in the target – culture.

Some other types of activity that we have found useful include the following but with a bit of thought, most standard EFL activities can be easily adapted for use in the culture classroom. The most important point is to ensure that the students are actively engaged in the target culture and language.

- Games
- Role play
- Field trips
- Reading activities
- Listening activities
- Writing activities
- Discussion activities
- Singing

2.3 Selling Points

In order to create cultural texture, we must be careful not to portray the culture as monolithic, nor to only teach the pleasant aspects. Activities and materials should portray different aspects of the culture. In other words, we need to 'sell' different views of the culture to our students. Introducing deliberate contrasts within a culture can be useful. Some different 'selling points' are contrasted below.

Attractive	Vs.	Shocking
Similarities		Differences
Dark aspects of culture		Bright aspects of culture
Facts		Behavior
Historical		Modern
Old people		Young people
City life		Country life
Stated beliefs		Actual behavior

3. Practical Tips on Teaching Practice

To explore effective approaches of culture communication transmission in English classroom teaching, teachers are expected to help students build up the following relevant skills in culture comprehension and appreciation:

3. 1 Personalization

Only by personalizing activities and content can we hope to lead students to better cultural understanding. We can start off by talking about a distant country, but this will only result in stereotyping if we do not allow students to relate the same issues to their own lives. And as every language teacher knows, students love to talk about themselves. For instance, when discussing a new text or a topic, students can be asked to draw links to their real experiences of constructing similar events, situations and selves to make them respond to text worlds. Students can be encouraged to make use of their text – world experiences as a lens to create imaginative perspectives on their real – experiences by discussing conventional ways and then writing a true/imaginary story that might happen in their real lives. "By elaborating on their real – world experiences, students discover certain beliefs and attitudes about that experience they use to interpret text – world experience" (Beach, 1998). Obviously, by helping students make personal and intertextual connections, these reader – responses methods engage them and increase the depth of their learning.

3. 2 Activities, not just ‘discussion’

For most foreign – language students, don’t expect them to have instant lively discussion, which is an unlikely scenario. We have found that the activities with simple instructions and a clear goal such as quizzes or surveys are successful even with low – level learners. It is very easy to extend such activities into open – ended discussions if the opportunity arises. On the other hand, it is often impossible to transform open – ended ‘discussion’ activities (usually with no clear goal) into activities which work effectively with low – level learners.

3. 3 Scientific reading activities

Teachers should prepare their lessons carefully, try to find reading materials with cultural information. There should be proper language – learning strategies — such as checking comprehension with a partner, and reading groups of words instead of word – by – word — including throughout the text to help students look at their own learning process and build a repertoire of ways to become active learners, both during and after the course.

Reading is integrated with listening, speaking and writing. For this reason activities should become more varied and demanding. For example, students are initially asked to choose the best summary of a given story; later, they are asked to write their own summary.

These activities help students make sense of the readings, and then encourage them to use details from the readings to discuss contemporary issues. Almost all of the activities involve either pair – work or group – work, thus maximizing student – to – student interaction. When students work alone on an activity, they follow up by comparing answers with a partner. Thus, students have numerous opportunities to communicate in meaningful ways in a collaborative atmosphere.

3. 4 Cultural interaction by literature

As most students of foreign languages struggle with a language and culture with which they are unfamiliar, literature which deals with either of these themes can be relevant to them. As said, literature cannot escape its cultural implications, and literature is a response to a relationship between the culture of the students and that represented by the current readers of literature being presented (Chen Ben, 2004). In this respect, literature is one among several means of access to the foreign culture background studies.

However, interaction with a literary text depends on a reader's familiarity with the cultural assumptions in it. As Allen puts it, "Literature is a facet of culture. Its significance can be best understood in terms of its culture, and its purpose is meaningful only when the assumption it is based on are understood and accepted" (Allen, P. 1975).

To solve the problem, teachers are to help students develop competence in the understanding of the readings and arouse the students' interest in thinking deeply about the ideas expressed by the selected works and to relate these to their own experience.

3. 5　Suitable level of difficulty

Know your students. Even though you may see yourself primarily as a teacher of culture, if you are working with EFL students, you must constantly remember that they probably will not understand everything that you say. It is not necessary that they understand every word and indeed a challenge is wonderful for learning, but consistently using material or a way of speaking that is too difficult is a sure way to make students lose their interest in a target – culture.

3. 6　Make it interesting

Of course, the culture is interesting to you, so you presume that it will be interesting for your students. However, imagine sometimes that you are studying the culture of a foreign country, one that you may have no intention of visiting. Pick out the interesting aspects of a culture and present them in a way that will engage students. By using the variety of approaches described above to create culture texture and by employing your own enthusiasm, you should be able to create an exciting class for your students. Sometimes it is a good way for the students to use group – work. Students can learn more in groups. They have more opportunities for using the target language, discussing the target culture, and gaining additional perspectives on their own cultural.

4. Conclusion

In summary, culture offers several benefits to language classes. It can be useful in developing linguistic knowledge, and, if duly motivated, extend students' language proficiency. Needless to say culture teaching is an essential supplement for language teaching, which enables students to experience pleasure from language learning. The learning of target - language culture can improve students' understanding of the target language, enrich their ability of understanding. Obviously learning target - language culture can reinforce students' understanding of the world and cultivate the cultural awareness.

From the above illustration, we can know that an effective method of teaching culture is very important in language teaching, so every teacher should realize its importance and necessity, and find some effective strategies to carry out culture teaching in language teaching. In a word, we should try our best to make good use any materials available and textures to provide students with more materials rich in cultural contents and more closely connected with their specialty.

注：本节根据戴立黎，"Practical Techniques for Cultural - based Language Teaching in the EFL Classroom" [J]. 语言教学与研究，2011 年第二期）编写而成。

参考文献

Allwright, R. L. 1988. Observation in the Language Classroom [M]. London and Yew York: Longman

Amy B. M. Tsui. Introducing Classroom Interaction [M]. London: Penguin, Pp 23—28.

Bachman, Lyle F. 1990. Fundamental Considerations in Language Testing [M]. Oxford: Oxford University Press

Bloom, B. S. 1956. Taxonomy of Educational Objectives: Book1 Cognitive Domain London Longman Group Ltd.

Booz, Elisabeth B. 1982. A Brief Introduction to Modern American Literature [M]. Shanghai: Shanghai Foreign Language Education Press

Boud, D. 1988. Developing Student Autonomy in Learning [M]. London: Kogan Page

Brown, G and G. Yule. 1983. Discourse Analysis [M]. Cambridge: Cambridge Univ. Press

Brown H. D. 1994. Teaching by principles: an Interactive Approach to Language Pedagogy. Englewood Cliffs, N. J.: Prentice Hall Regents

Chen Hongwei. 2000. Folkways of the West [M]. Beijing: Foreign Language Press

Christina Hole. 1946. English Custom & Usage [M]. London: B. T. Batsford Ltd.

Cohen Andrew D. 1998. Strategies in Language and Using a Second Language [M]. Hardow, Essex: Longman

David Nunan. 2002. Research Methods in Language Learning [M]. Shanghai Foreign Language Education Press.

Dickinson, L. 1993. Talking Shop: Aspects of Autonomous Learning—An Interview with Leslie Dickinson [J]. ELT Journal, Vol. 47/4: 330 – 335

Flavell, J. H. 1979. Meta – cognition and Cognitive Monitoring [J]. American Psychologist

Gu Yueguo. 2000. Cross Cultural Communication [M]. Beijing: Foreign Language Teaching and Research Press

Halliday M. A. K. & K. Hassan. 1983. Cohesion in English. London: Longman Group Limited

Hamer, Jeremy. 2000. How to Teach English [M]. Beijing: Foreign Language and Research Press

Hatim, Basil. 2001. Communication Cross Cultures [M]. Shanghai: Shanghai Foreign Language Press

H. D. Brown. 2003. Principles of Language learning and Teaching [M]. Third Edition, Foreign Language Teaching and Research Press

High, Peter B. 1986. An Outline of American Literature [M]. London: Longman Group Limited

Holec H. 1981. Autonomy and Foreign Language Learning [M]. Oxford: Pergamon Press

Howatt, A. P. R. 1984. A History of English Language Teaching [M]. Oxford: Oxford University Press

Hu Zhuanglin. 1998. Linguistics: A Course Book [M]. Beijing: Peking University Press, pp250

Jiang Ningkang. 2004. American Society and Culture [M]. Nanjing: Dongnan University

J. Yalden. 2000. Principles of Course Design for Language Teaching [M]. Beijing: Foreign Language Teaching and Research Press

Krashen S D. 1982. Principles and Practice in Second Language Acquisition [M]. Pergamon Press

Krashen S D. 1985. The Input Hypothesis, Issues and Implications [M]. London: Longman Group Limited

Krashen S D. 1981. Second Language Acquisition and Second Language Learning [M]. Oxford: Pergamon Press

Kramsch, Claire. 1993. Context and Culture in Language Teaching [M]. Oxford: Oxford University Press

Laesen – Freeman D and Long M. 2000. An Introduction to Second Language Acquisition Research [M]. Foreign Language Teaching and Research Press

Leech G. 1983. Principles of Pragmatics [M]. London: Longman Group Limited

Liz Hamp Lyons. 1999. Study Writing [M]. Cambridge University Press.

Little, D. 1999. Learner Autonomy : Definitions, Issues and Problems [M]. Dublin: Authentik

Little, D. 1990. Learner Autonomy in Practice [A]. In Autonomy in Language Learning [C]. London: C. I. L. T.

Lu Chunmei. 2004. Teacher's Questioning and its Effects on Students' Communicative Competence [J]. CELEA Journal, (12)

Marcus Cunliffe. 1985. The Literature of the United States [M]. Beijing: China Foreign Language Translation Press

Michael P. Breen and Andrew Littlejohn. 2000. Classroom Decision - Making [M]. NY: Cambridge University press, 205 - 233

Nida, Eugine A. 2001. Language and Culture: Contexts in Translating [M]. Shanghai Foreign Language Press

Nunan, D. 1988. The Learner - centered Curriculum [M]. Cambridge University Press

Nunan, D. 2001. Second Language Teaching and Learning [M]. Beijing: Foreign Language Teaching and Research Press

Oxford R. 1990. Language Learning Strategies: What Every Teacher Should Know [M]. New York: Newbury House / Harper Collins

O' Malley J & Chamot A. 1990. Learning Strategies in Second Language Acquisition [M]. Cambridge: CUP

Omaggio - Hadley, A. 1993. Teaching Language in Context. Boston [M]. MA: Heinle & Heinle Publishers, pp 357

Oxford, R. L. 1994. Teaching Culture in the Language Classroom [M]. Washington DC: Georgetown University Press

Peter Bromhead. 1970. Life in Modern America [M] . London: Longman Group Limited

Life in Modern Britain [M]. London: Longman Group Limited

P. Shekan. 1999. A Cognitive Approach to Language Learning [M]. Shanghai: Shanghai Foreign Language Education Press

Robert Wood. 1993. Assessment and Testing: A survey of Research, Cambridge University Press

Rod Ellis. 1999. The Study of Second Language Acquisition [M]. Shanghai: Shanghai Foreign Language Education Press

Seelye, H. N. 1993. Teaching Culture: Strategies for Intercultural Communication [M]. Lincolnwood, Ill: National Textbook Company

Skehen, Peter. 1999. A Cognitive Approach to Language Learning [M]. Shanghai: Shanghai Foreign Language Education Press

Sperber, D. and Wilson, D. 1995. Relevance: Communication and Cognition [M]. Oxford: Blackwell and Oxford

Stern, H. H. 1992. Issues and Options in Language Teaching [M]. Oxford: Oxford University Press

Tricia Hedge. 2002. Teaching and Learning in the Language Classroom. Shanghai: Shanghai Foreign Language Education Press, 75 - 94

Wang Shouren. 2003. Decoding Contemporary Britain [M]. Beijing: Peking University Press, Pp 276

Wang Zongyan. 1993. The English Language and British Culture [M]. Hunan Education Press, 274

Wen Hongrui. 1997. A Brief Introduction to Britain and America [M]. Shandong University Press

Widdowson, H. G. 1978. Teaching Language as Communication [M]. Oxford: Oxford University Press

Williams M. & R. L. Burden. 2000. Psychology for Language Teachers [M]. Beijing: Foreign Language Teaching and Research Press

Willis, J. 1996. A Framework for Task - Based Learning [M]. London: Longman Group Limited

Young Phiilip. 1973. Modern American Novelist [M]. Washington: Square Press

教育部高教司. 2004. 大学英语课程教学要求（试行）[Z]. 上海：上海外语教育出版社.

教高厅. 2003. 国家精品课程建设工作实施办法的通知 [2003] 3号文.

中共中央国务院. 1999. 关于深化教育改革，全面推动素质教育的决定.

中华人民共和国. 2006. 国民经济和社会发展第十一个五年规划纲要 [Z]. 人民出版社，2006 - 3.

中华人民共和国. 2005. 国家标准学科分类与代码表（GB/T13745 - 92）[Z]. 教育部科技发展中心，11 - 21.

中华人民共和国. 2002. 国民经济行业分类（GB/T 4754 - 2002）[Z]. 国家统计

局.

毕继万.1999. 跨文化非语言交际 [M]. 北京：外语教学与研究出版社.

蔡基刚.2004. 大学英语课程教学要求（试行）的衔接性和前瞻性 [J]. 外语界，(5).

蔡基刚.2002. 当前大学英语教学面临的压力 [J]. 外语教学与研究，(5).

蔡富有，郭龙生.2001. 语言文字学词典 [M]. 北京：北京教育出版社，12 – 23.

蔡芸.1997. 语境与意义指导 [J]. 现代外语，(1).

曹文.1998. 英语文化教学的两个层次 [J]. 外语教学与研究，(2).

陈英和.1999. 认知发展心理学 [M]. 杭州：浙江人民出版社.

程晓堂，郑敏.2002. 英语学习策略 [M]. 北京：外语教学与研究出版社.

戴立黎.2002. 论高职英语教学改革 [J]. 中国职业技术教育，15 – 45.

戴忠恒.1987. 心理与教育测量 [M]. 上海：华东师范大学出版社.

邓炎昌，刘润清.2001. 语言与文化 [M]. 北京：外语教学与研究出版社.

董娟.2002. 大学英语教学中的学习策略教学 [J]. 上海理工大学学报，(2).

范家才.1993. 英语修辞鉴赏 [M]. 上海：上海交通大学出版社.

郭海云，赵新.2002. 在非英语专业研究生英语教学中进行文化教育的必要性和途径 [C]. 研究生英语教学研究，11 – 13.

何克抗.1997. 构建主义的教学模式、教学方法与教学设计 [J]. 北京师范大学学报：社会科学版，(3)：74 – 81.

何克抗.1998. 构建主义— 革新传统教学的理论基础 [J]. 学科教育，(3)：58 – 60.

何自然，于国栋.1999. 语用学的理解——Verschueren 的新作评介 [J]. 现代外语，(4).

胡文仲.1989. 英语的教与学 [J]. 北京：外语教学与研究.

胡文仲.1999. 跨文化交际学概论 [M]. 北京：外语教学与研究.

胡曙中.1989. 英汉对比修辞研究初探 [M]. 上海：上海外语教育出版社.

李国南.1998. “Simile” 与 “明喻” 的对比研究 [J]. 福建：福建外语，(2).

李庭芗.1983. 英语教学法 [M]. 北京：高等教育出版社.

李瑞华.1996. 英汉语言对比研究 [M]. 上海：上海外语教育出版社.

黎加厚.2002. 创造教育信息化环境中学生和教师的精神生命活力 [J]. 电化教育研究，(2)：3 – 10.

刘玲.2004. 试谈文化交际能力的培养及对教师的要求 [J]. 山东外语教学，

(2).

刘焕辉.1992. 语境与言语交际 [C]. 语境研究论文集，北京：北京语言学院出版社.

凌塬，易兰，曹莉.2002. 语言教学中的文化信息传导 [J]. 跨文化交流，(9) 104—105.

刘润清.2004. 英语教育研究 [M]. 北京：外语教学与研究出版社，51-65.

卢德斯.R. 奎苏姆宾.2006. 学会做事 [M]. 北京：人民教育出版社.

江晓红.2003. 成就动机和归因对英语学习策略选择的影响 [J]. 解放军外国语学院学报，(2)：69-72.

孟丽娟.2008. 论高职高专英语精品课程建设 [J]. 科技信息（学术研究），(3).

宁全新，杨晓明.2004. 论比喻性语言的认知特征 [J]. 山东外语教学，(2)：25-27.

牛强，陈林华.1999. 语境新探——试论语言语境的解释和制约功能 [J]. 外国语，(2).

潘菽.1980. 教育心理学 [M]. 北京：人民教育出版社，75-76.

束定芳.2004. 外语教学改革：问题与对策 [M]. 上海：上海外语教育出版社，25-51.

唐勇林，谢洋.2005. 英语四、六级考试成众矢之的调查：扭曲的考试 [N]. 中国青年报，1-18.

杨华.2001. 大学英语教学中的文化学习 [J]. 外语学刊，(5).

严进.2004. 英语写作中的自我监控技能 [J]. 昆明理工大学学报（社科版），(6).

王兴玲.2000. 以学生为中心的主题教学模式的问题与思考 [C]. 北京：二十一世纪教育与教学研究，49-56.

王珍，冯学民.2006. 教师参与实施的英语学习策略训练 [J]. 疯狂英语教师版，(11)：16-18.

文秋芳.2001. 英语学习者动机、观念、策略的变化规律与特点 [J]. 外语教学与研究，(2)：105-106.

吴显友.1997. 外语教学中的"文化错误"及其对策 [J]. 国外外语教学，(4).

朱纯.2000. 外语教学心理学 [M]. 上海：上海外语教育出版社.

布卢姆，罗黎辉译.1986. 教育目标分类学·认知领域 [M]. 上海：华东师范大学出版社.

邹申. 1997. TEM 考试效度研究 [M]. 上海: 上海外语教育出版社.

邹申, 杨任明. 2000. 简明英语测试教程 [M]. 北京: 高等教育出版社.

周远清. 1994. 谈高等教育体制改革与教学改革 [J]. 高等教育研究, (4).

祖晶.. 1998. 有效教学策略的理论和实验研究 [J]. 教育评论, (05).

王笃勤. 2002. 大学英语自主学习能力的培养 [J]. 外语界, (5).

王守仁. 2001. 论文化思想差异与英语教学 [J]. 四川外语学报, (4).

王勇. 1998. 外语教学法的发展和改革之我见 [J]. 国外外语教学, (3).

文军. 1986. 英汉明喻的比较 [J]. 外国语文教学, (4).

武和平. 2002. 元认知与外语学习的关系 [J]. 国外外语教学, (2).

伍新春. 1998. 高等教育心理学 [M]. 北京: 高等教育出版社.

行水. 2006. 《学会做事》职业价值观教育的新视阈 [J]. 职业技术教育.

许勤超. 2004. 小说诗意美学特征 [J]. 山东: 山东外语教学, (2).

许洪顺. 2005. 大学生学习心理障碍剖析及对策 [J]. 西昌学院学报·社会科学版, (6).

许高渝, 张建理. 2006. 汉外语言对比研究 [M]. 北京: 高等教育出版社.

杨华. 2001. 大学英语教学中的文化学习 [J]. 外语学刊, (5).

袁春梅. 2000. 英语语言与文化教学. 理论与实践 [J]. 解放军外国语学院学报, (4).

袁明. 2003. 美国社会与文化十五讲 [M]. 北京: 北京大学出版社.

翟象俊. 2006. 大学英语 (精读) 3 [M]. 上海: 上海外语教育出版社, 117-135.

赵静鹏. 1995. 大学外语的世纪走向 [J]. 教学研究, 清华大学出版社.

张文霞、罗立胜. 2004. 关于大学英语教学现状及其发展的几点思考 [J]. 外语界, (3).

张文忠. 1999. 第二语言口语流利性发展的理论模式 [J]. 现代外语, (2).

张祖鑫. 1997. 教育设计基本原理与方法 [M]. 上海: 上海教育出版社.

张健稳. 2007. 在行动研究中反思: 外语教师发展的重要途径 [J]. 教育与职业.